Stephan Ruß-Mohl

Der I-Faktor

Stephan Ruß-Mohl

Der I-Faktor

Qualitätssicherung

im amerikanischen Journalismus

Modell für Europa?

EDITION INTERFROM

TEXTE+THESEN Sachbuch
Originalausgabe

Alle Rechte vorbehalten
© EDITION INTERFROM,
Zürich 1994
Vertrieb für die Bundesrepublik
Deutschland:
VERLAG A. FROMM, Osnabrück
Umschlaggestaltung:
Sylve Ehrnsberger
Gesamtherstellung:
Druck- und Verlagshaus FROMM
GmbH & Co. KG, Osnabrück

ISBN 3-7201-5260-X

Die Deutsche Bibliothek —
CIP-Einheitsaufnahme

Ruß-Mohl, Stephan:
Der I-Faktor:
Qualitätssicherung im amerikanischen
Journalismus — Modell für Europa?
Stephan Ruß-Mohl. —
Zürich: Edition Interfrom;
Osnabrück: Fromm, 1994
(Texte + Thesen; 260)
ISBN 3-7201-5260-X
NE: GT

Für W. M.

Inhalt

Qualitätssicherung durch Infrastrukturen —
ein Theoriegerüst

Präventive und korrektive Qualitätssicherung
im amerikanischen Journalismus —
die Befunde

Vorwort

Der Unmut über unverantwortliches journalistisches Handeln hat in jüngster Zeit zugenommen. Nachdem die Medien ihr Scherflein dazu beigetragen haben, Politikverdrossenheit zu nähren, gibt es inzwischen Politiker, die ihr Süppchen kochen, indem sie ihrerseits Medienverdrossenheit schüren. Jedenfalls häufen sich politische Manöver, die darauf zielen, Journalisten an die Kandare zu nehmen und die Pressefreiheit einzuschränken. Es dürfte kaum ein anderes Politikfeld geben, wo sich Helmut Kohl und Oskar Lafontaine ähnlich eins sind wie bei ihren Überlegungen, Journalisten zu reglementieren und beispielsweise das Gegendarstellungsrecht zu verschärfen.

Dieses Buch versteht sich als vehementes Plädoyer gegen Eingriffe in die Pressefreiheit, aber auch für mehr Selbstkontrolle und Selbstkritik der Medien. Die Kernthese lautet: Statt Journalisten zu reglementieren, geht es darum, in publizistische Qualität zu investieren. Weil es indes mit bloßen Appellen nicht getan ist, wird — aufbauend auf wissenschaftlichen Theorien, aber auch auf konkreten amerikanischen Erfahrungen — vorgeführt, wie ein Qualitätssicherungssystem im Journalismus funktionieren kann und wie sich entstehende finanzielle Lasten sinnvoll verteilen lassen.

Was somit aussehen mag, als wäre es *just in time* geschrieben und publiziert worden, ist allerdings — das sei ehrlicherweise offengelegt — eher das Ergebnis mehrfacher ungeplanter Verzögerungen. Die Ereignisse in Deutschland nach dem Fall der Mauer haben in Berlin unmittelbarer auf den universitären Alltag zurückgewirkt als anderswo — und damit auch auf dieses Projekt zum Qualitätssicherungs- und Selbstkontrollsystem des amerikanischen Journalismus.

Massenuniversitäten sind hierzulande träge und unbeweglich. Mit Hochseetankern haben sie gemein, daß sie besonders schwer zu manövrieren sind. Kurswechsel sind kaum zu bewerkstelligen, und deshalb sind sie besonders havariegefährdet, wenn es eng wird. Für die beiden West-Berliner Universitäten ist es in den neunziger Jahren, finanziell gesehen, außerordentlich eng geworden. Zwar hatte ich selbst unmittelbar nur Verantwortung für einen kleinen, neuen Studiengang zu tragen — die Journalisten-Weiterbildung an der Freien Universität. Den Bestand dieses Studienganges (und damit eines kleinen Stückchens qualitätsfördernder Infrastruktur des Journalismus) galt es jedoch, erst einmal unter widrigen Umständen zu sichern. Zumindest zeitweise war in den ersten Jahren nach der deutschen Vereinigung also an „normalen" Forschungsbetrieb in Berlin nicht zu denken. Der „Merker", der sich lieber ins Studierkämmerlein zurückgezogen hätte, um über Qualitätssicherung und Professionalisierung im Journalismus nachzudenken und um am amerikanischen Beispiel zu veranschaulichen, welche Rolle hierbei der „I-Faktor" spielt, hatte abzuwarten und dem „Macher" das Feld zu überlassen.

Der Sache hat das vermutlich eher genützt als geschadet. Jedenfalls sind neue Erfahrungen und Einsichten hinzugekommen, und die Jahre des Umbruchs in Deutschland haben zu einer Perspektivenverlagerung beigetragen. Zwar war es von Anfang an meine Absicht, nicht nur das amerikanische System der Qualitätssicherung im Journalismus zu beschreiben, sondern immer auch nach der möglichen Nutzanwendung zu fragen. Solche Fragen nach der Organisierbarkeit und Finanzierbarkeit von Qualitätssicherung haben inzwischen allerdings einen noch höheren Stellenwert erhalten; es ist hoffentlich gelungen, sie grundsätzlich und zugleich praxisnah anzugehen. Mit der — zwischenzeitlich schon wieder in Frage gestellten, aber letztlich wohl doch nicht mehr aufhaltbaren — Weiterentwicklung des Europäischen Binnenmarktes von der Wirtschafts- hin zur Währungs- und Staatengemeinschaft ist außerdem die europäische Dimension des gesamten Fragenkomplexes sehr viel stärker in den Vordergrund gerückt.

Andererseits haben erkennbare Tendenzen des Auseinanderdriftens der Alten und der Neuen Welt meine Überzeugung bekräftigt, daß es jetzt nötiger denn je geworden ist, die transatlantische Partnerschaft zu festigen. Lippenbekenntnisse und Sonntagsreden allein helfen da vermutlich wenig. Wichtiger wird es sein, sich intensiv mit der jeweils anderen Kultur zu beschäftigen. Solche Beschäftigung findet — selbst dann noch, wenn man sich im Partnerland auf der anderen Seite des Ozeans aufhält — zum Großteil medial vermittelt statt. Und wenn sie nicht reines Privatvergnügen sein soll, schlägt sie sich, zumal bei Wissenschaftlern und Journalisten, in Medienprodukten und Medienberichterstattung nieder. Vielleicht ist es gerade deshalb ein wichtiger erster Schritt zu dauerhafter Verständigung, die Medien der jeweils anderen Seite gründlicher kennenzulernen. Jedenfalls möchte hierzu der vorliegende Band einen weiteren kleinen Beitrag leisten.

Mit einer wachsenden Zahl von ernsthaften Journalisten und einer Handvoll Kommunikationswissenschaftlern weiß sich der Autor im übrigen einig, daß die hohe Kunst der Vermittlung gerade darin besteht, schwierigen Stoff unterhaltsam aufzubereiten. Statt ernsthaft Interessierte abzuschrecken, sollte es — im Idealfall — gelingen, auch solche Leser in die Story hineinzuziehen, die sich einfach eine gesunde Portion Neugier bewahrt haben und mehr darüber wissen möchten, wie vielschichtig und kompliziert der Prozeß der Qualitätssicherung im Journalismus ist. Wer nach konstruktiven Vorschlägen sucht, wie sich der herrschende Medienbetrieb ohne Zensur und Reglementierung verbessern ließe, wird hoffentlich nicht enttäuscht werden.

Insoweit mag sich dieses Buch von herkömmlicher wissenschaftlicher Fachliteratur unterscheiden. Einen wissenschaftlichen Anspruch hat es gleichwohl. Nicht einschlägig bewanderten Lesern möchte der Verfasser allerdings versichern, daß er sich immer wieder darüber ärgert, mit welcher Selbstverständlichkeit Fachaufsätze und ganze Bücher von

Kommunikations(!)- und anderen Sozialwissen-schaftlern so geschrieben werden, daß ihnen allen-falls ein *inner circle* von ein paar Dutzend Fachkolle-gen auf Anhieb zu folgen vermag.

Ganz ohne Fachjargon geht es jedoch beim besten Willen auch in diesem Buch nicht, insbesondere bei den eher theoretischen Überlegungen im zweiten Teil. Wer ins Schlaraffenland will, muß sich durch einen Brotberg beißen — und auf dem Weg ins Schlaraffenland der Erkenntnis besteht dieser Berg eben nicht aus Brot, sondern aus Fachterminologie. Gerade weil der Verfasser einen wichtigen, aber nicht ganz einfachen Bereich der ökonomischen Theorie für die Publizistikwissenschaft fruchtbar machen möchte, hat er sich jedoch bemüht, schritt-weise sprachliche Brücken zu bauen; sie sollen nicht nur den Dialog zwischen Wissenschaft und journali-stischer Praxis erleichtern, sondern auch die interdis-ziplinäre Verständigung.

Wer sich indes mit theoretischen Überlegungen partout nicht auseinandersetzen mag, dem sei ange-raten, die Kapitel 4 bis 6 zu überspringen und den aufwendigen Fußnotenapparat dieses Buches mit Verachtung zu strafen. Letzterer richtet sich primär an jene Leser, die mit dem Buch wissenschaftlich ar-beiten wollen.

Ein Teil der Materialbasis wurde bereits während eines Forschungsaufenthaltes an der University of Wisconsin in Madison/USA im Jahr 1989 gesam-melt. Ausreifen konnten die hier präsentierten Über-legungen jedoch erst in den Jahren danach, unter an-derem während eines weiteren Sabbaticals im Sommersemester 1992 fernab der Vereinigten Staaten, am Europäischen Hochschulinstitut in Florenz. Der Genius loci hat fraglos Spuren hinterlassen. Im Sommer 1993 hatte ich dann Gelegenheit, während einer neuerlichen mehrwöchigen Forschungsreise in Medienzentren der USA die Recherchen zu aktualisieren.

Berlin, im Juni 1994 *Stephan Ruß-Mohl*

Profession im Werden?

Homogenität und Vielfalt im amerikanischen Journalismus

1. Einleitung

„Teils wird der amerikanische Journalismus
in Deutschland hemmungslos bewundert,
teils maßlos überheblich abgeurteilt.
Es lohnt sich also, die Dinge einmal
gründlicher zu untersuchen.“
Emil Dovifat, 1927

Die Prognose ist nicht allzu gewagt, daß Qualitätssicherung im Journalismus eines der Themen ist, das den Diskurs um Medien und deren Berichterstattung bis ins nächste Jahrtausend hinein begleiten wird. Wie schon in den vergangenen Jahrzehnten, wird dabei weiterhin der amerikanische Journalismus einen wichtigen Bezugspunkt bilden.

Zugleich werden wir uns aber auch, trotz der oftmals höheren Sprachbarrieren, zu öffnen haben und unser allzusehr auf den angelsächsischen Raum hin zentriertes Wahrnehmungs-Sensorium in andere Himmelsrichtungen orientieren müssen — übrigens weniger gen Osteuropa, wo sich in puncto Qualitätssicherung und Professionalisierung des Journalismus noch nicht allzuviel lernen läßt, als vielmehr in Richtung auf die skandinavischen und romanischen Länder. Dort gibt es Eigenheiten und Traditionsbestände des Journalismus, aus denen sich manches fruchtbar machen ließe.

Wenn im folgenden gleichwohl die USA im Mittelpunkt der Analyse stehen, so ist dies nicht allein darin begründet, daß es ein mehrjähriges Forschungsprojekt zu Ende zu bringen galt. Vielmehr sind die Vereinigten Staaten von Amerika nach wie vor die einzige Nation, die der Alten Welt kulturell nahesteht und zugleich bereits über einen Medienmarkt in der Größenordnung verfügt, in die derjenige des sich enger zusammenschließenden Europa erst hineinwachsen wird.

Hauptthese des vorliegenden Buches ist, daß eine Variable für die Qualität von Journalismus zentrale Bedeutung erlangt hat, die in der Fachdiskussion eher unterbelichtet geblieben ist: der *Infrastruktur-Faktor*. Weil dies für den Geschmack der meisten Journalisten zu umständlich und akademisch klingen dürfte, ist daraus der *I-Faktor* geworden. Das hat obendrein den Vorteil, daß man mit diesem Buchstaben zumindest in den südlichen Gefilden des deutschen Sprachraums das I-Tüpfel assoziiert. Ins Norddeutsche übersetzt, geht es mithin um das unverzichtbare „Sahnehäubchen", das den Journalismus erst wahr, gut und schön werden läßt. Mit der Kurzformel vom I-Faktor ergibt sich zudem eine Alliteration zum Informationsjournalismus. Auch sie ist eher gewollt als zufällig — denn um diesen klassischen Bereich des Journalismus geht es in diesem Buch sehr viel mehr als um Unterhaltung.

Gemeint ist mit Infrastrukturen jene Vielzahl von Initiativen und Institutionen, die mit ihren Aktivitäten qualitätssichernd den Journalismus prägen — also auf Journalismus Einfluß nehmen, in der Regel ohne selbst zur Erstellung von Medienprodukten direkt etwas beizutragen. Beispielsweise sind dies Aus- und Weiterbildungsinstitutionen, Selbstkontrollorgane und andere *media watchdogs,* Journalistenverbände, aber insbesondere auch die Medienforschung und der Medienjournalismus. In der Regel wurden bisher einzelne dieser Faktoren isoliert betrachtet und sodann — meist vorschnell — als wirkungslos abgeurteilt. Der *Deutsche Presserat,* der wiederholt von Fachpublikationen als „zahnloser Tiger" verspöttelt wurde, ist hierfür nur ein besonders naheliegendes Beispiel. [1]

Macht man sich dagegen erst einmal klar, daß Qualitätssicherung im Journalismus unter den Rahmenbedingungen einer demokratischen Gesellschaft nur ein Prozeß sein kann, der dezentral und pluralistisch organisiert ist, also von möglichst vielen Seiten innerhalb und auch außerhalb des Mediensystems mitgesteuert werden muß, dann gewinnen all diese Einrichtungen, die sich um den Journalismus bemühen, ein anderes Gewicht. Insbesondere gilt es, sie als interdependent zu sehen: zusammengenommen bilden sie ein Netzwerk, dessen Wirksamkeit ganz anders zu bewerten ist; den Beitrag dieses Netzwerks zur publizistischen Qualitätssicherung bezeichne ich als den *Infrastruktur-Faktor* (I-Faktor) im Journalismus.

Das vorliegende Buch möchte Anregungen geben, an welchen Knotenpunkten des Infrastruktur-Netzes sich Effektivität und auch Effizienz der journalistischen Qualitätssicherung noch beträchtlich steigern ließen. Gerade hier lohnt der Blick über den großen Teich. Die Bestandsaufnahme amerikanischer Journalismus-Infrastrukturen ist Kern der Untersuchung. Sie ist aber nicht ihr Hauptzweck. Vielmehr soll der Überblick über die Gegebenheiten und Entwicklungen in den USA verdeutlichen, welche Chancen der Selbststeuerung und der Selbstregulierung von Journalismus und welche Möglichkeiten der Institutionalisierung von Qualitätssicherung sich auf dem vergrößerten europäischen Binnenmarkt eröffnen.

Damit einhergehend, haben sich grundsätzliche und theoretisch zu durchdringende Aspekte in den Vordergrund geschoben: Läßt sich — angesichts fortschreitender Kommerzialisierung des Mediensystems — am Konzept des Journalismus als einer öffentlichen Aufgabe überhaupt noch sinnvoll festhalten? Wenn ja, was folgt daraus für die Qualitätssicherung und deren Finanzierung? Sind wir, wie Ulrich Saxer schon vor knapp zwanzig Jahren andeutete, in bezug auf Qualitätssicherung im Journalismus hoffnungslos unterversorgt?[2] Woher rühren diese erkennbaren infrastrukturellen Defizite? Wie lassen sie sich beseitigen? Wie ist Qualitätssicherung zu institutionalisieren und zu organisieren? Kann die ökonomische Theorie einen Erklärungsbeitrag und vielleicht auch Entscheidungshilfe leisten? Das sind die Fragen, auf die das Buch Antwort geben soll.

Insgesamt gliedert sich der Band in vier Hauptabschnitte: Die folgenden beiden Kapitel gehören noch zum ersten Teil, der zur zentralen These hinführt:

Zunächst werden einige Mythen in Frage gestellt, die in Deutschland und auch in anderen europäischen Ländern das Bild vom amerikanischen Journalismus mitprägen. Dann werden in geraffter Form Forschungsergebnisse präsentiert, mit deren Hilfe sich die amerikanischen Journalisten als Berufsgruppe charakterisieren lassen. Diese berufssoziologischen Hintergrundinformationen geben Aufschluß, inwieweit es sich um eine homogene Berufsgruppe handelt und wie der Prozeß der Professionalisierung auf das Selbstverständnis der Journalisten in den USA zurückwirkt. Die Kenntnis solcher Eckdaten dürfte für die weiteren Überlegungen nahezu unverzichtbar sein. Denn einerseits setzt ja ein Infrastruktur-Netzwerk, um überhaupt funktionieren zu können, einen gewissen Grad der Professionalität des Journalismus voraus; andererseits hilft aber auch das Netzwerk selbst stets von neuem, ein hohes Professionalisierungs-Niveau zu sichern.

Zugespitzt lautet die zentrale These des zweiten Abschnitts (Kapitel 4 bis 6): Nicht so sehr Journalismus und Journalisten sind in den USA anders als in Deutschland und Europa, sondern die Infrastrukturen, die journalistische Professionalität hervorbringen, fördern und sichern.

Der I-Faktor ist offensichtlich in hohem Maße relevant, auch wenn bisher mit diesem der Ökonomie entlehnten Begriff in der Kommunikationswissenschaft nicht systematisch gearbeitet wurde. Zwar ist über Journalismus als „öffentliche Aufgabe" ebenso viel nachgedacht, geschrieben und räsonniert worden wie über ökonomische Zwänge, die dem Journalismus und damit auch der journalistischen Qualitätssicherung Grenzen setzen. Auf die naheliegende Idee, analog zur „Ökonomischen Theorie der Politik" eine „Ökonomische Theorie des Journalismus" zu formulieren, ist indes bisher kaum einer gekommen. Dabei können wirtschaftswissenschaftliche Denkmodelle wie die Theorie der öffentlichen Güter, auf den Journalismus angewandt, nicht nur Infrastruktur-Defizite erklären helfen, sondern auch Wege weisen für die Organisation und Finanzierung von Infrastrukturen und damit von journalistischer Qualitätssicherung.

Der dritte Abschnitt (Kapitel 7 bis 16) bildet den Kernteil der Untersuchung. Er soll die theoretisch entwickelten Thesen, so gut es eben geht, empirisch stützen. Es wird versucht, einen gerafften Überblick über die Vielfalt der Journalismus-Infrastrukturen in den USA zu geben. Dieser Teil schließt mit Überlegungen zu den Finanzierungsmodi; in Kapitel 16 wird herausgearbeitet, welch zentrale Rolle private Philanthropie bei der Bereitstellung journalistischer Infrastrukturen in den USA spielt.

Der Ausblick dient sodann der Selbstvergewisserung: Kapitel 17 wirft die Frage auf, welche Lehren sich aus dem amerikanischen Beispiel für den Ausbau eines europäischen Infrastruktur-Netzwerkes ziehen lassen. Kapitel 18 faßt zusammen, welchen Beitrag Infrastrukturen zur Qualitätssicherung des Journalismus zu leisten vermögen, aber auch, welche Gefahren möglicherweise von einem Übermaß solcher Aktivitäten ausgehen, die den Journalismus professionalisieren, andererseits aber eben auch normieren und einengen.

Die Studie ist so angelegt, daß sie den bereits vorliegenden Band „Zeitungs-Umbruch. Wie sich Amerikas Presse revolutioniert"[3] ergänzt. Einzelne Querverweise waren somit unvermeidlich; das Ausmaß redundanter Information dürfte sich jedoch in engen Grenzen halten.

Einige methodische Anmerkungen sind noch angezeigt: Auch der vorliegende Band kombiniert journalistische Recherchetechniken und Darstellungsweisen mit Methoden wissenschaftlicher Analyse. Als Forschungsstrategie hat sich der Mix aus Expertengesprächen und der Sekundäranalyse von Fachliteratur inzwischen bewährt — wobei sowohl Literaturfunde zu Fachgesprächen geführt als auch umgekehrt die Tips vieler amerikanischer Kollegen das Auffinden relevanter Forschungsarbeiten erleichtert haben.

Hilfreiches Quellenmaterial, das Außenstehenden auf besonders vielfältige und reichhaltige Weise Einblick in die Denk- und Verhaltensmuster der Medienpraxis gewährt, lieferten wiederum die „nichtwissenschaftlichen" Fachzeitschriften, also die Branchenpresse. Es ist mir ein Rätsel, weshalb diese „Fundgrube" bisher von den empirisch orientierten Kommunikationswissenschaften so wenig genutzt wird.

Einem möglichen Mißverständnis gilt es noch vorzubeugen: Ziel der vorliegenden Analyse kann es nicht sein, ein vollständiges Infrastuktur-Inventar des amerikanischen Journalismus zu erstellen; sie soll vielmehr exemplarisch Einblick gewähren, wie das Netzwerk qualitätssichernder Institutionen funktioniert. Dabei möchte der Verfasser gar nicht verhehlen, daß er sich in erster Linie als „Zeitungsmann" fühlt und deshalb, wo immer dies möglich und sinnvoll erschien, sich die Untersuchung auf Beispiele aus dem Marktsegment des Zeitungsjournalismus bezieht. Ohne solch rigorose Selbstbeschränkung hätte sich der Umfang des Buches vermutlich verdoppelt, indes kaum auch doppelten Erkenntnisgewinn gebracht.

Wahrscheinlich ist dem Verfasser auch die eine oder andere wichtige Institution entgangen, die im engeren Sinne dem Infrastruktur-Netzwerk des Zeitungsjournalismus zuzurechnen wäre. Das wäre zwar bedauerlich, würde aber nicht den eigentlichen Zweck dieses Buches zunichte machen: Das Netzwerk als ein *System interagierender Initiativen und Institutionen* sichtbar zu machen — und die Diskussion um publizistische Qualitätssicherung in Deutschland und Europa mit einem Blick hinter die Kulissen der amerikanischen „Journalismus-Kultur" zu beleben.

2. Wider die Mythen vom amerikanischen Journalismus

Einer Studie wie der vorliegenden sind Gefahren inhärent. Wer immer sich an interkulturell vergleichende Untersuchungen heranwagt, betrachtet seinen Untersuchungsgegenstand im fremden Land durch die Brille des Ausländers und damit vor dem Hintergrund der kulturellen Gegebenheiten sowie der Wert- und Normvorstellungen seiner eigenen Heimat. Man sollte sich also zumindest bewußt machen, daß man diese „Brille" trägt und daß sie sich nicht einfach abstreifen läßt.

Dies gilt generell, aber womöglich verstärkt für einen Untersuchungsgegenstand wie den Journalismus, der seinerseits die Wahrnehmung prägt, und für ein Land wie die USA. Denn schließlich waren es die Amerikaner, die mehr als die anderen Alliierten den (west-)deutschen Nachkriegsjournalismus und auch die Kommunikationswissenschaft in ihrer Entwicklung beeinflußt haben.

Diese *special relationship* war keineswegs eine unkomplizierte Beziehung. Es gab Phasen nahezu uneingeschränkter und damit auch übertriebener Bewunderung für das amerikanische Vorbild, aber auch immer wieder Irritationen. Manches an diesem Verhältnis läßt sich allenfalls psychologisch deuten. Gerade weil der prägende Einfluß der Amerikaner auf Medien und Journalismus in Deutschland so unverkennbar ist, wird es wahrscheinlicher, daß wir den US-Journalismus unsererseits verzerrt wahrnehmen.

Festzuhalten ist jedoch, daß die Pendelausschläge der Bewunderung für den amerikanischen Journalismus keineswegs synchron mit den Konjunkturen genereller deutscher Sympathiebekundung für Amerika oder für die Washingtoner Politik verlaufen sind. Im Gegenteil — vermutlich hatte in Deutschland, ähnlich wie in den USA selbst, der amerikanische Journalismus die Gipfelpunkte seines Ansehens während des Vietnamkrieges und nach Watergate erreicht. Die Irritationen kamen später — beispielsweise über die Schamlosigkeit, mit der amerikanische Medien durchs Schlüsselloch gucken und die Intimsphäre ihrer Opfer verletzen, aber auch über die Unbekümmertheit, mit der „ernste" Ereignisse aus Politik und Wirtschaft für die Medien und von den Medien im Soap-opera-Stil inszeniert werden.

Viel Unsinn — und von allem auch das Gegenteil

Wer sich also am Beispiel der USA mit Qualitätssicherung im Journalismus beschäftigen möchte, tut gut daran, erst einmal einige Mythen in Frage zu stellen. Unter der Vielzahl von Büchern, die deutsche Amerika-Korrespondenten über die Vereinigten Staaten geschrieben haben, stammt eines der klügeren vom New Yorker *FAZ*-Korrespondenten Jörg von Uthmann. „Über wenige Länder wird soviel

Unsinn geschrieben wie über die Vereinigten Staaten von Amerika", heißt es da zu Beginn.[1] Und zum Schluß findet sich, fast schon kalauerreif, die Formulierung: „Amerika wäre nicht Amerika, wenn nicht auch das Gegenteil reichlich vorhanden wäre."[2] Es mag wie ein Gemeinplatz klingen, doch dahinter verbirgt sich eine tiefere Wahrheit.

Wir assoziieren mit amerikanischem Journalismus beispielsweise *Faktengenauigkeit*. In der Tat gibt es in der ganzen Welt nur wenige Blätter, die sich in diesem Punkt mit dem amerikanischen Spitzenquartett *New York Times, Washington Post, Los Angeles Times* und *Wall Street Journal* messen können. Und auch unter den Straßenverkaufszeitungen wird man lange suchen können, bis man auf ein Blatt trifft, das in dieser Hinsicht mit *USA Today* gleichzieht. Andererseits habe ich bisher zumindest in der europäischen Boulevard- und Regenbogenpresse vergeblich nach Titeln gesucht, die auf vergleichbar absurde Weise das Blaue vom Himmel herunterlügen, wie das bestimmte Produkte der *tabloid press* tagtäglich tun, die in jedem amerikanischen Supermarkt erhältlich sind. William Kotzwinkle, der millionenschwere „Erfinder" des außerirdischen Wesens E. T., hat diesem journalistischen Genre mit seinem Büchlein „Mitternachtspost" eine Satire gewidmet, die nachzulesen lohnt.[3]

Die strikte *Trennung von Nachricht und Meinung* gilt in Deutschland seit der Umerziehung nach 1945 geradezu als Dogma des angelsächsischen und damit auch des amerikanischen Journalismus: *„Facts are sacred, comments are free"* — Die Fakten sind heilig, der Kommentar ist frei, heißt eine gerne zitierte Formel, und in der Tat spiegelt sich die Trennungsnorm bis hinein in die Ressortstruktur amerikanischer Medienbetriebe wider. Anders als bei uns sind in der Regel die *editorial writers,* also die Kommentatoren, auch organisatorisch von den Reportern und Nachrichtenredakteuren getrennt.

Und doch ist noch nicht einmal die Trennlinie zwischen Fakten und Fiktion, zwischen Journalismus und literarischen Genres, in den Vereinigten Staaten immer klar gezogen: Da ist nicht nur jener hybride *new journalism,* der vielleicht gerade als Reaktion auf die rigide Trennungsnorm im herkömmlichen Journalismus zu werten war. In dieser Tradition nennt sich weiterhin manches Journalismus, was gewiß kein Journalismus ist. Der jüngste Auswuchs ist wohl die Biographie „*The Last Brother*" über Edward Kennedy von Joe McGinniss — ein Machwerk insoweit, als der Autor einerseits Zitate frei erfunden hat, andererseits aber wohl auch hemmungslos ganze Buchpassagen anderswo kupferte, ohne seine Quellen zu zitieren. [4]

Da sind aber auch alternative Medien, die sich aus ganz anderen Gründen wenig um die Objektivitätsnorm scheren. Es gibt sie in so großer Zahl und regionaler Vielfalt [5], daß eine eigene anspruchsvolle Zeitschrift, der *Utne-Reader,* davon lebt, monatlich das „Beste aus der Alternativpresse" überregional zu verbreiten.

Und nicht zuletzt werden um die Implikationen der Objektivitätsnorm auch dort heftige Debatten geführt, wo sie nicht prinzipiell in Frage gestellt wird: bei den Medien, die sich im *mainstream* bewegen — wobei man, um sich die Breite dieser Hauptströmung bildlich zu vergegenwärtigen, eher an den Mississippi bei New Orleans als an den Oberrhein bei Basel denken sollte. Von Amerika aus haben sich schließlich mit den Nachrichtenmagazinen wie *Time* und *Newsweek* und auch den *newsshows* des Fernsehens journalistische Präsentationsformen weltweit durchgesetzt, die mit der Trennungsnorm nur schwer in Einklang zu bringen sind. Schon deren Unterhaltungswert erzwingt Kommentierung — wenngleich sie leichtfüßiger daherkommt als etwa im *SFB*-Frauenfunk.

Wenig gefruchtet haben wohl auch Versuche, die Objektivitätsnorm und damit die Verpflichtung zu politischer Neutralität im Nachrichtenjournalismus in ein Gebot politischer Abstinenz für Journalisten umzumünzen. So bekennen sich — nach Jahren heftiger Auseinandersetzungen um die angebliche „Linkslastigkeit" amerikanischer Medien — heute wieder mehr Journalisten als der Demokratischen Partei nahestehend.[6] Und Verbote jedweder politischer Partizipation, wie sie viele Zeitungen ihren Redakteuren auferlegt haben, werden da und dort zurückgenommen. Mögliche Interessenkonflikte sehen die Chefredakteure und Verleger zwar nach wie vor — aber guter Journalismus, so hat man einsehen müssen, lebt bisweilen auch vom aktiven Engagement von Journalisten im öffentlichen Leben. Und so gibt es inzwischen eine ganze Reihe vor allem kleinerer Blätter, die sich — wie etwa der *Wichita Eagle* und der *Charlotte Observer* — meist auf populistische

Weise in die lokale Politik einmischen und sich zu ihrer Führungsrolle in den *community affairs,* also den gemeindlichen und damit auch gemeinschaftlichen Belangen, bekennen. Sie ermuntern auch ihre Redakteure und Mitarbeiter, insbesondere aber ihre Leser zu mehr politischer Teilhabe. [7]

Dagegen erlegen sich Nachrichtenmagazine wie *Time* und *Newsweek* (außerhalb ihrer für Kolumnisten reservierten Spalten) weiterhin in der Kommentierung mehr Zurückhaltung auf als etwa *Der Spiegel* oder gar Italiens *L'Espresso.* Die subtilen Formen um Unterhaltsamkeit bemühter Meinungsäußerung und -beeinflussung in amerikanischen Nachrichtensendungen sind sicherlich anders zu bewerten als die suggestive politische Parteinahme, wie sie sich in deutschen Presseprodukten und — beispielsweise noch stärker — in italienischen Medien findet. Auch im unterschiedlichen Selbstverständnis der Journalisten drücken sich solche nationalen Differenzen aus. [8]

Tyrannei der Political Correctness

Die USA gelten im übrigen als Hort der Meinungs- und Pressefreiheit — und niemand ist mehr dazu aufgerufen, sie zu verteidigen, als Verleger und Journalisten. Doch gerade dieses Grundrecht auf Meinungs- und Pressefreiheit scheint im Bewußtsein der amerikanischen Bevölkerung keineswegs mehr fest verankert zu sein. Aufmerksamkeit verdienen jedenfalls Entwicklungen im Meinungsklima, die auf wachsende Intoleranz in der multikulturellen amerikanischen Gesellschaft hindeuten.

Vor allem jene Gruppen, die sich als gesellschaftliche Avantgarde empfinden und um die Rechte von Minderheiten und Frauen kämpfen, haben im Umgang mit Meinungs- und Pressefreiheit Schwierigkeiten. Sie haben jene Lektion von Rosa Luxemburg noch nicht gelernt, wonach Freiheit immer die Freiheit des Andersdenkenden ist, und sie suchen mit Macht Ideengut zu unterdrücken, das ihren eigenen Anschauungen zuwiderläuft. Schauplätze solcher Konflikte sind in den USA häufig gerade Universitäten, die sich ansonsten viel auf ihre Liberalität einbilden. Den Dozenten wird dort zunehmend *political correctness* abverlangt. Abweichendes Ideen- und Gedankengut, das mit dem Weltbild der vermeintlichen Vorkämpfer gesellschaftlichen Fortschritts nicht harmoniert, wird auf ziemlich brutale Weise unterdrückt[9] — und die *schools of journalism* sind nicht eben unter denjenigen zu finden, die hier lauthals aufschreien, um die Freiheit von Forschung und Lehre und damit auch die Meinungs- und Pressefreiheit zu verteidigen.[10]

Aber auch in der breiten Bevölkerung gibt es für die Meinungs- und Pressefreiheit zunehmend Akzeptanzprobleme. „Es ist zweifelhaft, ob das *‚First Amendment'* heute überhaupt bei einer Volksabstimmung Bestand hätte", konstatierte unter Verweis auf neueste Umfrageergebnisse Burl Osborne, der vormalige Präsident der *American Society of Newspaper Editors (ASNE)* — ein Verband, in dem sich die Chefredakteure amerikanischer Tageszeitungen zusammengeschlossen haben.[11] In dieselbe Richtung deuten auch Umfrageergebnisse. Eine Studie des *Jefferson Center for the Protection of Free Expression* in Charlottesville, Virginia, hat herausgefunden, 30 Prozent der Amerikaner seien der Meinung, das Recht auf Meinungsfreiheit erstrecke sich nicht auf Zeitungen.[12]

Mag sein, daß derlei Zahlen nicht überbewertet werden sollten. Mangelndes Problembewußtsein in der Bevölkerung kann auch Ausdruck der Tatsache sein, daß Pressefreiheit letztlich unstrittig, jedenfalls kein Thema aktueller politischer Auseinandersetzungen ist. Die „erziehungsdiktatorische" Intoleranz intellektueller Eliten, die sich noch dazu als Speerspitze des Multikulturalismus und Feminismus verstehen, sollte indes nachdenklich stimmen.

Seitdem die amerikanische Presse mit der Veröffentlichung der geheimen Pentagon-Papiere die Wende im Vietnamkrieg mit herbeigeführt und mit ihren späteren Enthüllungen den Sturz von Präsident Nixon bewirkt hat, gelten die USA außerdem als das Stammland des *investigativen Journalismus*. Wenn man Fachjournale in Deutschland und anderswo durchblättert, könnte man meinen, nirgendwo würde mehr und gründlicher recherchiert als in amerikanischen Redaktionen.[13] Auch hier lohnt genaueres Hinsehen, und es ist womöglich an der Zeit, darauf hinzuweisen, daß auch in den USA das *muckraking,* also das „Schmutzaufwirbeln" durch gründlichen Recherchejournalismus, zwar auf eine lange Tradition verweisen kann, im Alltagsgeschäft jedoch ähnlichen Seltenheitswert hat wie bei uns.[14]

Vielleicht gilt es sogar, Watergate zu entmythologisieren — wie das der Medienwissenschaftler Michael Schudson kürzlich getan hat. [15]

Eine Besonderheit des amerikanischen Journalismus ist es zwar, daß die großen Tageszeitungen tatsächlich mit mehr Aufwand recherchieren und investigieren als anderswo. Das ist nicht nur an der organisatorischen Verankerung ganzer Projekt- und Rechercheteams in den Redaktionen, sondern vor allem an gedruckten Ergebnissen journalistischer Nachforschungen abzulesen. Mit Ausnahme der *Süddeutschen Zeitung,* die mit ihrer Seite 3 immerhin gelegentlich an solche Traditionen anknüpft, überläßt dagegen die deutsche Tagespresse das investigative Geschäft weithin den einschlägigen Wochenmagazinen und -zeitungen sowie dem Fernsehen.

Der Teflon-Präsident: Hat die Presse abgedankt?

Angesichts respektabler Recherche-Einzelleistungen sollte man andererseits aber nicht übersehen, daß auch in den USA der Berichterstattungsalltag längst von Verlautbarungsjournalismus und *news management* geprägt ist. [16] Kritische Stimmen beklagen seit langem das Schwinden des investigativen Journalismus, dringen damit aber allenfalls noch bis in die Branchenmagazine durch. [17] So wurden in vielen Redaktionen Reporterteams aufgelöst, die auf diese Spielart des Recherchierens spezialisiert waren. Selbst an einem Platz wie Washington, wo mehr journalistische Recherchekapazität konzentriert sein dürfte als an irgendeinem anderen Platz der Welt, konnte ein Mann wie Ronald Reagan mit außergewöhnlicher Milde seitens des Pressekorps rechnen. Der *great communicator* wurde unter Insidern auch Teflon-Präsident genannt — weil keine Kritik an ihm und seiner Politik jemals an ihm hängenzubleiben schien. Doch kritische Beobachter sehen den Sachverhalt genau andersherum: „Die Presse hat abgedankt", meint etwa Mark Hertsgaard, der ein ganzes Buch über die Medienberichterstattung in der Reagan-Ära geschrieben hat[18]; und Todd Gitlin, Soziologie-Professor in Berkeley, pflichtet ihm bei, wenn er trocken vermerkt, Reagans Teflon sei „von der Presse versprüht worden".[19]

Selbst das Interesse an einschlägigen Symposien und Seminarprogrammen, wie sie für Journalisten beispielsweise vom Verband der *Investigative Reporters & Editors* veranstaltet werden, hat spürbar nachgelassen.[20] Das Alltagsgeschäft ist jedenfalls nicht von *muckraking* bestimmt. Der wesentliche Unterschied zwischen den USA und Europa dürfte eher darin bestehen, daß sich in Amerika Öffentlichkeitsarbeiter als Hauptnachrichtenlieferanten und Journalisten als Hauptabnehmer auf einem vergleichsweise fortgeschrittenen Level der Professionalisierung begegnen.[21]

Ein einziges — zugegebenermaßen wichtiges — Buch hat genügt, um eine spezifische Form des Recherchejournalismus in Fachkreisen hierzulande ebenfalls mit den USA zu assoziieren: Philip Meyers *„Precision Journalism"*[22] ist eine Anleitung, wie Journalismus sich sozialwissenschaftliche Methoden zunutze machen kann — wobei es im Rückblick vielleicht hilfreicher gewesen wäre, den Journalismus einfach nur für Forschungsergebnisse zu sensibilisieren, statt aus jedem Journalisten gleich einen empirischen Sozialforscher machen zu wollen. Auch hier hat die Rezeption des Buches in Europa den Mythos genährt, amerikanische Journalisten kochten durchwegs mit feineren Essenzen als mit Wasser. Das Werk Meyers ist auch in den USA nicht ohne Einfluß geblieben. Gleichwohl ist es nicht ungerechtfertigt, zu behaupten, daß es mehr in den Köpfen europäischer Journalismus-Kritiker bewegt hat als in amerikanischen Redaktionen.

Eine andere Ethik

Nicht zuletzt der Stellenwert journalistischer Ethik in den USA wird in der deutschen Fachdiskussion immer wieder gerühmt.[23] Das ist verständlich. Denn etwas braucht man ja wohl, um sich festzuhalten angesichts vieler unappetitlicher Entwicklungen des Journalismus im eigenen Land.

Tatsächlich gibt es einige Mißstände in Deutschland zu konstatieren, für die in den USA die Äquivalente fehlen: Die Kungelei mit den Mächtigen der Politik dürfte beispielsweise seltener über Karriereverläufe im Journalismus entscheiden — einfach weil es in den USA keine mächtigen öffentlich-rechtlichen Anstalten gibt, in denen Politiker auf Personalentscheidungen Einfluß nehmen könnten. Der Symbiose von Public Relations und Journalismus ist zumindest insoweit ein Riegel vorgeschoben, als in gutgeführten Häusern Spesenrechnungen für Reise- und Hotelkosten selbstverständlich von den Medienbetrieben übernommen werden — und nicht von Autoherstellern oder Reiseunternehmern, die in möglichst exotischer Umgebung zu Pressekonferenzen einladen. Auch wer amerikanischen Journalisten von den Rabatten berichtet, die ihre deutschen Kollegen beim Auto- oder Computerkauf ganz selbstverständlich und ohne schlechtes Gewissen in Anspruch nehmen, erntet gewöhnlich nur Kopfschütteln. Und nicht zuletzt ist kein Fall bekannt, wo Reporter — wie beim Gladbecker Geiseldrama — sich der Kumpanei mit Schwerstkriminellen schuldig gemacht haben und ein solches Verhalten sogar anschließend, wie beim seinerzeitigen stellvertretenden Chefredakteur des Kölner *Express,* Udo Röbel, mit journalistischen Karrieresprüngen belohnt worden ist.

Dafür haben amerikanische Journalisten gemeinhin weitaus „weniger Skrupel bei allen Formen der Informationssammlung"[24] und — wie bereits angedeutet — nur wenig Respekt vor der Privatsphäre: Nicht nur Prominente wie die Kennedys, Gary Hart oder Woody Allen werden schonungslos auch dann an den Pranger gestellt, wenn ein „öffentliches Interesse", das über die schiere Schaulust und Sensationsgier hinausgehen könnte, kaum begründbar ist. Durchaus üblich ist auch, daß ganz gewöhnliche Bürger — etwa die Opfer von Vergewaltigungen oder anderer Verbrechen — namentlich genannt werden. Ohne Hemmung wird ihnen damit ein zweites Mal Schaden zugefügt. Es gelten also schlichtweg *andere* ethische Normen.

Viele Medienbetriebe haben in den USA ihre eigenen Ethik-Kodices, die für die jeweiligen Mitarbeiter sicherlich mehr und unmittelbarer Verbindlichkeit haben als etwa bei uns der Pressekodex des *Deutschen Presserates* — einer letztendlich doch entrückten Institution. Darüber hinaus füllt inzwischen die amerikanische Literaturproduktion über Ethik im Journalismus ganze Bücherregale. Verzerrend wirkt es indes, wenn auf das Beispiel USA verwiesen wird, ohne irgendeine Kontextinformation, daß auch dort mitunter die Kluft zwischen Sein und Sollen, zwischen Norm und vorfindbarer Realität groß ist. Denn natürlich hat auch der amerikanische Journalismus seine Chronique scandaleuse; und gerade die wiederholten Ethik-Konjunkturen sind nicht zuletzt als Reaktionen auf markante Fehlentwicklungen des Journalismus — etwa der Sensationspresse der zwanziger Jahre oder auch der Arroganz und Überheblichkeit der Medien in den Jahren nach Watergate zu sehen. [25]

Der immerhin große Hauptunterschied besteht wohl darin, daß die einschlägigen Fälle meist nicht nur in Talkshows zerredet, sondern von einem hochentwickelten *Medienjournalismus* und auch von der *Kommunikationswissenschaft* sachkundig analysiert werden (vgl. Kapitel 12, 13 und 15). Weshalb denn auch denjenigen, die allzu vollmundig das hohe moralische Niveau des amerikanischen Journalismus preisen, angeraten sei, öfter mal einen Blick in die einschlägigen Fachpublikationen zu werfen. Der

Unterschied zwischen hochgehaltenen ethischen Prinzipien und dem tatsächlichen, mehr oder weniger moralischen Handeln würde dann vielleicht klarer.

Selbst von Leuten, die es besser wissen sollten, wird auch die amerikanische *Journalistenausbildung* verklärt und über den grünen Klee gelobt.[26] Die Aus- und Weiterbildungsinstitutionen sind in den USA fraglos zahlreicher und vielfältiger als bei uns, und deshalb werden ihnen im folgenden auch zwei lange Kapitel gewidmet. Gleichwohl ist es ärgerlich, wenn Akademikerquoten miteinander verglichen werden, ohne auf die — nun doch beträchtlichen — Unterschiede im Hochschulsystem hinreichend hinzuweisen. Man wundert sich auch, wenn man in deutschen Fachveröffentlichungen liest, die Theorie-Praxis-Integration gelinge an den US-Hochschulen mühelos. „Anders als an amerikanischen Hochschulen", so schrieb etwa der Münsteraner Medienforscher Martin Löffelholz, werde bei uns „oftmals der Bewerber mit langer Veröffentlichungsliste gegenüber dem Kandidaten mit längeren Praxiserfahrungen bevorzugt."[27] Hatten einem denn nicht während der längeren eigenen USA-Aufenthalte immer wieder Kollegen versichert, wie schwierig es inzwischen für gestandene journalistische Praktiker geworden sei, an den amerikanischen Hochschulen als Journalistik-Dozenten Fuß zu fassen?[28]

Selbst in Bereichen wie dem *Redaktionsmanagement* und dem *redaktionellen Marketing,* wo bisher gänzlich unstrittig die Innovationsanstöße aus den USA kommen, gilt es zu sehen, daß die Kehrseite der Medaille ebenfalls in den Vereinigten Staaten zu besichtigen ist: So waren die Klagen in den letzten Jahren kaum mehr überhörbar, daß der Journalismus unter einem Drehtüren-Effekt leidet und der häufig rasche Wiederausstieg aus dem Beruf letztlich auf miserable Bezahlung, überhandnehmenden Streß, Frust und *burnout* infolge miesen Betriebsklimas, unzureichender Förderung der Redaktionsmitarbeiter und auch auf die Kommerzialisierung journalistischer Arbeit zurückzuführen ist.[29]

Quellen der Verzerrung

Diese wenigen Beispiele mögen genügen, um der Gefahr der Mythenbildung zu begegnen und um deutlich zu machen, daß landläufige Vorstellungen vom Mediengewerbe in den USA — zumindest punktuell — korrekturbedürftig sind.

Statt die Auflistung fortzusetzen, wird im folgenden — auch im Blick auf die weitere eigene Analyse — versucht, Klarheit über mögliche Quellen verzerrter Wahrnehmung zu gewinnen. Es soll nicht die ausufernde Diskussion um selektive Wahrnehmung und damit um Möglichkeiten und Grenzen objektiver Darstellung an dieser Stelle wiederaufleben.[30] Ein paar Faktoren dürften allerdings in ganz besonderem Maß dazu beigetragen haben, daß es in Deutschland zur Mythenbildung über Journalismus und Mediensystem der USA kommen konnte.

Eine Ursache von Verzerrungen ist sicherlich pädagogischer Impetus: das Bedürfnis, ein nachahmenswertes Vorbild zu konstruieren, um die eigenen Landsleute zu neuen Anstrengungen anzustacheln. Manch ein USA-Heimkehrer — und dazu gehören ja nicht zuletzt namhafte und einflußreiche Journalisten, die Korrespondentenjahre in Washington oder New York verbracht haben — mag so ein wenig übereifrig an seinem Amerika-Bild herumpoliert haben. Und schon erscheinen amerikanische Gegebenheiten bei uns in allzu rosigem Licht.

Dasselbe Motiv mag unter umgekehrtem Vorzeichen im Spiel sein, wenn Fehlentwicklungen dramatisiert und abschreckende Beispiele sensationalisiert werden, um „wachzurütteln". In diesem Fall paart sich dann missionarisch-erzieherischer Eifer womöglich noch mit latenten, psychologisch bestimmten Faktoren, die die Wahrnehmung beeinflussen können. Abwehrhaltung dem Neuen und Fremden gegenüber ist ein Phänomen, auf das man nicht nur auf der borniertern politischen Rechten trifft. Gegenüber einem industriell und technologisch hochentwickelten und auch kulturell hegemonieverdächtigen Land wie den USA sind solche Vorbehalte gerade auch im links-alternativen Lager immer wieder spürbar — sosehr dort gelegentlich auf den Alleinvertretungsanspruch in puncto Aufklärung und Kritikfähigkeit gepocht werden mag.

Auch der notwendige Hinweis auf den wachsenden Einfluß von Public Relations wird beispielsweise zur Verzerrung, wenn man nicht auch auf relativierende Einflußfaktoren hinweist: Zwar bestimmt Öffentlichkeitsarbeit zusehends die Themen und das Timing der Medienberichterstattung; die Medien-

industrie entscheidet aber mit ihren die Nachrichtenauswahl steuernden Regeln und Routinen ihrerseits
vor, unter welchen Bedingungen Öffentlichkeitsarbeit überhaupt erfolgreich sein kann. Außerdem
kontrollieren sich konkurrierende PR-Abteilungen
gegenseitig und halten einander „in Schach" — und
nicht nur die Öffentlichkeitsarbeit professionalisiert
und spezialisiert sich weiter, sondern auch der Journalismus.[31]

Doch wenn wir schon erneut bei den Public Relations als instruktivem Beispiel angelangt sind, so soll
auch dies nicht verschwiegen werden: Ganz anders
als etwa bei den eher zum *understatement* tendierenden
Briten neigen viele Amerikaner dazu, ziemlich vollmundig eigene Errungenschaften ins rechte Licht zu
rücken. Zumal Medienprofis beherrschen oft perfekt
die Kunst der Selbstdarstellung[32], mitunter sind sie
selbst ihre besten PR-Chefs. Es ist gar nicht so einfach, nicht vorschnell dem Charme ihrer *rhetorics of
excellence* zu erliegen. Die Gefahr ist auch dann nicht
gebannt, wenn man im Umgang mit amerikanischen
Experten geübt ist und im Grunde längst solche Prä-
sentationstechniken zu durchschauen glaubt.

Den Mythen die jeweiligen „Realitäten" und auf-
polierter Selbstdarstellung nüchtern und schnörkel-
los Information entgegenhalten zu wollen, ist folglich zwar die Absicht der weiteren Analyse. Daß es
indes nur bedingt gelingen kann, solch eine Inten-
tion auch einzulösen, sollte jeder Publizistik-Student
spätestens nach dem ersten Semester wissen. Der
Verfasser bleibt sich dessen jedenfalls bewußt. Auch
wenn er die Zielvorstellung, möglichst „objektiv"

zu berichten und zu analysieren, nicht preisgeben mag, unterliegt er nicht der Illusion, zur Mythologisierung neigten nur die anderen, während er selbst sicher und wertfrei urteile.

3. „Der amerikanische Journalist" —
Zur Soziologie eines Berufsstands

„(There is scarcely a managing editor) who is heard of
outside his own dung-hill . . . Their predecessors of a
generation ago were gaudy adventurers, experimenters,
artists; they themselves are golf-players, which is to say,
blanks. They are well paid, but effectively knee-haltered.
The rewards of their trade used to come in freedom,
opportunity, the incomparable deligths of self-expression;
now they come in money."
Henry Louis Mencken

Die frühen Beobachter und Kritiker des amerikanischen Journalismus in unserem Jahrhundert — namentlich Walter Lippmann und Henry Louis Mencken, aber auch Emil Dovifat — haben mit einer erstaunlichen Klarheit künftige Entwicklungen des Metiers diagnostiziert. Jedenfalls können sich einige ihrer Trendanalysen rückblickend in puncto Treffsicherheit durchaus mit heutigen, empirisch fundierteren und damit „wissenschaftlicheren" Prognosen messen.

Den Trend zur Professionalisierung im Journalismus und seine zumindest teilweise auch problematischen Nebenfolgen dürfte kaum jemand prägnanter beschrieben haben als Mencken.[1] Was er pars pro toto am Beispiel des *managing editor,* des amerikanischen Nachrichtenchefs[2], beschreibt, gilt inzwischen wohl für einen Großteil der Journalistenzunft.

Es lohnt gleichwohl, sich von der Berufsgruppe der amerikanischen Journalisten ein genaueres Bild zu verschaffen. Denn um Möglichkeiten und Grenzen von Qualitätssicherung sinnvoll erörtern zu können, sollte man das berufssoziologische „Profil" der Gruppe kennen, auf die sich das Qualitätssicherungssystem bezieht.

Im folgenden wird in vier Schritten ein Überblick vermittelt: Zunächst werden die wichtigsten statistischen Daten zur gesamten Berufsgruppe präsentiert und einige Forschungsergebnisse vorgestellt, die das politische Bewußtsein und das professionelle Selbstverständnis amerikanischer Journalisten erhellen; zwei weitere Abschnitte widmen sich den beiden Gruppen, die noch immer um ihre Anerkennung und Gleichberechtigung im Journalismus und in der Gesellschaft ringen: Frauen und Minoritäten. Im letzten Abschnitt des Kapitels werden die skizzierten Entwicklungen auf mögliche Folgen für die journalistische Qualitätssicherung durchleuchtet. Dies alles kann knapp und konzentriert geschehen — dank neuer vergleichender Forschungsarbeiten, auf die zur Vertiefung verwiesen sei.[3]

Gebremster Zuwachs, schrumpfende Redaktionen

Zum dritten Mal haben 1992 Kommunikationsforscher Basisdaten über die amerikanischen Journalisten erhoben. [4] Damit ist es möglich geworden, auch längerfristigen Veränderungen im amerikanischen Journalismus nachzuspüren.

Insgesamt gab es in den USA 1992 rund 122 000 Journalisten — 10000 mehr als zehn Jahre zuvor. Das ist eine eher bescheidene Wachstumsrate, jedenfalls im Vergleich zum rapiden Expansionsprozeß des Berufsstandes in den siebziger Jahren. Damals waren — von 1971 bis 1982 gerechnet — über 42 000 Reporter und Redakteure dazugekommen, das Arbeitskräftepotential hatte um über 60 Prozent zugenommen. [5]

Mit Beginn der Rezession in den neunziger Jahren dürfte sogar ein deutlicher Schrumpfungsprozeß eingesetzt haben. In vielen Redaktionen wurde jedenfalls Personal abgebaut. In den USA — zumal bei den vom Anzeigenaufkommen abhängigen und damit sehr konjunktursensiblen Zeitungshäusern — hat die Wirtschaftskrise jedenfalls kräftigere Spuren hinterlassen als in (West-)Deutschland.

Auffällig ist, wie jung die amerikanischen Journalisten sind: In den USA beträgt das Durchschnittsalter 36, in Deutschland 38,5 Jahre. Die Gruppe der 45- bis 65jährigen ist seit 1971 von 30,1 Prozent auf 20,5 Prozent im Jahr 1992 — also von knapp einem Drittel auf ein Fünftel des Arbeitskräftepotentials im Journalismus — geschrumpft. [6]

Das dürfte zum einen damit zu tun haben, daß Journalisten in der Lebensmitte verstärkt den Beruf verlassen. [7] Zum anderen ist das niedrige Durchschnittsalter aber sicherlich auch bedingt durch das rasche Wachstum der Medienbranche in den siebziger Jahren: Viele, die damals als Berufseinsteiger Journalisten wurden, sind heute allenfalls um die 40 Jahre alt.

Im Kontext der Qualitätssicherung von besonderer Bedeutung ist die Ausbildung: 82 Prozent der amerikanischen Journalisten haben erfolgreich ein College absolviert; im Vergleich dazu haben 45 Prozent der deutschen Journalisten einen Hochschulabschluß — der allerdings in der Regel „höherwertig" ist als der Bachelor of Arts, mit dem die meisten Amerikaner Anfang 20 die Universität bereits wieder verlassen. Um zu angemesseneren deutschen Vergleichszahlen zu gelangen, kann man nur den Hochschulbesuch zugrunde legen und so die hohe Zahl der Studienabbrecher mitrechnen, die noch immer im Journalismus landen. Selbst dann addiert sich der Anteil der Journalisten in (West-)Deutschland mit Universitätserfahrungen jedoch nur auf 62 Prozent. [8]

Eine sehr viel größere Rolle als bei uns spielt bei der Berufsvorbereitung in den USA die hochschulgebundene Journalistenausbildung: Knapp zwei Fünftel (39 Prozent) aller Journalisten haben als Hauptfach Journalistik studiert. In Deutschland hat dagegen nur einer von zehn Journalisten ein vergleichbares Hauptfach-Studium vorzuweisen. [9] Sowohl für die USA als auch für die Bundesrepublik läßt sich andererseits sagen, daß die Zeit der Seiteneinsteiger, die ohne einschlägige Ausbildung zum Journalismus finden, vorbei ist.

In den USA sind 78 Prozent der Journalisten mit ihrem Beruf „sehr" oder „ziemlich zufrieden". Die-

ser Prozentwert mag auf den ersten Blick als beein-
druckend hoch erscheinen; er relativiert sich jedoch
deutlich, wenn man Vergleichswerte heranzieht und
sich klarmacht, daß Journalismus ein Beruf ist, der
seit jeher mehr von Sendungsbewußtsein und
Freude am Schreiben als von monetären Motivatio-
nen geprägt ist. So war in den USA selbst in den letzten zwanzig Jahren vor allem der Anteil der „sehr
Zufriedenen" stark rückläufig: 1971 waren dies noch
knapp die Hälfte aller amerikanischen Journalisten,
zu Beginn der neunziger Jahre sind es noch ganze
27 Prozent.[10] Glücklicher mit ihrem Beruf sind auch
die (west-)deutschen Journalisten: 96 Prozent von
ihnen bezeichnen sich als sehr oder ziemlich zufrieden.[11]

Zu vermuten ist, daß diese Ergebnisse auch mit
der vergleichsweise schlechten Bezahlung amerikanischer Journalisten zusammenhängen. Diese dürfte
jedenfalls mit dafür ausschlaggebend sein, daß der
Anteil derer, die sich beruflich umorientieren wollen, auf mehr als ein Fünftel (21 Prozent) angewach-
sen ist: Zwar hat sich das Durchschnittseinkommen
von Journalisten seit 1971 nahezu verdreifacht, mit
rund 31 300 US-Dollar Jahressalär[12] gehören sie
auch zwanzig Jahre später jedoch gewiß nicht zu den
Spitzenverdienern, wenngleich sie fraglos Anschluß
an die Mittelklassen-Revolution gefunden haben.[13]

Aber auch die sich rasch verändernden Arbeitsbedingungen in den USA wirken auf die Berufszufrie-
denheit zurück. Der Druck hat zugenommen. Von
Journalisten wird erwartet, schnell und effizient zu
arbeiten, den Nachrichtenstoff unterhaltsam zu prä-

sentieren, Erkenntnisse des Marketing auf die redaktionelle Arbeit zu übertragen und damit auf die Publikumswünsche stärker einzugehen. Die daraus resultierenden Arbeitsweisen reiben sich nicht selten mit traditionellen journalistischen Berufsauffassungen.[14]

Wie sehr das Tempo und die Konkurrenz um Aktualität journalistische Arbeit bestimmen, ist daran zu messen, daß es heute 69 Prozent der befragten Journalisten für besonders wichtig halten, „schnell die Öffentlichkeit mit Informationen zu versorgen"; zwei Jahrzehnte früher hielten dies nur 56 Prozent für vordringlich. Investigativ die jeweiligen Regierungspositionen in Frage zu stellen, hielten dagegen 1971 noch 76 Prozent der befragten Journalisten für besonders wichtig; dieser Wert ist 1992 mit knapp 67 Prozent rückläufig.[15]

Das Analysieren und Durchdringen komplexer Probleme hatte 1971 noch für 61 Prozent der amerikanischen Journalisten hohe Priorität; 1992 sind es nur noch 48 Prozent.[16] Rückläufig ist allerdings auch bereits wieder der Anteil der Journalisten, die im Nachrichtenjournalismus den Unterhaltungsaspekt deutlich hervorheben: Anfang der achtziger Jahre taten dies noch 20 Prozent, 1992 dagegen nur noch 14 Prozent.

Daß Journalismus immer weniger *Massen*kommunikation ist und die Zielgruppen-Ansprache der Publika gegenüber den *Catch-all*-Angeboten früherer Jahre sich zusehends durchsetzt, spiegelt sich nicht nur im Niedergang der drei großen TV-Networks[17] und der *general-interest*-Illustrierten wider, sondern auch in veränderten Berufseinstellungen der Journalisten: Der Anteil derjenigen, die es besonders wichtig finden, das größtmögliche Publikum zu erreichen, ist von knapp zwei Fünftel (39 Prozent) im Jahr 1971 auf ein Fünftel (20 Prozent) im Jahr 1992 zurückgegangen. [18]

Objektiv oder parteilich?

Zu den in Deutschland gepflegten Vorstellungen vom amerikanischen Journalismus gehört die vom neutralen, der Objektivitätsnorm verpflichteten Reporter oder Redakteur, der es mit der Trennung von Nachricht und Meinung ernster nimmt als seine Kollegen hierzulande. Dabei handelt es sich nicht nur um einen Mythos. Die neuesten vergleichenden Befragungsergebnisse bestätigen, daß amerikanische Journalisten im Nachrichtenjournalismus stärker die harten Fakten, den Verzicht auf eigene Wertungen sowie im Konfliktfall die Ausgewogenheit der Darstellung akzentuieren. [19]

In den USA selbst war gleichwohl die Fachdiskussion über Jahre hinweg nicht minder als bei uns von der Kontroverse geprägt, ob die Journalisten einseitig Bericht erstatten und wo sie selbst im politischen Spektrum einzuordnen sind. Ausgelöst hat die Diskussion um *biased reporting* ein Forschertrio, bestehend aus Linda und Robert Lichter und Stanley Rothman. Ähnlich wie in Deutschland verschiedene Vertreter der Mainzer Schule (und auch nicht ganz unabhängig voneinander), suchten die drei anhand von Inhaltsanalysen und Journalistenbefragungen nachzuweisen, daß Journalisten insgesamt, vor allem aber die Medieneliten der Fernseh-Networks und der führenden Tageszeitungen, politisch überwiegend links oder links-liberal eingestellt seien — und daß diese persönlichen Haltungen auf die Medienberichterstattung durchschlügen. [20]

Inzwischen ist es allerdings ruhiger geworden um diese Kontroverse. Die gesellschaftspolitischen Auseinandersetzungen verlaufen in den USA seit jeher weniger entlang der „klassischen" Rechts-Links-Fronten als bei uns — und diese Konfliktkonstellation hat in den letzten Jahren wohl weiter an Bedeutung verloren. [21] Auch wurde jener Pendelausschlag im politischen Spektrum nach links, der dem Vietnam-Debakel und der Studentenrevolte in den endsechziger Jahren folgte, längst durch die konservative Reagan-Revolution überkompensiert.

Vorbei sind somit auch die Zeiten, in denen nahezu jeder Nachwuchsreporter den Watergate-Helden Carl Bernstein und Bob Woodward nacheiferte und ein eher feindseliger Habitus gegenüber den Mächtigen der Politik zum Repertoire unabdingbarer journalistischer Grundhaltungen gehörte. So hält in den USA 1992 nur noch jeder fünfte (21,3 Prozent) Journalist eine kritisch-gegnerische Einstellung (adversarial role) gegenüber Regierung und Verwaltung für besonders wichtig; gegenüber der Wirtschaft ist es noch nicht einmal jeder sechste (14 Prozent). [22]

Vielleicht hat jedoch gerade der stramme Rechtskurs der Reagan-Regierung dazu geführt, daß sich 1992 über 44 Prozent der US-Journalisten mit den

Demokraten und nur noch gut 16 Prozent mit den Republikanern politisch identifizierten. Gut zwei Jahrzehnte früher waren es nur knapp 36 Prozent auf seiten der Demokraten, dagegen immerhin 26 Prozent, die mit den Republikanern sympathisierten. Einen Teil dieser Verschiebungen führen Weaver/Wilhoit allerdings auch auf den wachsenden Anteil von Minoritäten und Frauen im US-Journalismus zurück. Journalisten afrikanischer, asiatischer und hispanischer Abstammung würden zu 70, 63 bzw. 59 Prozent die Demokraten favorisieren, und 58 Prozent der befragten Journalistinnen äußerten ebenfalls diese Präferenz.[23]

In derlei Umfrageergebnissen spiegeln sich nur partiell die rapiden Veränderungen, ja Verwerfungen und Brüche wider, die den amerikanischen Journalismus der achtziger Jahre geprägt haben.[24] Statt der Frage der Parteilichkeit wurde z. B. in Zunftkreisen sehr viel heftiger das Rollenverständnis von Journalisten und das Verhältnis zu den Publika debattiert — die Frage, inwieweit sich Journalisten in ihrer Berichterstattung an Leser-, Hörer- und Zuschauerwünschen und damit auch an Erkenntnissen der jeweiligen Marketing-Abteilungen auszurichten haben oder doch mehr an einem öffentlichen Auftrag und damit an Normen der Professionalität, die ihnen Unabhängigkeit von solchen wirtschaftlichen Überlegungen garantieren sollen.[25]

Eine prominente amerikanische Chefredakteurin, Geneva Overholser vom *Des Moines Register,* sieht den amerikanischen Journalismus in zwei Lager gespalten: die *„news readers want"*-Gruppe, die sich an den Wünschen der Leser ausrichtet, und die „*news readers need*"-Gegenspieler, die die traditionellen journalistischen Werte zu verteidigen vorgeben und zu wissen glauben, was die Leser wirklich brauchen[26] — sich dabei aber in dasselbe Dilemma begeben, in das sich bereits die Marcuse-Jünger der 68er-Generation verstrickten, nämlich für andere auf patriarchalisch-diktatorische Weise entscheiden zu müssen, was deren „wahre" und „falsche" Bedürfnisse sind.

Mit zunehmender Professionalisierung und dem damit einhergehenden sozialen Aufstieg der Journalisten ist wohl auch die Gefahr der Entfremdung von der Bevölkerung gewachsen. „Viele Chefredakteure meinen, die Journalisten seien von ihren Lesern abgedriftet — sie seien wohlhabend geworden, genössen höheres Ansehen und hätten den Bezug zu normalen Alltagssorgen verloren."[27] Auch das *job hopping,* die hohe berufliche Mobilität, wie sie karrierebewußten Journalisten in größeren Medienkonzernen abverlangt wird, führt mitunter zu einem Mangel an Loyalität und Sensibilität der Journalisten gegenüber den Gemeinden und Regionen, über die sie berichterstatten.[28]

Das Problem verschärft sich durch die starke Kollegenorientierung im privaten Bereich. Wenn man den Zahlen Glauben schenken darf, ist in den USA das „Kastendenken" in der Journalistenzunft noch ausgeprägter als in Deutschland: Zu 36 Prozent besteht der Bekanntenkreis von amerikanischen Journalisten aus Berufskolleginnen und -kollegen; in (West-)Deutschland sind es nur 28 Prozent.[29]

Meinungsumfragen zufolge haben allerdings Journalisten zumindest in den letzten Jahren in den USA nicht dramatisch an Ansehen eingebüßt. Im Vergleich mit 23 anderen Berufsgruppen belegen TV-Kommentatoren, Journalisten und Reporter — gemeinsam mit Bankern und Begräbnisdirektoren — die mittleren Plätze der Rangliste, zwar weit abgeschlagen von den Apothekern, Pfarrern und Ärzten, dafür aber noch vor den Rechtsanwälten, Immobilienmaklern, Gewerkschaftsführern, Politikern und, als ewigem Schlußlicht, den Autohändlern.[30] Bei vergleichbaren Rankings in Deutschland landeten die Journalisten im unteren Mittelfeld, ebenfalls distanziert von Ärzten, Pfarrern, Apothekern und — im Gegensatz zu ihren amerikanischen Kollegen — auch von Rechtsanwälten.[31] Immerhin erfreuten sich die Medienleute bei uns noch eines höheren beruflichen Ansehens als Bundestagsabgeordnete, Versicherungsvertreter und Stewardessen.[32]

Journalistinnen stoßen an die „gläserne Decke"

Frauen haben in den USA in fast schon atemberaubendem Tempo die Redaktionen erobert. Gut ein Drittel aller Redakteure waren zu Beginn der neunziger Jahre bereits weiblichen Geschlechts; in (West-)Deutschland sind es gerade ein Viertel.

Gleichwohl ist in beiden Ländern Chancengleichheit beim Berufseinstieg nahezu erreicht, wobei die USA noch einen leichten Vorsprung haben: Dort sind inzwischen 45 Prozent, in (West-)Deutschland

41 Prozent der Journalisten mit weniger als fünf Jahren Berufserfahrung Frauen.[33]

Noch deutlicher wird der Trend, wenn man nur die nachrückende Journalisten-Generation betrachtet: Weit mehr als die Hälfte, nämlich 57 Prozent, aller Start-Positionen werden heute von Frauen besetzt.[34] Bereits seit 1977 sind in den USA die Studentinnen im Bereich Journalistik/Massenkommunikation in der Mehrheit[35]; inzwischen sind sogar zwei Drittel aller Studenten mit diesem Studienschwerpunkt weiblichen Geschlechts. Mehr als die Hälfte aller Journalistinnen haben in den USA mittlerweile eine Berufserfahrung von mindestens zehn Jahren; in Deutschland ist dies lediglich bei einem guten Drittel der Fall.[36]

Indes verdienen auch in Amerika Frauen in Medienberufen nach wie vor weniger als Männer, und „eine gläserne Decke" scheint sie noch immer von den Top-Jobs zu trennen.[37] Der Frauenanteil in redaktionellen Führungspositionen, also z. B. auf der Ressortleiter-Ebene, beträgt circa zehn Prozent, unter den Chefredakteuren sind es gar nur sechs Prozent.[38]

Als irritierend empfinden Frauenforscherinnen auch, daß der Zuwachs von Frauen in der amerikanischen Kommunikationsindustrie mit Einkommens- und Statusverlusten von Medien-Professionals einherzugehen scheint. Zwischen den beiden Trends gibt es vermutlich keinen ursächlichen Zusammenhang. Dagegen gebe es gewisse Tendenzen, so sorgen sich die Forscherinnen, einen solchen Zusammenhang zu konstruieren — wenn etwa in Anspielung auf die *blue collar workers* aus den frühen industriesoziologischen Studien bereits vom *pink collar ghetto,* vom Rosa-Kragen-Ghetto, der Kommunikationsberufe die Rede sei. [39]

Andererseits haben die Frauen in den USA fraglos einen großen Sprung nach vorn gemacht, und es spricht viel dafür, daß sie zumindest in der nachrückenden Generation auch gleichwertige Karrierechancen haben werden. Gerade weil das so ist, wirken manche Bemühungen, ihnen vollends zur Gleichberechtigung zu verhelfen, auch ein wenig krampfhaft und verbissen — wenn etwa eine Wissenschaftlerin mit akribischen Recherchen der Frage nachspürt, wie in insgesamt 150 amerikanischen Journalismus-Lehrbüchern, die seit 1890 auf den Markt kamen, Geschlechterrollen konstruiert und damit Frauen diskriminiert wurden. [40] Festhalten läßt sich jedenfalls, daß „die Frauen ... in puncto Einstellungs- und Beförderungschancen bis hinauf in Entscheidungspositionen bei weitem die Minoritäten überrundet" haben. [41]

Der Drehtüren-Effekt
und die Multi-Kulti-Redaktion

Robert Rawitch, heute Leiter einer Außenredaktion der *Los Angeles Times* und verantwortlich für deren *Metpro*-Programm zur Förderung von Minoritäten im Journalismus [42], kann sich noch erinnern: Als er 1967 in der Zentralredaktion die Arbeit aufnahm, gab es in der ganzen Redaktion gerade einen schwarzen und einen hispanischen Kollegen sowie eine einzige Frau. [43]

Ein Jahr später legte die *Kerner-Kommission* ihren Bericht vor und forderte von der Medienindustrie, sie solle sich mehr um die nicht-weißen *communities* kümmern; sie müsse mehr farbige Reporter einstellen, diese über die Nachrichtengebung mitentscheiden lassen und vor allem den Minoritäten Ausbildungs- und Schulungsangebote eröffnen. [44]

1978 verkündete dann die *American Society of Newspaper Editors* vollmundig das Ziel, bis zum Jahr 2000 sollten Minoritäten entsprechend ihrem Anteil an der Bevölkerung in den Redaktionen vertreten sein. Seither ist *diversity,* also ethnische Vielfalt in den Redaktionen, zu einer scheinbar unumstrittenen Vorgabe medienbetrieblicher Personalpolitik avanciert. Damit die Redaktionen bald so multikulturell zusammengesetzt sind wie die amerikanische Gesellschaft selbst, werden unverdrossen immer neue Förderprogramme aufgelegt, die es vor allem nicht-weißen jungen Leuten erleichtern sollen, im Journalismus Fuß zu fassen. [45] Sogar Bonus-Zahlungen an die Chefredakteure bemessen sich mitunter danach, wie erfolgreich sie den Anteil von Minoritäten in ihrer Redaktion ausgeweitet haben.

Zumindest wer die Fachdiskussion der letzten Jahre verfolgt hat, mußte den Eindruck gewinnen, die Amerikaner seien beseelt, ja besessen von der Idee, die verschiedenen ethnischen Gruppen im Sinne einer allumfassenden Quotenregelung angemessen in den Redaktionen vertreten zu sehen — und dies schon per se als einen Beitrag zur journalistischen Qualitätssicherung zu werten. Erlaubt waren allenfalls noch Meinungsverschiedenheiten darüber, ob die forcierte Integrationspolitik uneigennützig zum Wohl der Gesellschaft oder doch eher als handfeste Geschäfts- und Überlebensstrategie für das jeweilige Medium verfolgt werden sollte.[46]

Seit 1978 hat sich die Zahl der in Redaktionen beschäftigten Farbigen immerhin verdreifacht.[47] Erstmalig konnte die Medienindustrie 1993 vermelden, daß mehr als ein Zehntel der Zeitungsjournalisten den ethnischen Minderheiten angehören und zumindest in mehr als der Hälfte aller amerikanischen Zeitungsredaktionen nicht-weiße Redakteure und Reporter beschäftigt sind.[48] Bei den einflußreichen und auflagenstarken Blättern der großstädtischen Ballungsräume schwankt der Anteil der farbigen Reporter und Redakteure heute zwischen zehn und zwanzig Prozent. Unter den 50 größten Zeitungen ist der *Miami Herald* der Spitzenreiter mit einem Minoritäten-Anteil in der Redaktion von rund 30 Prozent, gefolgt von *Sacramento Bee* und *Seattle Times* (je 22 Prozent) sowie *Detroit Free Press* und *USA Today* (je 21 Prozent).[49]

Schwierig ist es vorerst auch für die Angehörigen ethnischer Minderheiten, Vorgesetzten-Positionen bei den Medien zu ergattern oder gar im Top-Management Verantwortung zu übernehmen. Nur 7,1 Prozent der nicht-weißen Journalisten bekleiden Jobs mit Weisungsbefugnissen.[50] Und ganze 110 von insgesamt 1595 befragten Tageszeitungen haben zumindest einen Mitarbeiter schwarzer Hautfarbe in einer Management-Position.[51] Eine interessante Facette des Minoritäten-Problems ist es im übrigen, daß ausgerechnet die alternativen Zeitungen, die sich selbst als Bannerträger des gesellschaftlichen Fortschritts in Amerika verstehen, einen weitaus geringeren Minoritäten-Anteil in ihren Redaktionen vorzuweisen haben als die etablierten Medien.[52]

Angehörige der Minoritäten haben es inzwischen allerdings leichter als ihre weißen Kommilitonen, eine Einstiegsposition zu erhalten. Zwei von fünf Hospitationsplätzen (39 Prozent) wurden 1992 an Farbige vergeben, und nahezu ein Viertel (24,2 Prozent) aller Einstiegsjobs im Zeitungsjournalismus gingen an nicht-weiße Bewerber.[53] Diese Prozentwerte liegen deutlich über dem Anteil, den diese Gruppen an der Gesamtbevölkerung haben.

Félix Gutiérrez, ein gründlicher Kenner der Minoritäten-Problematik, bestätigt, die Förderprogramme hätten zwar insoweit gegriffen, als sie vielen *blacks* und *hispanics* zu einer Startchance in den Journalismus verholfen hätten. Doch er beklagt einen Drehtüren-Effekt: Die meisten farbigen Newcomer würden innerhalb von fünf Jahren das Metier wieder verlassen. Insofern habe sich das Problem nur verlagert — es gehe jetzt nicht mehr so sehr um die Rekrutierung von Minoritäten, sondern darum, diese im Journalismus zu halten.[54]

Frostigeres Klima, reversive Diskriminierung

So unumstritten in der Zunftdiskussion das Ziel der multikulturellen Redaktion nach wie vor ist, es mehren sich die Zeichen, daß es auch hier noch eine große Kluft zwischen offiziöser Rhetorik und tatsächlichen Integrationsleistungen gibt. Aus einer ganzen Reihe jüngerer Veröffentlichungen läßt sich unschwer herauslesen, daß das Klima in vielen Redaktionen frostiger geworden ist. Weiße und Minoritäten begegnen sich mit Argwohn, die überlieferten Stereotypen wechselseitiger Wahrnehmung sind keineswegs abgebaut, und die Weißen beklagen sich zumindest hinter vorgehaltener Hand längst über reversive Diskriminierung, also über ihre Benachteiligung gegenüber den Afro-Amerikanern und Latinos.

Ted Pease, selbst ein Schwarzer und als Forscher seit vielen Jahren Begleiter der Integrationspolitik in den amerikanischen Redaktionen, beobachtet, daß neuerlich Ressentiments ausgebrütet würden, weil vor allem weiße Männer aufgrund ihrer Hautfarbe und ihres Geschlechts um ihre Karrierechancen fürchteten.[55] Nachdenklich stimmt wohl auch der Hinweis, daß noch so differenzierte Personalentwicklungssysteme, die darauf zielen, in den Redaktionen Chancengleichheit unabhängig von Hautfarbe und Geschlecht herzustellen, auf der mittleren Management-Ebene — mitunter gänzlich unbewußt — ausgehebelt und pervertiert würden.[56]

Auf dem Weg zu einem anderen Journalismus?

Der Druck, den Frauen und ethnische Minoritäten gemacht haben, um sich ihren Platz in den Redaktionen zu erkämpfen, verleitet derweil andere Minderheiten dazu, Ähnliches zu probieren. So gibt es seit 1991 eine *National Lesbian and Gay Journalists Association (NLGJA)*, die die Interessen homophiler Journalisten und Journalistinnen vertritt. Ihr gehören inzwischen 700 Mitglieder an.

Auf der Gründungskonferenz war sogar — wenn auch nur mit einer Video-Botschaft — der Verleger der *New York Times,* Arthur Sulzberger, vertreten: „Wir können unseren Lesern nicht länger nur die weiße, männliche Sicht der Dinge anbieten und behaupten, daß wir unsere Aufgabe erfüllen . . . In einer Welt, die so vielfältig ist wie die unsere, wäre das unvollständig und deshalb nicht ausreichend", ließ er sich vernehmen. Sulzberger versprach, daß sein Blatt möglicherweise den Partnern von homosexuellen Mitarbeitern Krankenversicherungsschutz und andere Vergünstigungen zukommen lassen wolle.

Sogar in der Berichterstattung soll sich der neue Kurs bereits niedergeschlagen haben: Die *New York Times* „hatte im Jahr 1991 65 Prozent mehr Geschichten über Lesben und Gays als 1990 im Blatt", weiß die Aktivistin Jennifer Juarez Robles zu berichten.[57] Bei der *Detroit News,* immerhin eine der größten amerikanischen Regionalzeitungen, wurde kürzlich sogar eine eigene Kolumne eingerichtet, in der eine homophile Journalistin regelmäßig die Weltläufte aus ihrer Sicht kommentieren darf.

Es ist wohl nur eine Frage der Zeit, bis weitere gesellschaftliche Gruppen, etwa die Grauen Panther, ebenso Benachteiligungen geltend machen und ihre Minderheiten- (bzw. dann vielleicht schon Mehrheits-)Rechte einfordern werden, wie dies bisher — wenn auch mit unterschiedlichen Mitteln und Erfolgen — die Frauen, die Farbigen und die Gays getan haben.

Bereits frühzeitig warnten allerdings auch nachdenkliche Linksliberale wie der von der Columbia University emeritierte Kommunikationswissenschaftler Phillips Davison vor der Gefahr, die aus allzuviel *affirmative action* für die Unabhängigkeit des Journalismus resultiert. Diese Unabhängigkeit sei durch Einstellungs-Prozeduren gefährdet, die Frauen und ethnische Minoritäten bevorzugten. „Weil diese Gruppen so lange mißachtet und übergangen wurden, vertreten sie jetzt prononciert ihren eigenen Standpunkt", sorgt sich Davison. Daraus erhalte eine Form des anwaltschaftlichen Journalismus Auftrieb, der sich nicht um unvoreingenommene Information des Rezipienten bemühe.[58]

Die Frage, ob die nachdrängenden Gruppen tatsächlich in dem Maß, wie sie im Journalismus Fuß fassen, auch ihrer Sicht der Dinge zu (Medien-)Echo und Geltung verhelfen können, wie dies Davison befürchtet und die Aktivisten und Aktivistinnen der Emanzipationsbewegungen erhoffen, ist relativ spannend — indes aber keineswegs geklärt.[59] Einerseits wäre es naiv zu glauben, daß diese Gruppen keinen Einfluß auf das *agenda setting* der Medien nehmen. Und wenn prominente Journalistinnen wie die Chefredakteurin des *Des Moines Register,* Geneva Overholser, sich nachhaltig zum Feminismus bekennen[60], so verfehlt dies gewiß nicht den intendierten Signaleffekt.

Andererseits wirken die Sozialisationsmechanismen des Medienbetriebs eher gegenläufig. So lehnen beispielsweise gerade besonders erfolgreiche Journalistinnen rundweg die Vorstellung ab, daß ihre Geschlechtszugehörigkeit Einfluß darauf haben könnte, wie sie mit Nachrichten umgehen und diese bewerten.[61]

Werden also die amerikanischen Journalisten als Berufsgruppe in ihrer Gesamtheit die Vielfalt der amerikanischen Gesellschaft in Zukunft besser verkörpern? Wohl kaum — trotz aller gutgemeinten Absichten: „Die Journalismus-Forschung", so faßt Everette Dennis vom *Freedom Forum Media Studies Center* in New York zusammen, „hat klar gezeigt, daß die Journalisten in den USA sich bemerkenswert ähneln — hinsichtlich ihrer Ausbildung, aber auch in ihren kulturellen, politischen und religiösen Vorstellungen. Selbst wenn es formale Zugangsvoraussetzungen zum Journalismus gäbe, könnte deswegen das Arbeitskräftepotential kaum homogener sein, als es bereits ist."[62]

Ein Spiegelbild ihrer Gesellschaft sind die Journalisten in den USA also ebensowenig wie anderswo in der Welt. Sie können dies auch gar nicht sein — von dem Moment an jedenfalls nicht mehr, von dem an sich in der Branche Standards der Professionalität durchzusetzen beginnen. Ein gewisses Maß an Homogenisierung des Arbeitskräftepotentials ist allemal der Preis, den man für Qualitätssicherung im Journalismus zahlen muß.

Wenn Vielfalt in der redaktionellen Zusammensetzung — wie derzeit in den USA — per se als erstrebenswertes Ziel bestehen bleibt, dann wäre in naher Zukunft sogar womöglich der Integration der Frauen und der Minoritäten in die Redaktionen weniger Aufmerksamkeit zu schenken. Zum vorrangigen Problem würde statt dessen die vorzeitige Abwanderung der Älteren aus dem Berufsfeld. Während in der Bevölkerung deren Anteil wächst und allen Statistiken zufolge die ältere Generation auch die verläßlichsten und eifrigsten Zeitungsleser stellt, drohen Redakteure jenseits der 40 zu einer Minderheit zu werden. Die berufliche Umorientierung in der Lebensmitte mag mit schlechter Bezahlung, Streß, Verschleiß und *burnout* zu erklären sein.[63] Wenn die Älteren scharenweise aus dem Metier „aussteigen" und sich anderen Betätigungsfeldern zuwenden, bedeutet dies für die Redaktionen jedoch einen empfindlichen Verlust an Lebenserfahrung und Bildung, oft auch an Sach- und Sprachkompetenz.

Die kulturelle und ethnische Vielfalt wird in den amerikanischen Redaktionen weiter zunehmen, und vor allem Frauen werden noch in diesem Jahrzehnt in Führungsrollen hineinwachsen. Dennoch bleiben auch in den USA manche gesellschaftliche Gruppen absehbar weiterhin draußen vor der (Redaktions-) Tür.

Ferner gibt es im Vorfeld des Journalismus starke Sozialisationsagenturen, die eher homogenisierend wirken und deren Beitrag zur Professionalisierung des Berufsstandes und damit auch zur Qualitätssicherung im Journalismus noch näher zu analysieren sein wird (vgl. Kapitel 7 und 8).

Nicht zuletzt sind auch die Redaktionen selbst solche Sozialisationsagenturen. Trotz aller statistisch belegbaren Veränderungen und Umschichtungen prägt dort nämlich ein Einstellungs- und Verhaltensmuster das journalistische Alltagsgeschäft besonders stark, das — diesseits wie jenseits des Atlantiks — den Wandel bremsen dürfte. Es ist zwar durch keine Repräsentativbefragung bestätigt, wurde jedoch bereits von einem der Pioniere der amerikanischen Organisationssoziologie, Chris Argyris, beobachtet. In seiner Fallstudie über den *Daily Planet* — ein Pseudonym, hinter dem sich die *New York Times* verbirgt — hatte er als teilnehmender Beobachter Anfang der siebziger Jahre dem Konservatismus von Zeitungshäusern und ihren Redakteuren nachgespürt und festgestellt, daß eines ihrer Kernprobleme darin bestehe, „daß das System von den Leuten, die es betreiben, veränderungsresistent gemacht worden ist — obschon sie selbst sagen, daß sie es verändern möchten". Und ein paar Seiten vorher prognostiziert er, daß Zeitungen „sich vehement gegen Verhaltensweisen wehren werden, die sie von anderen ganz selbstverständlich verlangen".[64] Wo sie selbst betroffen sind, halten (sich) jedenfalls auch Linksliberale und „Progressive" erfahrungsgemäß gerne an eingefahrenen Routinen fest.

Ob die neue Vielfalt in der personellen Zusammensetzung von Redaktionen tatsächlich zu einer Vervielfältigung der Blickwinkel und Perspektiven in der Berichterstattung führt und sich in publizistischen Qualitätszuwachs übersetzt, ist somit vorerst offen und sollte vielleicht sogar eher skeptisch beurteilt werden. Wird Integrationspolitik zu sehr forciert, so läuft sie allemal Gefahr, Quoten zu erfüllen, statt publizistische Qualität zu fördern.

Qualitätssicherung durch Infrastrukturen

Ein Theoriegerüst

4. Marktorientierung und öffentliches Engagement

„. . . journalism is a public trust that, while a business, is more than a business — it is, one might say, a business with ,value added'. It does have a Constitutional franchise, one that carries some very special implications."
Everette Dennis, 1986

„But news operations can't have it both ways: Either they're strictly businesses, governed by simple economics, or they're public trust, answering to some higher calling. Since these days they act mostly like a rogue elephant grabbing power and wreaking havoc, the public trust argument is fast loosing its punch."
Jon Katz, 1992

„We must probe more deeply the relationship between media industries' performance in the marketplace and their performance with respect to other social goals . . ."
Robert M. Entman/Steven S. Wildman, 1992

Manchmal ist eine Meinungsumfrage um ein Vielfaches erhellender als tiefschürfende und sich über die Jahre hinschleppende wissenschaftliche Dispute. Dabei weist die demoskopische Erhebung, um die es geht, noch nicht einmal klare Mehrheiten aus. Die

Frage, ob Journalisten im öffentlichen Interesse oder doch mehr im Eigeninteresse tätig sind, haben die Amerikaner kürzlich jedenfalls so beantwortet: 46 Prozent billigten den Zeitungs- und 47 Prozent den Fernsehjournalisten zu, für das Interesse der Allgemeinheit tätig zu sein; 43 Prozent der Befragten waren dagegen bei den Zeitungsleuten und 42 Prozent bei den Kollegen vom Fernsehen der Meinung, sie verfolgten doch zuvörderst ihre eigenen Interessen. [1]

So gespalten wie das Meinungsbild, so kontrovers wurde die Frage, in wessen Auftrag und Interesse Journalisten tätig sind bzw. sein sollen, auch seit jeher in Fachzirkeln diskutiert. Auch in den USA gab es über Jahrzehnte hinweg eine (fach-)öffentliche Auseinandersetzung darüber, inwieweit Journalismus Privatsache oder eine öffentliche Aufgabe ist und ob Nachrichten primär Warencharakter haben oder doch etwas ganz anderes sind, nämlich etwas, was der Sphäre des Warenverkehrs enthoben bleiben sollte. [2]

Oszillieren zwischen Eigennutz und Gemeinwohl

Die Extrempositionen unterscheiden sich nicht wesentlich von denen bei uns, und sie haben sich auch im Lauf der Jahre kaum verändert: So schrieb ein leitender Redakteur des *Wall Street Journal:* „Eine Zeitung ist ein privates Unternehmen. Es schuldet der Öffentlichkeit nichts, die ihrerseits die Zeitung nicht konzessioniert. Die Zeitung ist damit von keinerlei öffentlichen Interessen berührt. Sie ist nachdrücklich Besitztum des Eigentümers, der ein industriell gefertigtes Produkt auf eigenes Risiko verkauft." [3]

Dieses Zitat ist rund 70 Jahre alt — aber es könnte wohl genausogut von einem jener dynamischen Verlagsmanager stammen, die zu den Zeiten der Reagan-Regierung entdeckten, was für phantastische *cash cows* Zeitungen sein können, wenn man sie nur ohne allzuviel Rücksicht auf öffentliche Belange und publizistische Qualitätsansprüche richtig melkt.

Umgekehrt haben sich auch in den USA nicht nur weltfremde Idealisten, sondern durchaus gestandene Journalisten und Publizistikwissenschaftler immer wieder den Kopf zerbrochen, wie man den Journalismus und das Mediensystem aus kommerziellen Zwängen befreien oder zumindest nicht-marktfähigen Aspekten der Publizistik zu einem größeren Gewicht verhelfen könnte. [4] Auf den ersten Blick haben sie freilich den Lauf der Dinge nicht verändert; gleichwohl wäre es ein vorschnelles Urteil zu behaupten, sie hätten keinerlei Einfluß gehabt.

Gewiß haben sich in den Vereinigten Staaten auch im Mediensektor früher und konsequenter die Marktkräfte entfalten können als bei uns. Gerade in den Jahren der Reagan-Regierung, die wie keine andere zuvor die Deregulierung forciert hat, haben sie noch einmal ungehemmt Schubkraft erhalten. Die linksliberalen Intellektuellen nennen diese Zeit nicht von ungefähr die *greedy eighties,* die gierigen achtziger Jahre — eine Phase des entfesselten Egoismus, während der noch nicht einmal mehr ein schlechtes Gewissen zu haben brauchte, wer sich rücksichtslos dem Geldverdienen und der Selbstverwirklichung verschrieb und dabei auch vor ungenierter Selbstbedienung nicht zurückschreckte.

Rückbesinnung auf die Community

Die Folgen dieser Exzesse sind inzwischen sichtbar geworden. Wo entfesselte Marktkräfte agieren, die weder von staatlicher Ordnungs- und Anti-Trust-Politik noch von einem intakt gebliebenen Sensus der Akteure für Minimalerfordernisse des Gemeinwohls in Schranken verwiesen werden, entwickelt der Kapitalismus selbstzerstörerische Tendenzen. Namhafte Sozialwissenschaftler — von Karl Marx bis hin zu Daniel Bell und John Kenneth Galbraith — haben dies klar erkannt, allerdings mitunter die Selbstheilungskräfte unterschätzt, die solch ein System ebenfalls immer wieder zu entfalten vermag.

Im Gefolge der *greedy eighties* ist in Amerika das Bewußtsein dafür geschärft, daß Egoismus und Individualismus rückzubinden sind an das Gemeinwohl. Ausdruck dessen sind nicht nur der Wahlsieg des Demokraten Bill Clinton, sondern auch neue geistige Strömungen — etwa der *communitarianism,* dem sich führende Intellektuelle wie Amitai Etzioni oder Michael Walzer verschrieben haben und der neuerdings Anziehungskraft entfaltet. [5]

Beschränken wir unsere Betrachtungen jedoch auf den Mediensektor: Nicht minder interessant als die eingangs zitierte Meinungsumfrage, inwieweit Journalisten das Gemeinwohl im Auge behalten, ist eine zugehörige Trendmeldung: Elf Jahre zuvor waren nämlich noch 61 bzw. 64 Prozent der Befragten der Meinung, Zeitungs- und Fernsehjournalisten engagierten sich primär in öffentlichem Interesse — also 15 bzw. 17 Prozent mehr als 1993.[6] Daß die Journalisten immer weniger im öffentlichen Interesse agieren und ihren öffentlichen Auftrag erfüllen, ist offenbar der breiteren Öffentlichkeit nicht verborgen geblieben — obschon die Medien auch in Amerika noch dazu neigen, über alles und jedes kritisch zu berichten, nur nicht über sich selbst.

Das Gefühl, nicht nur die Politik, sondern auch der Journalismus sei auf den Hund gekommen, hat offenbar nicht nur ein paar verschrobene Intellektuelle erfaßt. Vielmehr ist eine Glaubwürdigkeitslücke entstanden, und es hat drastische Einbrüche und Verschiebungen in der Mediennutzung gegeben. Sie haben zwar vielfältige und zum Teil ganz andere Ursachen[7], veranlaßten aber zahlreiche Medienmanager und Journalisten in Führungspositionen zu einer Umbesinnung — insbesondere die Vertreter der von Auflagenrückgängen besonders stark gebeutelten Zeitungsbranche. Vielleicht hat dazu auch beigetragen, daß gerade die berufserfahrenen Journalisten und solche mit altruistischen Orientierungen ihre Unzufriedenheit besonders deutlich gezeigt hatten.[8]

Große Zeitungskonzerne wie die kanadische, aber auch in den USA geschäftlich aktive *Thomson*-Gruppe waren in den achtziger Jahren dafür berüchtigt, Kasse zu machen und ihre Blätter redaktionell verkümmern zu lassen. Sie haben inzwischen die Erfahrung gemacht, daß solche Strategien sich allenfalls kurzfristig rechnen. Sie steuern ihre Aktivitäten mit Hilfe externer Berater aus renommierten Hochschulen um — etwa vom *Newspaper Management Center* der Northwestern University. [9]

Manche Blattmacher merkten auch, daß sie mit ihrer Konzentration auf *soft news,* mit dem Ausstieg aus der Politikberichterstattung und der bloßen Inszenierung der Zeitung als Leserwunschkonzert der zunehmenden Politikverdrossenheit nicht nur nichts entgegensetzten, sondern selbst politischem *disengagement* den Boden bereiteten. Mit schwindendem Interesse an den öffentlichen Angelegenheiten ließ schließlich auch das Interesse am Medium Tageszeitung nach. Es verfestigte sich wohl bei manchem Zeitgenossen der Eindruck, daß Medien, die vorwiegend über Belangloses berichten, eigentlich überflüssig sind.

Damit einhergehend schärfte sich das Bewußtsein dafür, daß der Journalismus kritischer Begleitung und Kontrolle bedarf und damit Instanzen benötigt, die den moralischen Zeigefinger erheben, die Standards setzen, hochhalten und weiterentwickeln. In der Demokratie — deren herausragendes und prägendes Element neben der Möglichkeit des periodischen Eliten- und Machtwechsels ja ein Prozeß wechselseitiger Machtkontrolle sowie des *government by discussion* [10] ist — bedarf der politische Prozeß der Begleitung durch einen Journalismus, der nicht nur Transparenz herstellt, sondern auch selbst transparent ist.

In den USA ist also nach Jahren, in denen fast ausschließlich der Publikumsgeschmack im Visier der Redaktionen war, eine partielle Umkehr zu beobachten. In der Branchenrhetorik ist zwar weiterhin der Leser und Kunde Dreh- und Angelpunkt aller Bemühungen, aber inzwischen ist auch wieder vermehrt von den *communities* die Rede — also den Gemeinwesen, denen Medien — innerhalb ihres jeweiligen Einzugsbereiches — zu dienen hätten.

Es gibt selbstkritische Stimmen, die den Journalismus regelrecht mitschuldig sprechen, wenn Gemeinsinn und öffentliches Engagement zu raren Tugenden geworden sind. So betont etwa David Merritt jr., der Herausgeber des *Wichita Eagle,* daß Zeitungen keine wertfreien Vermittler sein dürften, sondern in ihrer Nachrichtengebung Werte zu vermitteln hätten und „das öffentliche Leben revitalisieren" sollten. [11] Die Medien kümmerten sich zu wenig um das Gemeinwesen.

Susan D. Ross vom Lynchburg College möchte der Presse eine neue Rolle zuweisen: Sie habe sich vom Wachhund über den aggressiven Kampfhund zum Schoßhund entwickelt. Jetzt solle sie ein *guide dog* werden, eine Art Blindenhund, der führt und die Bürger dazu anleitet, sich wieder um die öffentlichen Angelegenheiten zu kümmern. [12] Dazu paßt dann auch, daß einzelne Blätter ihre Journalisten inzwischen dazu ermuntern, aktiv am öffentlichen Leben und bei der Regelung kommunaler Belange zu partizipieren, während sie bisher meist eher zur Zurückhaltung verpflichtet wurden. [13] Profilierte Chefredakteure denken laut darüber nach, inwieweit die Selbstverpflichtung auf Objektivität hierbei hinderlich ist. [14]

Man scheint sich also nicht nur auf die Suche nach einer neuen Balance zwischen den Leserwünschen, denen man sich weder verschließen kann noch will, und den Erfordernissen des Gemeinwohls zu begeben, es wird auch neu darüber diskutiert, ob die Selbstverpflichtung der Journalisten auf die Rolle des neutralen Vermittlers wirklich der beste Weg ist, dem Gemeinwohl zu dienen. Jedenfalls greift allmählich die Einsicht Platz, daß die Reaktion auf wachsende Politikverdrossenheit nicht darin bestehen kann, weitgehend auf Politikberichterstattung zugunsten von *soft news* zu verzichten, sondern daß man nach neuen Formen der Politikvermittlung suchen muß. [15]

Edmund Lambeth, langjähriger Direktor des Journalistik-Programms an der University of Missouri, spricht bereits von einem *community-connectedness movement* — von einer Bewegung, die sich um eine stärkere Rückbindung des Journalismus an das Gemeinwesen und damit auch um eine Rückbesinnung auf die öffentliche Aufgabe des Journalismus bemüht. [16] Doch da mag bei dem großen alten Mann, dessen Denken und Wirken zeitlebens um Fragen journalistischer Ethik kreiste, auch ein wenig Wunschdenken mit im Spiel sein. Die „Bewegung" gibt es zwar, aber vorerst ist die Gegenbewegung wohl doch noch um ein Vielfaches stärker.

Immerhin ist die Trendentwicklung im Vergleich zur Bundesrepublik gegenläufig: Während hierzulande noch ein führendes Wirtschaftsblatt kürzlich vermelden konnte, das „Zeitungmachen als ‚marktgerechte' Dienstleistung" trete an die Stelle „eines publizistischen Auftrages" [17], besinnt man sich in den USA bereits wieder vermehrt auf ebendiesen Anspruch zurück.

Das Prinzip des „Sowohl als auch"

Die amerikanischen Erfahrungen und Pendelausschläge schärfen den Blick für die fehlgeleitete Diskussion und deren fatale Folgen in Deutschland: Der ganze Streit, ob Journalismus dem Kommerz anheimfallen darf oder dem Gemeinwohl verpflichtet sein sollte, ist bisher viel zu kategorisch unter der Prämisse des „Entweder oder" ausgetragen worden. Statt solch einer Disjunktion ist indes — in den Fußstapfen von Ulrich Beck[18] — die Konjunktion des „Und" bzw. des „Sowohl als auch" hilfreicher: Es gilt, den „Doppelcharakter" von Nachrichten herauszuarbeiten und damit auch die Ambivalenz des Journalismus ins Blickfeld zu rücken.[19]

Eine systematischere Analyse unter dem Vorzeichen des „Sowohl als auch" hätte bereits beim Rezipienten einzusetzen, der in zwei ganz unterschiedlichen Rollen Informationsnachfrager ist — nämlich als *Marktteilnehmer* und als *Staatsbürger*. Ausgehend von diesen beiden Rollen, wird auch der Weg frei für „zweierlei Maß" bei den Qualitätsmaßstäben und -anforderungen, die an den Journalismus zu richten sind (vgl. Schaubild Seite 82):

In der Sphäre des Marktes genügt es, als Marktteilnehmer, also als Informationsanbieter oder -nachfrager, den Eigenbedarf und den Eigennutz im Auge zu behalten. Die Informationsanbieter müssen auf die individuell geäußerte Nachfrage reagieren, die sich zu Einschaltquoten und Verkaufsauflagen aggregiert. Insoweit sind in dieser Sphäre Einschalt-

Informationsnachfrage als Marktteilnehmer und als Staatsbürger		
Rolle	Marktteilnehmer	Staatsbürger
Informations-nachfrage	Eigenbedarf, Eigennutz	Politische Teilhabe
Qualitäts-maßstab	Einschaltquote, Verkaufsauflage	Experten-urteil
Entscheidungs-regel	„Abstimmung am Kiosk"	Mehrheits-votum
Informations-lieferung	Holschuld	Bringschuld
Infrastruktur-bedarf	gering	größer als am Markt

quoten und Verkaufsauflagen unverzichtbare Qualitätsindikatoren.

Als Entscheidungsregel gilt, daß jeder seine Vorstellungen und Präferenzen nach eigenem Gusto durchsetzt. Was die Selbstverwirklichungsmöglichkeiten anlangt, ist der Markt damit eine sehr „demokratische" Einrichtung: Jeder hat bei der „Abstimmung am Kiosk" (Axel C. Springer) bzw. beim Zappen mit der Fernbedienung freie Entfaltungsmöglichkeiten. Da die allermeisten massenmedialen Angebote nicht besonders teuer sind, fallen hier noch nicht einmal die Einkommens- bzw. Vermögensverhältnisse spürbar ins Gewicht, die in anderen Lebensbereichen der Freiheit des Konsumenten schnell und spürbar Grenzen setzen.

In der Demokratie genügt es jedoch nicht, Markt-teilnehmer zu sein. Wenn sie funktionieren soll, brauchen wir auch Staatsbürger, die am politischen Leben partizipieren. Zwar hält es ein demokratisches Gemeinwesen aus, wenn sich ein Teil der Bürger in freier Entscheidung nicht politisch informiert und auch nicht politisch tätig wird. Sehr schnell gefähr-lich, wenn nicht gar tödlich für die Demokratie wird es indes, wenn sich uninformierte Bürger politisch zu engagieren beginnen oder sich gar parlamentari-sche Mehrheiten bilden, die die Prinzipien des Min-derheitenschutzes und die individuellen Freiheits-rechte mißachten, wie sie in vielen Lebensbereichen nicht zuletzt ein funktionierender Markt eröffnet.

Wenn Demokratie funktionieren soll, haben des-halb wir alle, hat das Gemeinwesen insgesamt ein In-teresse daran, daß die Staatsbürger gut und umfas-send informiert sind[20] — denn nur dann wird es auch zu Wahlentscheidungen kommen, die die Demokra-tie stabilisieren. „Ohne funktionierenden Journalis-mus keine Demokratie" — auf diese knappe Formel hat Wolfgang R. Langenbucher den Sachverhalt ge-bracht.[21]

Dieses *kollektive Interesse* an politischer Informa-tion und an einem funktionierenden Journalismus kann durchaus über das individuelle Interesse des einzelnen hinausgehen, sich politisch auf dem laufen-den zu halten. Und weil dieses Interesse sich nicht seitens der Marktteilnehmer bei der Abstimmung am Kiosk oder mit der Fernbedienung äußert, tritt es auch nicht als Nachfrage auf dem Markt in Erschei-nung.

Wer gerne die Floskel vom „mündigen Bürger"
im Munde führt, wird nunmehr argumentieren: Jeder Staatsbürger hat auch das nötige Verantwortungsbewußtsein, um sich politisch hinreichend zu
informieren. Politische Information wäre damit eine
Holschuld. Die Informationsnachfrage der Staatsbürger müßte auf dem Markt in Erscheinung treten.

Wer indes die Willensstärke und Wißbegier des
einzelnen skeptischer beurteilt, der wird in ausrei-
chender politischer Information zumindest partiell
eine Bringschuld sehen: Das Gemeinwesen — also
nicht nur die Parteien und Verbände — muß etwas
tun, damit die zur Willensbildung nötigen Informationen auch den Stimmbürger erreichen. Es hat auch
ein Eigeninteresse daran, daß die Medien Informationen in einer Qualität und Vielfalt bereitstellen, die
über die vom Markt gesetzten Standards hinausreichen.[22]

Es gibt also ein kollektives Interesse an Information — und damit fraglos eine „öffentliche Aufgabe"
des Journalismus. Das ist wohl auch der Kerngedanke, der das Bundesverfassungsgericht die Formel
von der *Grundversorgung* prägen ließ, die die teils lei-
denschaftlichen Diskussionen um die Zukunft des
Rundfunks in den letzten Jahren mitgeprägt und be-
flügelt hat.

Der sehr deutsche, etatistischen Traditionen ver-
pflichtete Denkfehler dabei war allerdings wohl die
Annahme, daß solch eine Grundversorgung nur
oder vor allem öffentlich-rechtliche Institutionen be-
reitzuhalten vermögen. Die Entwicklung scheint
vielmehr zu zeigen, daß diese — zumindest in unmit-

telbarer wirtschaftlicher Konkurrenz zu den privaten Informations- und Unterhaltungsproduzenten
— die in sie gesteckten Erwartungen nicht zu erfüllen vermögen.

Denn auf hohe Einschaltquoten sind auch die öffentlich-rechtlichen Anstalten angewiesen, wenn sie
ihren Bestand sichern und ihre hohen Gebührenein-
künfte rechtfertigen wollen.[23] Und in diesem knallharten Wettbewerb sind es eben kaum noch die öffentlich-rechtlichen Anbieter, sondern die kommerziellen Rundfunkveranstalter, die die Standards setzen und die Schrittmacherfunktion übernommen haben.

Die Nachrichtenproduktion ist mehr und mehr
privatisiert worden, sie folgt inzwischen nahezu ausschließlich den Marktgesetzen und damit nicht mehr
unbedingt den weitergehenden Erfordernissen der
Demokratie. Zu beobachten ist ein Erosionsprozeß:
Was Ökonomen die *Tyrannei der kleinen Entscheidungen* nennen, zerstört in vielen kleinen Anpassungs-
schritten einen Teil des bisherigen Mediensystems.
Dieser Prozeß ist inzwischen wohl unumkehrbar; er
läßt sich durch höchstrichterliche Entscheidungen
allenfalls verlangsamen, aber nicht mehr aufhalten.

Mein Vorschlag zielt deshalb in eine radikal andere Richtung: Ich würde — Hans Wagner folgend[24]
— Grundversorgung breiter definieren wollen und
beispielsweise auch den Tageszeitungen Grundver-
sorgungsfunktionen zuschreiben; sie können uns
schließlich noch immer sehr viel besser mit Hintergrundinformation versorgen als Hörfunk und Fernsehen.

Sodann besteht auch im Bereich der Grundversorgung kein Anlaß, den Marktmechanismen prinzipiell zu mißtrauen — etwa dergestalt, daß sie überhaupt nicht in der Lage wären, effizient Informationen bereitzustellen und zu verteilen. Jedenfalls dürfte sich sehr schwer tun, wer etwa „beweisen" wollte, daß die Informationsleistung privatwirtschaftlich betriebener Zeitungsverlage oder Nachrichtenagenturen prinzipiell schlechter ist als die öffentlich-rechtlicher Rundfunkanstalten. Deshalb erscheint es auch reichlich verblendet, wenn etwa der *ARD*-Vorsitzende und *NDR*-Intendant Jobst Plog einen Alleinanspruch auf journalistische Qualität geltend macht: „Frei vom kommerziellen Kalkül, haben in Deutschland allein *ARD* und *ZDF,* vom Gesetzgeber auf das Gemeinwohl verpflichtet, einen Qualitätsanspruch."[25]

Spannend ist dagegen die Frage, wo der Markt in puncto Qualitätssicherung funktioniert und wo nicht. Um dies zu klären, hilft ein wirtschaftswissenschaftlicher Denkansatz weiter, die *Theorie der öffentlichen Güter*. Diese Theorie ist für die Publizistikwissenschaft und damit für unsere weiteren Überlegungen zu erschließen.

Journalismus als meritorisches Gut

Dazu gilt es etwas weiter auszuholen: Die Marktwirtschaft soll bekanntlich sichern, daß bei der Bereitstellung privater Güter die erforderlichen Ressourcen effizient verwendet werden. Sie soll uns also hinreichend mit allen möglichen Gütern und Dienstleistungen, vom Frühstücksbrötchen über das Auto bzw. Fahrrad bis hin zur Versicherungspolice, versorgen und zugleich dazu beitragen, daß beim jeweiligen Produktionsprozeß keine Ressourcen verschwendet werden.

Das funktioniert dank des Wettbewerbs so lange recht gut, wie wir es wirklich mit privaten Gütern zu tun haben — einmal abgesehen von externen Effekten und dem Problem der Verteilungsgerechtigkeit, für das sich die meisten Wirtschaftswissenschaftler nicht gerade mit Hingabe interessieren.

Schwieriger wird es bei den öffentlichen Gütern. Darunter verstehen Ökonomen Güter und Dienstleistungen, bei denen das *Ausschlußprinzip* nicht anwendbar ist. Das Ausschlußprinzip besagt: Nur wer für ein Gut *bezahlt,* kommt auch in den Genuß des Konsums — und zwar im Zweifelsfall, also wenn das Gut knapp ist, derjenige, der am meisten dafür berappt *(Auktionsprinzip).* Bei privaten Gütern rivalisiert folglich der Konsum: Wenn A bezahlt und damit in den Nutzen eines Gutes kommt, bedeutet dies, daß B leer ausgeht, obwohl er dasselbe Gut auch gerne haben möchte.

Bei öffentlichen Gütern rivalisiert dagegen der Konsum nicht. Der gleiche Nutzen steht — oft sogar ohne gegenseitige Beeinträchtigung — allen zur Verfügung; einzelne lassen sich nicht von der Nutzung ausschließen und können deshalb auch nicht auf dem Markt zur Kasse gebeten werden.

Das simpelste und unter Ökonomen beliebteste Beispiel hierfür ist der Schutz vor Gewalt, der sich zu ökonomisch vertretbaren Kosten eben nicht privat, sondern nur kollektiv organisieren läßt: mit Hilfe der Polizei und der Armee, in unserem Fall der Bundeswehr. Finanzierbar sind beide Institutionen nicht über private Transaktionen am Markt, sondern nur über den Steuerzahler — und funktionieren kann der staatliche Schutz vor Gewalt auch nur, wenn das Gewaltmonopol beim Staat verbleibt.

Bei öffentlichen Gütern ist also Marktversagen die Regel. Wir sind darauf angewiesen, daß die Politik — sozusagen subsidiär — einspringt und der Staat diese Güter bereitstellt. [26]

Die Unterscheidung von öffentlichen und privaten Gütern ist allerdings, wie so oft bei der wissenschaftlichen Theoriebildung, in erster Linie zu analytischen Zwecken sinnvoll. Die Realität ist komplizierter; dort gibt es nämlich Mischgüter. Darunter sind häufig auch sogenannte *meritorische Güter* — das sind Güter, die von der Öffentlichkeit besonders hochgeschätzt werden, weil sie neben einem teilbaren und damit privatisierbaren Nutzen auch einen unteilbaren öffentlichen Nutzen stiften, also einen Nutzen für die Allgemeinheit.

Die Theorie der öffentlichen Güter hilft, den eingangs skizzierten alten „akademischen" Streit zu schlichten, ob Nachrichten eine Ware sind wie jede andere. Wir verstehen mit ihrer Hilfe jetzt besser die schillernde Doppelgesichtigkeit und damit die Zwitterfunktion des Journalismus. Auf der Theorie der öffentlichen Güter fußend, läßt sich ein salomonisches Urteil fällen: Journalismus ist sowohl kommerzielles Geschäft als auch öffentliche Aufgabe — mithin ein meritorisches Gut.[27]

Trifft diese Charakterisierung zu, so hat dies ziemlich weitreichende Konsequenzen: Wir können im folgenden sehr differenziert herausarbeiten, wo und warum der Markt bei der publizistischen Qualitätssicherung versagt (Kapitel 6). Nachdem bereits so oft von Qualität und von Qualitätssicherung die Rede war, gilt es im nächsten Abschnitt allerdings erst einmal systematisch zu klären, was darunter überhaupt zu verstehen ist.

5. Publizistische Qualitätssicherung im Netzwerk

„Journalism is, or ought to be, one of the great and intellectual professions."
Joseph Pulitzer, 1902

„The careless doctor may poison and kill a patient. The careless newspaperman has the power to poison the minds of vast multitudes."
Arthur Hays Sulzberger, 1950

In den letzten beiden Kapiteln haben wir Veränderungen und auch Schwankungen im Selbstverständnis amerikanischer Journalisten festgestellt, uns aber zugleich vergewissert, daß selbst in einem fast ausschließlich von Marktkräften gesteuerten Mediensystem ein Gespür dafür wachgeblieben ist, daß Journalismus auch eine öffentliche Aufgabe ist, es zudem so etwas wie ein öffentliches Interesse an Qualitätssicherung gibt.

Jetzt gilt es, sich mit den beiden Begriffen näher zu befassen, um die sich die weitere Analyse drehen wird: *Qualitätssicherung* und *Infrastrukturen.*[1] Was für Möglichkeiten, publizistische Qualitätssicherung zu betreiben, gibt es überhaupt?

Angesichts des atemberaubenden Tempos, in dem sich die Welt verändert, differenziert und ihre Kom-

plexität zunimmt, droht Journalismus fast zwangsläufig ins Hintertreffen zu geraten. Neue Unübersichtlichkeit, veränderungstempobedingter Ver-
trautheitsschwund, postmoderne Vielfalt — das sind
einige Stichworte von Philosophen, die die Lage beschreiben sollen. Dabei mutet übrigens das Wort *Lage*beschreibung selbst schon merkwürdig antiquiert
an. Wo alles in Bewegung ist, liegt eigentlich nichts
mehr, ist also auch keine Lage mehr beschreibbar; allenfalls sind es Trends, die sich umreißen lassen.

Die meisten Redaktionen können zwar — dank
eines sich ebenfalls beschleunigenden Zeittakts tech-
nischer Innovationen — noch immer die Geschwin-
digkeit steigern, mit der sie auf Ereignisse reagieren.
Die Aktualität nimmt zu, der Zeitbedarf für die Kon-
version eines Geschehnisses in ein Medienereignis
schrumpft, die Spanne zwischen dem Ereignis und
der Berichterstattung ist bei der Live-Reportage
längst gegen Null geschrumpft und auch bei tagesak-
tuellen Printmedien immer kürzer geworden.

Komplexität als Herausforderung

Gleichwohl kann keine Redaktion mit dem Tempo
mithalten, in dem sich die Welt selbst weiterentwickelt, in den modernen Gesellschaften die Arbeitsteilung voranschreitet, sich neue Kulturen und Sub-
kulturen herausbilden. Die zu verarbeitende Informationslawine wird unerbittlich größer, und damit
nimmt auch die subtile „Fernsteuerung" der Medienberichterstattung durch PR zwangsläufig zu. [2] Die

einzelne Redaktion kann sich nicht mit so viel „Eigenkomplexität" versehen, daß sie den Veränderungen in der Lebenswelt wirklich gerecht werden könnte. Auch wenn sie sich mit noch so viel Sachkompetenz ausrüstet und sich noch so ausgeklügelte Ressortstrukturen zulegt, wird sich die Außenwelt im Mikrokosmos der Redaktion nicht adäquat „abbilden" lassen. Es mangelt, in der Sprache der Kybernetiker und Systemtheoretiker, an *requisite variety,* an „erforderlicher Vielfalt" der Binnenstrukturen.[3]

Die Möglichkeiten, auf die Herausforderung von seiten einer einzelnen Redaktion zu reagieren, sind also begrenzt. Deshalb greifen auch die — durchaus ehrenwerten — Versuche, Qualitätssicherung allein als innerredaktionelle Aufgabe zu definieren, zu kurz.[4] Der Kerngedanke, der uns weiterbeschäftigen wird, ist vielmehr, daß der Journalismus als Ganzes sich so verändern kann und muß, daß er der neuen Unübersichtlichkeit halbwegs Herr wird und es zugleich gelingt, bestimmte Qualitätsstandards zu sichern. Allenfalls das „System Journalismus" kann die nötige Eigenkomplexität ausbilden, um die wachsende Komplexität und Turbulenz der Umwelt angemessen zu verarbeiten.[5] Gibt es im Journalismus solche Entwicklungen, die ihn insgesamt leistungsfähiger werden lassen, auch wenn sich redaktionelle Strukturen nur begrenzt ausdifferenzieren lassen?

Zum einen ist die Differenzierung der Medien selbst eine Antwort auf die immer komplizierteren Weltläufte — sowohl was die Präsentationsformen als auch die Berichterstattungsinhalte anlangt. Das

Marktgefüge bei den Printmedien hat sich bereits dramatisch verschoben, und der audio-visuelle Bereich wird diesem Trend über kurz oder lang folgen: Weg von den klassischen Massenmedien, die nahezu allesamt *general interest*-Medien waren, hin zu den *special interest*-Angeboten. Die wenigen Medien, die — wie Tageszeitungen oder Nachrichtenmagazine — weiterhin breitgefächert Informationen an Massenpublika herantragen, folgen zumindest in ihrer Binnengliederung derselben Logik.[6]

Differenzierung bedeutet indes nicht nur wachsende Spezialisierung, sondern auch eine Vervielfachung von Hürden, Abschottungen und Scheuklappen, die die Sicht und auch die Handlungsspielräume der Beteiligten einengen können. Wenn das Ganze weiterfunktionieren soll, wächst der Bedarf an Koordination und Informationsaustausch zwischen den immer spezialisierteren und damit sich oftmals auch verselbständigenden Einheiten.[7]

Deshalb wird Differenzierung nur dort wirkungsvoll die Leistungen des Journalismus steigern helfen, wo sie zugleich von Prozessen der Entgrenzung[8] und Vernetzung begleitet wird.

Nur wo der Journalismus hilft, Scheuklappen-Denken zu überwinden, weil er selbst aufgehört hat, nur in Ressort-Kästchen zu denken und sich eindimensional weiterzuspezialisieren, kann er zwischen den Spezialisten Brücken bauen und die nötigen gesellschaftlichen Integrationsleistungen erbringen. Immer wichtiger werden deshalb Journalisten, die sich in zwei oder mehreren Bereichen gut auskennen und so Wissensbestände verbinden können.

Prozesse der Differenzierung und der Vernetzung kennzeichnen jedoch nicht nur die Medien, sondern auch jenes System von Organisationen und Initiativen, das — wie bereits angedeutet — als qualitätssichernde Infrastrukturen des Journalismus bezeichnet werden soll. Doch bevor wir dies näher analysieren, gilt es, Ziele, Instrumente und Verfahrensweisen der Qualitätssicherung zu konkretisieren.

Ziele der Qualitätssicherung —
das magische Vieleck

Qualität im Journalismus definieren zu wollen gleicht dem Versuch, einen Pudding an die Wand zu nageln. Sicher ist nur so viel: Den einen Qualitätsmaßstab gibt es nicht — und damit auch keine kurze, knappe Antwort auf die Frage, was journalistische Qualität ausmacht.

Andererseits tut sich ein Ingenieur oder Konstrukteur, den wir fragen würden, wie sich Qualität im Flugzeugbau definieren läßt, vermutlich bei der Benennung von Standards nicht minder schwer. Wir wären gleichwohl sehr unzufrieden mit ihm, wenn er deshalb seine Bemühungen um bessere und damit auch um sicherere, leisere, umweltfreundlichere und womöglich dennoch schnellere und komfortablere Flugzeuge einstellen würde.

Wenn sich journalistische Qualität also nicht eindimensional definieren läßt, so heißt das noch lange nicht, daß es überflüssig wäre, um Qualitätssicherung zu ringen. Es heißt nur, daß man sich — zum Beispiel in einer Redaktion — über Qualitäts-Ziele und über deren Gewichtung verständigen sollte.

Was unter Qualität zu verstehen ist, ist unter anderem abhängig vom Medium, der Zielgruppe, dem Genre und auch der Quellenlage. Es ist aber auch abhängig von der Funktion, die Journalismus erfüllen soll: Für den „Transportarbeiter"[9] gelten gewiß andere Maßstäbe als für den investigativen Journalisten, der sich als Anwalt der Schwachen begreift, oder gar den „dynamischen Unternehmer" des Informationsgewerbes, der fallbezogen „Gegeninformation" bereitstellt.[10]

Schon deshalb schillert zwangsläufig auch der Begriff der Qualitätssicherung. Es ist ein großer Omnibus, in den vieles hineinpaßt. Qualität ist aber immerhin rückbindbar an bestimmte Standards von Professionalität — Standards, wie sie etwa im Kodex des Deutschen Presserates festgehalten sind, deren Einhaltung sich überprüfen läßt und die es wohl auch mit mehr Nachdruck durchzusetzen gälte.

Nur macht die Einhaltung aller Regeln eben noch längst kein gutes journalistisches Produkt. Journalismus ist nicht nur, wie es in der Zunft so häufig und auch ein wenig gedankenlos behauptet wird, Handwerk, sondern primär Kopfwerk und mitunter sogar Kunstwerk. Häufig ist Kreativität gefordert — und für diese Dimension journalistischer Tätigkeit „objektive" Bewertungsmaßstäbe finden zu wollen, ist sicherlich schwierig, wenn nicht gar unmöglich. Über einen allgemeinen Rahmen hinaus, wie er etwa in Ethik-Kodices fixiert ist, lassen sich deshalb kaum generell verbindliche Maßstäbe der Qualitätssicherung formulieren.

Welche Herausforderung Qualitätssicherung bedeutet, ist am ehesten mit einem *magischen Vieleck* zu veranschaulichen, wie es aus der Zieldiskussion in

Magisches Vieleck

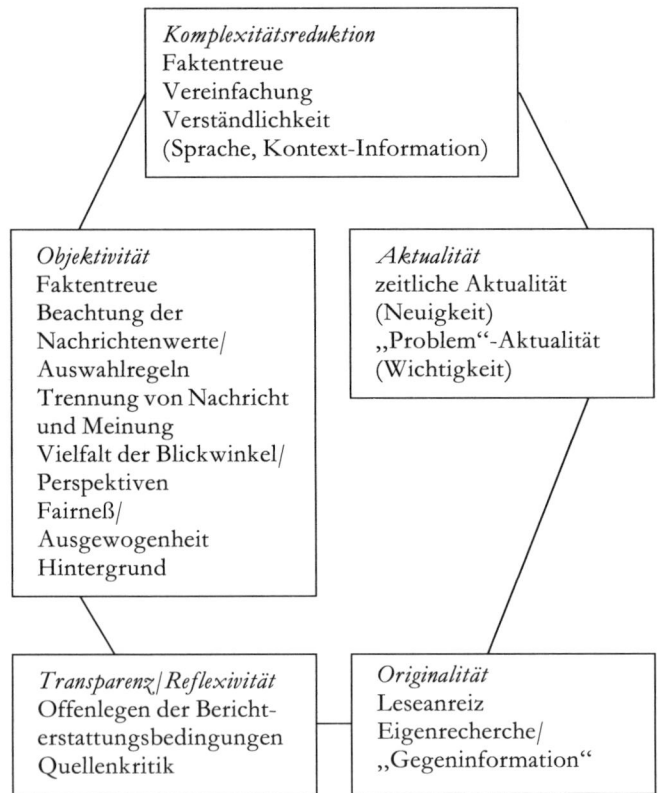

der Wirtschaftspolitik bekannt ist: Einzelne Ziele überlappen sich; andere konkurrieren gegeneinander; nicht alle Ziele lassen sich gleichzeitig erreichen, weil es sogenannte *trade offs* gibt. Beispielsweise geht mehr Verständlichkeit oft zu Lasten der Exaktheit der Darstellung, und mehr Aktualität ist meist nur um den Preis von weniger Hintergrundinformation oder Originalität zu haben.

Wie das Qualitätssicherungs-Netzwerk funktioniert

Qualitätssicherung ist auch keine einmalige Aufgabe, die sich an einer bestimmten, fixierbaren Stelle im journalistischen Produktionsablauf stellt. Qualitätssicherung ist ein auf Dauer angelegter Vorgang, ist selbst ein Prozeß mit *präventiven,* mit *den Produktionsprozeß begleitenden* und mit *korrektiven* Elementen.

Spätestens an dieser Stelle wird auch erkennbar, daß schon aus ganz pragmatischen Gründen journalistische Qualitätssicherung nur dezentral erfolgen kann. Die Zuständigkeiten lassen sich nicht bei irgendeiner Zentralinstanz sinnvoll bündeln. Es liefe im übrigen auch der Idee der Pressefreiheit zuwider, wollte man in einer pluralistischen, multikulturellen Gesellschaft journalistische Qualitätssicherung zentralisieren.

Qualitätssicherung vollzieht sich folglich im Rahmen eines Netzwerks von Institutionen und Initiativen, deren Aktivitäten sich, ebenso wie die Ziele der Qualitätssicherung, teils doppeln, teils überschneiden, teils konterkarieren. Auch wenn es dabei um sehr viel mehr als reibungslosen Ablauf geht, ist das Qualitätssicherungs-System im Journalismus einem Leitsystem im Straßenverkehr mit Verkehrszeichen und Fahrbahnbegrenzungen vergleichbar. Soll heißen, es gibt einen Korridor, auf dem man sich einigermaßen frei bewegen kann; es gibt ein System von Warnschildern, Leitplanken und Straßenbegrenzungspfosten, die einen vor dem Absturz und vor Zusammenstößen bewahren sollen (Pressekodex etc.); es existiert aber auch ein blaues Schildersystem, das einem zeigt, wo es am besten langgeht (Journalistenpreise etc.).

Und da sind natürlich Fahrschulen, in denen den Verkehrsteilnehmern die Bedeutungsgehalte der Zeichen und das Know-how für die Teilnahme am Straßenverkehr vermittelt werden. Dabei sind allerdings die Vielfalt und bedauerlicherweise auch die Qualitätsdifferenzen der Trainingsstätten für Massenkommunikation sehr viel größer als im Fahrschulwesen.[11] In der Vorbereitung auf journalistische Tätigkeiten leistet sich unsere Gesellschaft nach wie vor Fahrlässigkeiten, die in der Vorbereitung auf die Teilnahme im Straßenverkehr längst politisch intolerabel wären.

Aber nicht nur bei der Prävention, also der Aus- und Weiterbildung, sind die Amerikaner, wie zu zeigen sein wird, ein Stück weiter (vgl. Kapitel 7 und 8). Auch um die produktionsbegleitende Qualitätssicherung gibt es in den USA bewußtere Bemühungen als hierzulande, selbst wenn sich die wichtigsten Routinen gleichen mögen — etwa die Absicherung der Berichterstattung durch zwei (Agentur-)Quellen, die Praxis des Gegenlesens oder die Überprüfungsrecherche eines Dokumentationsjournalisten. Doch sind solche innerredaktionellen Praktiken der Qualitätssicherung eben nur notwendige und keine hinreichenden Bedingungen publizistischer Qualität — und deshalb im vorliegenden Band, der ja die Perspektive erweitern soll, auch nur noch am Rande Gegenstand der weiteren Überlegungen.[12]

Gerade deshalb sei an dieser Stelle wenigstens angemerkt, daß die Anstrengungen der amerikanischen Redaktionen, die Wünsche und Bedürfnisse der Rezipienten ernst zu nehmen und Marketing-Konzepte auf die redaktionelle Arbeit zu übertragen, auch Qualitätsbewußtsein entstehen ließen: Wer erst einmal sein Medienprodukt als einen Markenartikel begreift, beginnt fast zwangsläufig, darüber nachzudenken, wie sich bestimmte Qualitätsstandards sichern lassen.

Auch die in den USA entwickelten Ansätze zum Redaktions- und Medienmanagement, die ja nicht nur auf mehr Effizienz, sondern auch auf mehr Effektivität der redaktionellen Arbeit zielen, gilt es natürlich als Strategien produktionsbegleitender Qualitätssicherung zu würdigen und weiterzuentwickeln.[13] Denn ohne moderne Management-Konzepte für die Redaktionen, zu denen insbesondere rationalere Verfahren bei der Auswahl und Förderung redaktionellen Personals gehören, aber auch ohne flexible Organisationsstrukturen und ein funktionierendes betriebswirtschaftliches *controlling,* das die Redaktion mit erfaßt, sind alle anderen Bemühungen um publizistische Qualitätssicherung sicherlich müßig.

Noch stark entwicklungsbedürftig ist — auch im amerikanischen Journalismus — die Bereitschaft, sich selbst wirksam zu kontrollieren, zu kritisieren und gegebenenfalls zu korrigieren. Immerhin ist der Erkenntnisprozeß, um der eigenen Glaubwürdigkeit willen Fehler eingestehen zu sollen, weiter fortgeschritten als in Deutschland. Solch korrektive Qualitätssicherung kann, wie bereits angedeutet, auf zwei Ebenen stattfinden, die sich allerdings nicht trennscharf voneinander abgrenzen lassen: in zunftinternen Zirkeln (vgl. Kapitel 9 bis 12) und in der breiteren Öffentlichkeit (vgl. Kapitel 13 bis 15).

Jedenfalls werden beileibe nicht alle Fehlleistungen, die in der Fachwelt zur Sprache kommen, auch öffentlich diskutiert. Indes gibt es wohl auch nicht immer öffentlichen Diskussionsbedarf. In beiden Fällen ergeben sich außerdem Überschneidungen zwischen korrektiver und produktionsbegleitender Qualitätssicherung, denn in gut geführten amerikanischen Medienbetrieben ist nachträgliche Korrektur — etwa in Form von Blattkritik auf der Redaktionskonferenz oder auch von eigenen Korrekturspalten[14], in denen Berichterstattungsmängel des Vortages richtiggestellt werden — tägliche Produktionsroutine.

Fremd- oder Selbstkontrolle?

Die Qualität von Pressefreiheit und damit auch von demokratischen Systemen läßt sich nicht zuletzt danach bemessen, inwieweit Journalismus und Mediensystem zu effektiver und sozialverträglicher Selbstkontrolle befähigt sind. Mit Pressefreiheit nicht zu vereinbaren wäre jedenfalls ein System der Qualitätssicherung, in dem die Fremdkontrolle dominiert.

Andererseits machen es sich aber auch jene Puristen zu einfach, die meinen, eine funktionierende journalistische Qualitätssicherung könne ausschließlich aus Selbstkontrolle bestehen. Zu solcher Abschottung gegen Kritik von außen neigen alle Professionen — aber sie führt bekanntlich eben auch oft zu Betriebsblindheit. So wie es der Medizin und der Justiz nichts schadet, wenn sie von Laien, von Außenseitern (und nicht zuletzt von Journalisten) kritisiert werden, so müssen auch Journalisten lernen, sich vermehrt externer Kritik zu stellen, auch wenn diese manchmal — an „professionellen" journalistischen Maßstäben gemessen — an der Sache vorbei oder übers Ziel hinausschießen mag. Ein Mischsystem, das den öffentlichen Diskurs über Journalismus und Medien befördert, ist bloßer berufsständischer Selbstkontrolle jedenfalls im Prinzip überlegen.

Verfahren der Qualitätsbewertung

Der Netzwerk-Charakter des Qualitätssicherungs-Systems stellt sicher, daß die Bewertung journalistischer Leistungen und Fehlschläge aus einer Vielzahl von Blickwinkeln und damit auch nach unterschiedlichen Maßstäben und Methoden erfolgt. Auch in anderen Bereichen der Gesellschaft, etwa in der wissenschaftlichen Politikberatung bei der Evaluation von *policies,* setzen sich im übrigen aus gutem Grund immer häufiger solche Strategien „multipler Evaluierung" durch.[15]

Analytisch zu unterscheiden sind drei methodische Ansätze, um Qualität zu bewerten.

Der einfachste Qualitätsmaßstab ist die *Publikumsgunst*. Danach ist Qualität das, was die Leser, Hörer und Zuschauer für Qualität halten.[16] Die entsprechenden Meßgrößen sind dann die verkauften Auflagen, die Einschaltquoten und Reichweiten, die Haushalts- oder Zielgruppenabdeckung.

Dies ist gewiß ein sehr umstrittener Qualitätsindikator. Der Haupteinwand lautet natürlich, daß hohe Akzeptanz beim Rezipienten per se kein Qualitätsausweis ist. Auch Ramsch läßt sich ja mitunter gut verkaufen.

Beim zweiten Verfahren zur Qualitätsbewertung tritt an die Stelle der Publikumsgunst das *Experten-Urteil:* Qualität ist, was anerkannte und mit Autorität ausgestattete Experten als Qualität definieren. Ebenso bleibt es Experten überlassen, über zu sanktionierende Verstöße gegen Qualitäts-Mindeststandards zu befinden.

Beispielsweise vergeben Jury-Mitglieder einen der anerkannten Journalistenpreise, oder die Mitglieder des Deutschen Presserates sprechen eine Rüge aus. Der jeweiligen Entscheidung liegen — implizit oder explizit — professionelle Qualitätsmaßstäbe zugrunde, die die Juroren aufgrund ihrer beruflichen Sozialisation verinnerlicht oder auf die sie sich verständigt haben.

Weil es auch in diesem Fall keine zeitlos-objektivierbaren „Maßstäbe" gibt, erfolgt die Objektivierung durch eine möglichst ausgewogene Zusammensetzung des urteilenden Expertengremiums, durch Bündelung der Meinungen nach erfolgtem Diskussionsprozeß, eventuell auch durch mehrfache Wiederholung des Bewertungs- und Abstimmungsverfahrens (z. B. Delphi-Methode).

Auch hierbei handelt es sich im Grunde um einen Prozeß multipler Evaluierung. Er basiert darüber hinaus auf der Annahme, daß sich sein *Effektivitätsgrad* durch das Hintereinanderschalten und Vernetzen mehrerer Evaluierungsrunden steigern läßt — freilich um den Preis allmählich (mitunter auch rapide) abnehmender *Effizienz:* In der zweiten Runde mag der Zugewinn an Evaluierungs-Treffsicherheit noch in einem vertretbaren Verhältnis zu den zusätzlichen Kosten stehen, die der Beratungsprozeß verursacht. In der vierten oder fünften Runde sieht die Sache dagegen anders aus. Die Kosten steigen dann mit großer Wahrscheinlichkeit zumindest linear weiter — und damit schneller, als dies durch den tendenziell abnehmenden Zugewinn an Evaluierungs-Nutzen, also durch die weitere Verfeinerung der Expertenurteile gerechtfertigt sein dürfte.

Das Verfahren ist in der Regel effektiver als das erstgenannte: In den meisten Bereichen gesellschaftlichen Zusammenlebens und Entscheidens überlassen wir ja ebenfalls aus gutem Grund — wenn auch eher resignierend und mit einer gehörigen Portion Skepsis — unser Schicksal dem Urteil von Experten.

Gegen die Vorgehensweise läßt sich gleichwohl einwenden, daß die Urteilsfindung der Zunftangehörigen trotz aller Objektivierungs-Bemühungen ebenfalls „subjektiv" bleibt. Wer obendrein — im Einklang mit namhaften Kommunikationsforschern — der Meinung ist, Journalismus kranke an „Kollegen-Orientierung", der wird gerade diesem Bewertungsverfahren mißtrauen: Zum Schiedsrichter in Sachen Qualitätsbewertung sollte besser nicht ernannt werden, wer selbst befangen und betriebsblind ist.[17]

Für beide bisher genannten Bewertungsverfahren gilt somit, daß es keine endgültig festgeschriebenen Meßgrößen gibt: Qualität ist damit nichts Statisches, zeitlos Meßbares — sondern etwas, was sich entwickelt wie Richterrecht oder Mode.

Die dritte Variante der Qualitätsbewertung kommt im Grunde einer Kapitulation gleich. Ihr liegt als Prämisse die Einschätzung zugrunde, daß Qualität selbst nicht „objektiv" meßbar ist. Sind indes bestimmte Voraussetzungen erfüllt, so ist es sehr wahrscheinlich, daß sich Qualität einstellt. Auch ins zynische Gegenteil gewendet, bewahrheitet sich diese Annahme ja meist: *Garbage in, garbage out* — wer in ein System vorne Müll reinsteckt, sollte sich nicht allzusehr wundern, wenn hinten ebenfalls Müll herauskommt.

Indirekte Indikatoren für Qualität haben den Vorzug, daß sie sich relativ leicht konstruieren lassen, wobei aber auch hier nicht jeder denkbare Indikator für jedes Medienprodukt taugt. Um zu verdeutlichen, was gemeint ist, ein paar Beispiele. Ohne allzu großen Aufwand meßbar wären etwa:

☐ die Zahl der Redakteure in Relation zum zu erstellenden journalistischen Produkt (Seiten- bzw. Textumfang bzw. Programmminuten);

☐ der Ausbildungsstand und die Berufserfahrung der Redakteure und freien Mitarbeiter;

☐ der Anteil des Redaktionsbudgets am Gesamtbudget oder

☐ die Anzahl der abonnierten Nachrichtenagenturen und Spezialdienste.

Gegen diese Vorgehensweise der Qualitätsmessung läßt sich einwenden, daß nicht einer der aufgeführten oder denkbaren Indikatoren, mit deren Hilfe man auf die Qualität eines Medienproduktes schließen kann, für sich genommen aussagekräftig ist. Beispielsweise ließe sich entgegnen:

☐ Eine Zeitung, bei der die Redakteure und Reporter viel arbeiten müssen, ist nicht notwendig schlechter als ein anderes, personell besser ausgestattetes Blatt, bei dem die Mitarbeiter faulenzen.

☐ Weder der formale Ausbildungsstand noch die Berufserfahrung gibt verläßlich Auskunft über tatsächliches Wissen und Können von Redakteuren und freien Mitarbeitern.

☐ Ein hoher Anteil des Redaktionsbudgets an den Gesamtkosten ist nicht notwendig ein Investment in journalistische Qualität; dahinter kann sich auch Schlendrian verbergen. Und womöglich ist die Redaktion eines prosperierenden Blattes, das 15 Prozent seines Gesamtetats in die Redaktion steckt, sehr viel besser ausgestattet als die eines Konkurrenten, der 25 Prozent für die Redaktion aufwendet, aber insgesamt schlechter wirtschaftet und sehr viel geringere Umsätze erzielt.

☐ Eine Zeitung, die drei Agenturdienste abonniert hat, ist nicht zwingend besser als eine, die sich nur zwei Agenturen leistet und statt dessen vielleicht mehr Wert auf Eigenrecherchiertes legt.

Nur wenn man solch ein Indikatorensystem weiter ausbaut, die einzelnen Indikatoren gewichtet und zu klar definierten Zielen in Bezug setzt und sie dann nicht einzeln, sondern in der Zusammenschau sieht, ergibt sich mit hoher Wahrscheinlichkeit ein zutreffenderes Bild.

Greift man die Anregung der multiplen Evaluierung auf, so würde dies bei der qualitativen Bewertung journalistisch-redaktioneller Leistungen wohl ebenfalls auf einen Methodenmix hinauslaufen. Dabei wird allerdings auch hier zu fragen sein, inwieweit die erwartbaren präziseren Bewertungsergebnisse den erheblichen Bewertungsaufwand, den sie verursachen würden, überhaupt rechtfertigen. [18]

Qualitätssicherung als Selbstläufer

Damit sind wir bei ökonomischen Aspekten der Qualitätssicherung angelangt und bei der Frage, unter welchen Bedingungen sie überhaupt zustande kommt bzw. funktioniert. In einigen Bereichen des Journalismus stellt sich Qualitätssicherung gleichsam „von selbst" ein — als Konsequenz der Entfaltung und Entfesselung von Kräften des Marktes.

Um diese These anhand von Beispielen zu untermauern:

☐ In einem größer werdenden Marktsegment (überregionale Qualitätszeitungen, Wirtschaftsmagazine, Special interest-Zeitschriften, Branchen- und Informationsdienste) steigen die Fachkompetenz und die Qualitätsansprüche der Publika. Ohne Qualitätssicherung sind bestimmte Medienprodukte nicht dauerhaft absetzbar.

☐ Komplexitätssteigerung, Differenzierung der Gesellschaft, aber auch wachsendes Interesse der Institutionen an stimmiger Selbstdarstellung führen zu einer Teilverlagerung ursprünglich journalistischer Funktionen in die Presse- und Öffentlichkeitsarbeit. Die journalistische Produktion dort ist zwar mit dem Makel behaftet, daß sie jeweils institutionelle Eigeninteressen verfolgt, gewährleistet aber in der Routineberichterstattung des Alltags gleichwohl ein höheres Maß an Sachkompetenz.

☐ Der dauerhafte Angebotsüberhang auf dem Arbeitsmarkt für Journalisten bedeutet mittel- bis langfristig ebenfalls einen Qualitätsschub: Zumindest was die formalen Bildungsabschlüsse anlangt, ist der journalistische Nachwuchs, trotz aller Mängel des Ausbildungssystems, heute viel besser qualifiziert als in früheren Generationen.

Öffentliches Interesse an Qualitätssicherung

Unter Markt„regie" wird Qualitätssicherung allerdings nur dort und nur insoweit betrieben, wie sie vom Kunden honoriert wird, also sich auszahlt. Dies geschieht sicherlich da und dort, aber eben meist nur auf indirekte Weise, sprich: auf verschlungenem Wege. Denn für einen Großteil der Medienprodukte bezahlen die Publika ja entweder gar nichts (privater Rundfunk) oder nicht den vollen Preis (Printmedien, öffentlich-rechtlicher Rundfunk). Sie „entlohnen" die Medienbetriebe ja nicht oder nur teilweise in Geld, sondern „nur" oder zumindest auch mit der Zeit und Aufmerksamkeit, die sie ihnen zuwenden und die diese dann wiederum als Werbeträger interessant machen. Von daher sind die Publika der Medienbetriebe eher in einer schlechteren Ausgangsposition als etwa der zahlende Kunde im Supermarkt oder beim Autohändler, der Qualitätsansprüche oder auch eine Mängelrüge geltend machen möchte.

Neben den individuellen Interessen der Leser, Hörer, Zuschauer an Qualitätssicherung gibt es aber — wie im vorangegangenen Kapitel gezeigt und begründet — ein öffentliches, kollektives Interesse an bestimmten qualitativen Mindeststandards im Journalismus und damit an einer funktionierenden Qualitätssicherung.

In komplexen Systemen ist Qualitätssicherung gleichwohl kaum durch Vorschriften und rigide Kontrollen zu erreichen, sondern primär durch *Professionalisierung*. Professionalisierung fußt auf einer geregelten Aus- und Weiterbildung, aber auch auf einer ethischen Fundierung und (Selbst-)Reflexion der Berufspraxis. Diese wiederum setzt ein funktionierendes Kommunikationssystem voraus, das über die betrieblichen Grenzen hinaus Erfahrungsaustausch, Kritik und Gegenkritik der Professionsangehörigen untereinander möglich macht und auch dafür sorgt, daß relevante Forschungsergebnisse in die Praxis transferiert werden.

Damit sind wir erneut beim zentralen Stichwort dieses Buches angelangt, den *Infrastrukturen* des Journalismus. Um sie muß sich kümmern, wer ernsthaft Qualität sichern will, ohne direkt in das Marktgeschehen und in die journalistische Produktion einzugreifen — und damit die redaktionelle Autonomie zu gefährden.

6. Der Infrastruktur-Faktor im Journalismus

Für jeden Wirtschaftswissenschaftler ist es eine Binsenwahrheit: Zu den Bedingungen der Produktion, also auch der Medienproduktion, gehören funktionsfähige Infrastrukturen. So werden gemeinhin Vorsorgeeinrichtungen bezeichnet, die zur Aufrechterhaltung der Produktion und des öffentlichen Lebens unverzichtbar sind.

Ursprünglich waren damit einmal Verkehrswege, Telefonleitungen und andere Kanäle gemeint, die zum Austausch von Waren, Dienstleistungen und Informationen erforderlich sind. Ähnlich verengt wird bislang in der Publizistikwissenschaft der Begriff Infrastruktur verwendet; er steht meist für die produktionstechnischen Voraussetzungen journalistischer Tätigkeit.

Was sind Infrastrukturen des Journalismus?

In den Wirtschaftswissenschaften hat sich die Bedeutung des Begriffs indes längst ausgeweitet: Infrastruktur umfaßt auch andere unverzichtbare Einrichtungen der Daseinsvorsorge, also z. B. Kindergärten, Schulen, Krankenhäuser und Altenheime. [1]

Ähnlich gilt es in unserem Fall die Perspektive zu erweitern: Mit Infrastrukturen sind im folgenden Institutionen und Initiativen gemeint, die präventiv oder korrektiv zur journalistischen Qualitätssicherung beitragen, indem sie auf den Journalismus einwirken und insbesondere die Professionalisierung der Journalisten und Medienmacher vorantreiben und/oder für die nötige Kritik, Selbstkritik und Transparenz im Mediensystem sorgen.

Zu den Infrastrukturen zählen also beispielsweise die Aus- und Weiterbildungs-Einrichtungen des Journalismus, Presseräte und Medienombudsleute, aber auch Bürgerinitiativen, die sich als Medienbeobachter und -kritiker engagieren, sowie die Medienforschung und — last not least — der Medienjournalismus. Demnach wäre als *Infrastruktur-Faktor (I-Faktor)* im Journalismus der Beitrag zu bezeichnen, den dieses Infrastruktur-Netzwerk zur publizistischen Qualitätssicherung leistet.

Für die Infrastrukturen des Journalismus ist charakterisierend, daß sie in den Prozeß der massenmedialen Nachrichtenproduktion in der Regel nicht direkt involviert sind, aber *indirekt* das Ergebnis beeinflussen. Infrastrukturen tragen nicht unmittelbar zur Verarbeitung von Informationen zu journalistischen Mitteilungen bei, und damit auch nicht zur massenmedialen Informationsübermittlung von der Quelle hin zum Rezipienten. Sie tun dies jedoch mittelbar — insbesondere, weil sie die Professionalisierung des Journalismus anleiten und die Professionalität der Berufsausübung kontrollieren.

Zwitter: Medienjournalismus, Nachrichtenagenturen

So von ihrer Funktion her definiert, lassen sich Infrastrukturen — zu analytischen Zwecken — einigermaßen trennscharf von den „Strukturen", also von den Massenmedien selbst und den ihnen vorgelagerten Zulieferern, z. B. den Nachrichtenagenturen und der Öffentlichkeitsarbeit, abgrenzen.

Das heißt jedoch nicht, daß es im Einzelfall nicht zu Funktionsüberschneidungen käme: So stellen Medienbetriebe einen Teil der erforderlichen Infrastrukturen nicht nur bereit, sondern verleiben sich diese auch ein (Beispiel: konzerneigene Journalistenschulen). Aber auch ein Teil der massenmedialen Mitteilungen dient zugleich der journalistischen Selbstkontrolle und ist damit auch Infrastruktur: Diese Zwitterfunktion erfüllt der *Medienjournalismus,* also die Berichterstattung der Medien über Medien. Er ist zum einen — insbesondere dort, wo er sich über ein Massenmedium, also im Fernsehen oder in einer Tageszeitung und nicht „nur" in einer Branchenpostille, artikuliert — genuiner Journalismus, also Teil der massenmedial vermittelten Nachrichten-Produktion. Zum anderen ist er ein unverzichtbarer Knotenpunkt in jenem Netzwerk von Institutionen und Initiativen, das journalistische Professionalität und damit auch journalistische Autonomie sichern soll.

Ohne die Artikulationsmöglichkeiten, die der Medienjournalismus bietet, blieben die anderen Infrastrukturen nahezu wirkungslos oder jedenfalls in ihren Wirkungsmöglichkeiten stark eingeschränkt; sie wären der Chance beraubt, Normverstöße und Mißstände (zunft-)öffentlich anzuprangern, aber auch normsetzende Leistungen des Journalismus angemessen zu würdigen. Der Medienjournalismus ist es letztendlich, der den Diskurs über Journalismus in Gang hält.

Ein weiterer Grenzfall sind Nachrichtenagenturen. Auf den ersten Blick sind sie fester und unverzichtbarer Bestandteil der Produktionskette im Nachrichtengeschäft. Sie sind — zumindest was die Adressaten ihrer Mitteilungen anlangt — nicht selbst unmittelbar Massenmedium, sondern haben den Status von Zulieferanten, die Halbfertigprodukte liefern. Solche Zulieferanten werden in den Wirtschaftswissenschaften von den Infrastrukturen strikt unterschieden.

Andererseits lassen sich Agenturen durchaus auch anders sehen: Sie sind sozusagen zugleich auch die Großmärkte, die Marktplätze des Nachrichten-Umschlags, auf denen vorentschieden wird, welche Nachrichtenware weiterverkauft wird und welche nicht — und Marktplätze wiederum sind natürlich Teil der Infrastrukturen eines Wirtschaftssystems.[2]

Die Unverzichtbarkeit von Infrastrukturen

Begreift man das qualitätssichernde Netzwerk, das in den folgenden Kapiteln am Beispiel der USA näher skizziert werden soll, als *Infrastrukturen,* so gibt dies den Blick frei für neue Sichtweisen:

(1) Es wird dessen Bedeutung, ja Unverzichtbarkeit für das Funktionieren des Journalismus, des Mediensystems und des öffentlichen Kommunikationsprozesses in hochentwickelten Gesellschaften unterstrichen: eine bedarfsgerechte Infrastruktur ist wesentliche Voraussetzung marktgerechter Produktion. Ohne funktionsfähige Infrastrukturen könnte Journalismus sich nicht gegenüber einer „turbulenten" Umwelt behaupten und seine — allemal relative — Autonomie sichern. Die Fremdbestimmung nähme zu, schließlich käme die Produktion selbst zum Erliegen. Auch dann gäbe es zwar noch über Medien vermittelte Mitteilungen; sie verdienten aber nicht mehr als „journalistische" Botschaften eingestuft zu werden, weil nicht mehr sichergestellt wäre, daß sie nach bestimmten, nachvollziehbaren Regeln journalistischer Professionalität bearbeitet und ans Publikum weitergegeben würden.

(2) Es läßt sich klarer eingrenzen, wo im Blick auf publizistische Qualitätssicherung und die öffentliche Aufgabe des Journalismus die öffentliche Hand gefordert ist, nicht nur den ordnungspolitischen Rahmen vorzugeben, sondern wo sie sich — dem Subsidiaritätsprinzip folgend — materiell engagieren sollte und wo besser nicht.

(3) Unterstrichen wird mit dieser Sichtweise auch die Gestaltbarkeit publizistischer Qualitätssicherung — jedenfalls in dem Maße, wie Infrastrukturen planbar sind: Infrastrukturplanung ist ein etabliertes Arbeitsgebiet innerhalb der Wirtschaftswissenschaften.[3] Zumindest ist also die Frage aufzuwerfen, inwieweit der bisherige infrastrukturelle Wildwuchs

sich steuern und koordinieren läßt — mit dem Ziel, zumindest punktuell eine rationalere Ressourcen-Allokation zuwege zu bringen.

Eine Kernthese dieses Buches lautet: Nicht der Journalismus ist in den USA grundlegend anders, sondern die Infrastrukturen, die ihn stützen, flankieren, ermöglichen. Diese These von der unterschätzten Relevanz der Infrastrukturen des Journalismus ist im folgenden weiter zu entwickeln und zu begründen.

Die Infrastrukturfalle

Wer es mit der publizistischen Qualitätssicherung ernst meint, sollte nicht nur die Bedeutung des I-Faktors sehen, sondern auch zur Kenntnis nehmen, daß es eine *Infrastrukturfalle* gibt.

Die Theorie der öffentlichen Güter liefert zunächst einmal eine plausible Erklärung, weshalb der Markt die Versorgung mit privatwirtschaftlich bereitgestellten Infrastrukturen nicht hinreichend bewerkstelligen kann. Sie vermag zu erklären, woher diese Tendenz zur *Unterversorgung* rührt: Für die Medienindustrie bestehen schlichtweg nur dann Investitionsanreize, wenn die einzelnen Unternehmen damit rechnen können, daß sich Infrastruktur-Investitionen zumindest langfristig rentieren und daß sie die erzielbare „Rendite" hinreichend internalisieren können. Gelingt dies nicht oder zieht womöglich sogar die Konkurrenz als Trittbrettfahrer Nutzen aus solchen Investitionen, so ist Zurückhaltung geboten.[4]

Wir kommen auf solche Überlegungen zurück, wenn wir beispielsweise im nächsten Kapitel nach Erklärungen suchen, weshalb die Journalisten-Ausbildung in Amerika so gänzlich anders organisiert ist als bei uns. Sie ist dort weithin aus den Betrieben ausgelagert — die Ausbildungskosten werden also externalisiert, während bei uns offenbar ganz andere Kalküle die Ausbildungsrealitäten bestimmen.

In solchen Fällen des Marktversagens ist es naheliegend, nach dem Staat als Reparaturbetrieb zu rufen und von ihm zu erwarten, daß er jene Probleme löst, die der Markt nicht zu lösen vermag. Doch auch für die öffentliche Hand ist es leichter gesagt als getan, für hinreichende Journalismus-Infrastrukturen zu sorgen. Das beginnt damit, daß wir zwar wissen, daß der Infrastrukturbedarf im Journalismus hoch ist — aber wie hoch, das ist eben bei öffentlichen und meritorischen Gütern sehr schwer, genau zu messen. Man kommt um normative und damit politische Entscheidungen nicht herum.

Bei jedweder Bedarfsbestimmung ist das Prinzip des *abnehmenden Grenznutzens* zu berücksichtigen. Gleiche Ausbildungsqualität vorausgesetzt, ist beispielsweise das zehnte Journalistik-Institut — gesellschaftlich betrachtet — weniger nutzenstiftend als das erste und zweite.

Wo sich die öffentliche Hand engagiert und Infrastrukturen „subventioniert", steht weiterhin zu erwarten, daß sich neben dem kollektiven und unteilbaren Nutzen, den solche Infrastruktur-Investitionen abwerfen, auch teilbare und damit individualisierbare Nutzeffekte ergeben. Diese werden sich die

Marktteilnehmer anzueignen versuchen — seien das Journalisten, Medienunternehmen oder, im Ausbildungsbereich, Studenten, die erst im Mediensystem Fuß fassen wollen.

Dies wiederum führt schnell zu *Übernachfrage* und/oder *Übernutzung* der bereitgestellten Infrastrukturen. Insbesondere die Übernutzung von Ausbildungseinrichtungen wirft dann unter dem Blickwinkel der Qualitätssicherung neue Folgeprobleme auf.[5]

Auch an dieser Stelle lohnt ein Blick auf das amerikanische Beispiel: Die Übernachfrage nach Ausbildungsplätzen wird dort eher dezentral statt bürokratisch reguliert. Studienplätze werden also sehr viel strikter nach Leistungskriterien und mit Hilfe von Marktmechanismen vergeben — wobei ein diffiziles Evaluierungs- und Selbstkontroll-System für die nötige Transparenz unter den Ausbildungsträgern sorgt. Also können nicht nur die Hochschulen unter den Bewerbern wählen, sondern auch die Bewerber haben eine Chance, sich begründet für ganz bestimmte Ausbildungsstätten zu entscheiden. Auch hierauf wird in Kapitel 7 zurückzukommen sein.

Letztlich erfolgt die öffentliche Bereitstellung von Infrastrukturen über politische Aushandlungsprozesse — und genau an dieser Stelle ist dann schließlich das *Staatsversagen* vorprogrammiert. Im Gerangel um die Verteilung des Kuchens gehen in einem föderalistischen Gemeinwesen all jene Interessen tendenziell leer aus, die schwach organisiert sind und die insbesondere innerhalb der Ministerialbürokratie keine mächtigen Verbündeten haben.

Schon angesichts der — durch die rechtlichen Rahmenbedingungen, die Art. 5 GG schafft — geringen Regelungsmöglichkeiten gibt es im Bereich der Medien keine politische Administration, die auch nur in Ansätzen den mächtigen Umverteilungsbürokratien vergleichbar wäre, die etwa für Soziales, Verteidigung, Verkehr oder Umwelt zuständig sind. Damit entfallen im Medienbereich auch weithin die üblichen, über die Grenzen der Gebietskörperschaften hinweg funktionierenden Allianzen im Verteilungskampf, deren Gebaren der Verwaltungswissenschaftler Frido Wagener einmal so trefflich als „vertikale Ressortkumpanei" gebrandmarkt hat.

Gleichwohl: Die Qualität von Journalismus — und damit auch die Qualität von Pressefreiheit und sogar die von demokratischen Gesellschaftssystemen, weil eine „Demokratie nicht besser sein kann als ihre Publizistik"[6] — läßt sich nicht zuletzt danach bemessen, inwieweit hochentwickelte Infrastrukturen existieren und ob der Journalismus und das Mediensystem zu effektiver Selbstkontrolle befähigt sind.

Allmählich könnte so ein *interorganisatorisches Netzwerk* entstehen, dessen Institutionen und Initiativen im wechselseitigen Zusammenwirken auf die publizistische Qualitätssicherung wirksamer als bisher Einfluß nehmen. Dabei scheint mir allerdings — anders als Renate Mayntz dies postuliert[7] — im konkreten Fall „die Fähigkeit, ohne Zwang verantwortungsbewußt zu handeln", gerade nicht die unabdingbare „generelle Voraussetzung kollektiver Entscheidungsfindung" in solch einem interorganisatorischen Netzwerk. Sein Sinn und Zweck dürfte vielmehr gerade darin bestehen, diese Fähigkeit zum verantwortungsbewußten Handeln weiterzuentwickeln, statt sie einfach vorauszusetzen, und dort, wo einzelne oder auch ganze Rudel schwarzer Schafe dennoch zuwiderhandeln, die schädlichen Folgen aufzufangen und zu lindern — ohne deshalb die Pressefreiheit antasten zu müssen.

An diesem Punkt bleibt in den westlichen Demokratien noch viel, wenn auch unterschiedlich viel, zu tun. Gerade deshalb ist die vergleichende Analyse von Journalismus-Infrastrukturen — etwa der USA, aber auch der europäischen Länder untereinander — ein ebenso lohnendes wie praxisrelevantes Forschungsfeld.

Andererseits scheinen die *Infrastrukturausstattung* und der Grad der *Infrastrukturdifferenzierung* nicht zuletzt abhängig von der Größe des jeweiligen Medienmarktes. Auch deshalb lohnt sich der Blick auf die Infrastrukturen des Journalismus in den USA.

Präventive und korrektive Qualitätssicherung im amerikanischen Journalismus

Die Befunde

7. Professionalisierung durch Ausbildung

*„Most newsrooms are not suited for training and inspiring
young entrants to journalism, even if they choose to try it.
News companies are increasingly corporate giants,
bureaucratic and impersonal. They are in danger of sterility
unless they are constantly fed generations of new journalists
lively in spirit and mind, formed by something other than the
corporate ethic. This kind of men and women will not come
from journalism schools turning into typewriter jockeys
trained largely to avoid embarassing their alma mater during
the first week on the job. They will come from institutions
that still nurture the humanities and creative teaching and
that produce journalists who, whatever problems they have
the first week with an electronic typewriter and computer,
will, ten years later, still have the capacity to understand a
changing human condition."*
Ben H. Bagdikian, 1977

Den wichtigsten Beitrag zur präventiven Qualitätssicherung im Journalismus leistet fraglos eine gute
Journalistenausbildung. Zwar haben sowohl in den
USA als auch in Deutschland viele Journalisten beruflichen Erfolg und sitzen an den Schalthebeln des
Mediensystems, obschon ihnen solch eine Ausbildung nicht zuteil wurde. Doch dieser Umstand

belegt nicht das Gegenteil; er vermag allenfalls zu erklären, weshalb sich in der Branche diesseits wie jenseits des Atlantiks so unerschütterlich der Glaube hält, tüchtige Journalisten würden vom Himmel fallen — im Gegensatz zu tüchtigen Rechtsanwälten, Ärzten oder Ingenieuren. Vermutlich wird der Effekt journalistischer Ausbildung vor allem deshalb unterschätzt, weil er schwer meßbar ist.

Journalistenausbildung an der Hochschule

An Statistiken läßt sich indes ablesen, daß in den USA für künftige Journalisten kaum noch ein Weg an einem Hochschulstudium in *Journalism/Mass Communication (JMC)*[1] vorbeiführt. Während noch zu Beginn der siebziger Jahre gerade ein Fünftel der Journalisten einen einschlägigen Studienabschluß vorweisen konnte, kommen heute über 80 Prozent der neueingestellten Zeitungsjournalisten aus solchen Studiengängen.[2] „Diese Absolventen sind die Hauptquelle neuen Talents für die amerikanischen Massenmedien", bilanziert nicht ohne Stolz Everette Dennis vom New Yorker *Freedom Forum Media Studies Center*.[3]

An 420 Colleges und Universitäten gibt es derzeit einschlägige Ausbildungsprogramme mit akademischem Abschluß und vielfältigen Spezialisierungsofferten[4]; über 4200 hauptberufliche sowie rund 3100 nebenberufliche Dozenten sind lehrend im *JMC*-Bereich tätig.[5] Von 1986 bis 1991 ist die Zahl der Studenten, die in Journalistik oder Kommunikations-

wissenschaft an amerikanischen Hochschulen einge-
schrieben sind, von rund 94 000 auf knapp 152 000
emporgeschnellt.[6]

Zumindest an den besseren Universitäten stimmen auch die Betreuungsrelationen: So kümmern
sich beispielsweise an der *School of Journalism and Mass
Communication* der University of Wisconsin 17 Professoren um insgesamt 700 Studenten, von denen
wiederum knapp 80 Prozent *undergraduates* sind, also
Studierende, die während ihres College-Studiums
nur etwa ein Viertel ihrer Ausbildung im *JMC*-
Bereich absolvieren.[7] Zum Vergleich, der allerdings
erneut mit Vorsicht zu genießen ist: Am Fach Publizistik der FU Berlin waren im Wintersemester
1993/94 neun hauptberufliche Professoren für 2785
Haupt- und Nebenfachstudenten und für 120 Studierende in der Journalisten-Weiterbildung zuständig.[8]

Ein College-Abschluß wird von Berufsanfängern
in aller Regel zumindest verlangt, um in eine Redaktion einsteigen zu können. Nimmt man das einschlägige Hochschulstudium als Gradmesser, so ist die
Professionalisierung des Journalismus in den USA
deutlich weiter fortgeschritten als in Deutschland.
Allerdings ist beim direkten Vergleich Vorsicht geboten: Der *Bachelor of Arts,* mit dem in Amerika ein
Erststudium abgeschlossen wird, ist zwar durchaus
ein vollwertiger akademischer Grad, entspricht aber
allenfalls einem Ausbildungsstand, wie er in
Deutschland mit der Zwischenprüfung eines Hoch-
schulstudiums erreicht ist. Einen *Master's Degree,* der
in etwa unserem Magister- oder Diplom-Abschluß
entspricht, erwerben dagegen nur 5,6 Prozent der

amerikanischen Studenten — übrigens meist erst nach einer Praxisphase, die außerhalb der Universität absolviert wird. Gerade ein halbes Prozent der Studenten arbeitet auf einen Doktorentitel hin. [9]

Auslagerung aus dem Betrieb — ein Rechenexempel

Die Journalistenausbildung wurde also in den USA weitgehend aus den Betrieben ausgelagert. [10] Das hat jedoch wenig mit der überragenden Qualität überbetrieblicher Ausbildung oder höherer Einsicht der amerikanischen Verleger und Mediengewaltigen zu tun. Viel eher ist es Ergebnis eines knallharten Rechenexempels — und des amerikanischen Arbeitsrechts, das im Vergleich mit Deutschland so gut wie keine Arbeitsplatzgarantien kennt. Lee Becker von der Ohio State University jedenfalls sieht es so: „Gerade weil Mitarbeiter jederzeit gefeuert werden können, wenn sie sich nicht bewähren, ist das Risiko, bei Einstellungsentscheidungen einmal danebenzugreifen, vergleichsweise weniger kostenträchtig." Der Medienbetrieb könne sich mithin die lange Erprobungs- und Testphase schenken, die in Deutschland einem Volontariat oftmals voraus- oder zumindest mit diesem einhergeht. Somit sei es in den USA sehr viel leichter, die Ausbildungskosten zu externalisieren und auf die Auszubildenden selbst sowie den Steuerzahler zu überwälzen. [11]

Der *teaching editor,* also der Ausbildungsredakteur oder Volontärsvater, ist folglich eine in den USA vom Aussterben bedrohte Spezies: „Die einstmals prominente Rolle ist nach dem Zweiten Weltkrieg nahezu aus den Redaktionen verschwunden", beobachtet Jack Hart, Direktor für Personalentwicklung beim *Oregonian* in Portland und selbst langjähriger Dozent in der Journalistenausbildung.[12] Das hat wohl damit zu tun, daß Berufsanfänger bereits praxisnah ausgebildet sein müssen, wenn sie eine Einstiegschance bekommen wollen.

In Deutschland setzen dagegen die Medienunternehmen weiterhin auf die betriebliche Ausbildung; die großen Konzerne haben sich nahezu ausnahmslos mit hauseigenen Journalistenschulen ausstaffiert, und bei den kleineren Häusern werden zum Teil Ausbildungsredakteure neu eingeführt, mitunter auch im Status aufgewertet. Das wiederum hat sicherlich auch damit zu tun, daß die Gewerkschaften einen Ausbildungstarifvertrag erkämpften — eine Forderung, auf die wohl keine Journalistengewerkschaft in den USA je gekommen wäre (vgl. Kapitel 11).

Zwei konkurrierende Traditionsstränge

„Die nordamerikanische Kommunikationswissenschaft hat verstanden, daß die Gesellschaft nur relativ wenige Kommunikationswissenschaftler, aber relativ viele Journalisten braucht", resümiert Siegfried Weischenberg.[13] Dies habe zu einem starken Praxisbezug nahezu aller Ausbildungsprogramme geführt — ein Faktum, das sich ebenfalls mit Zahlen belegen läßt: 57 Prozent der Hochschulinstitute produzieren eine Universitätszeitung, 43 Prozent haben eine eigene Radiostation und immerhin 31 Prozent einen Fernsehsender. An praktisch allen Ausbildungsstätten (95 Prozent) sind Praktika fester Bestandteil des Curriculums.[14] Allein die *School of Journalism* der Northwestern University unterhält beispielsweise zu 50 Zeitungen feste Beziehungen, um dort regelmäßig Hospitanten unterzubringen.[15] An vielen Universitäten gibt es einen regelrechten *placement*-Service, der solche Praxiskontakte pflegt — und außerdem ist das *old boys network,* also das Netzwerk eigener Absolventen (und inzwischen längst auch Absolventinnen) oft hilfreich, wenn es darum geht, Praktika- oder Arbeitsplätze zu finden.

Aber auch die Praxisnähe amerikanischer Studienangebote bedarf einer differenzierteren Betrachtung. Bei näherem Hinsehen lassen sich nämlich aus der Vielfalt der Ansätze und Modelle der Journalistenausbildung zwei konkurrierende Traditionsstränge[16] herauskristallisieren. Der eine betont sehr stark die handwerklich-journalistische Ausbildung. Zwar wird darauf geachtet, daß die Studenten ein breites, wissenschaftliches Hintergrundwissen und auch wissenschaftliche Arbeitsmethoden erlernen — dies jedoch in anderen Fächern meist innerhalb des *liberal-arts*-Spektrums, also vor allem in den Geisteswissenschaften. An der *j-school* selbst werden dann ganz überwiegend journalistische Arbeitsmethoden gelehrt: recherchieren, redigieren, schreiben, präsentieren und nochmals schreiben, schreiben, schreiben. Dieser Tradition sind beispielsweise so renommierte Studiengänge wie die der Columbia University, der

Northwestern University und der University of Missouri verpflichtet.

Die zweite Variante akzentuiert auch in den USA stärker die Kommunikationswissenschaft und damit die Medienforschung. Diese „Schule" wurde insbesondere von einer Reihe namhafter Universitäten aus dem Mittleren Westen geprägt, darunter Iowa, Illinois, Minnesota und Wisconsin sowie Ohio.[17] An diesen Hochschulen ist Journalismus in der Regel nur noch eine von mehreren Spezialisierungsofferten unter dem großen Dach der *communications* — und nicht nur zahlenmäßig werden dort die Journalistik-Studenten zunehmend von jungen Leuten verdrängt, die sich auf vielerlei andere Berufe im Umfeld der Medien vorbereiten wollen.[18] Auf diese Weise wird der einsemestrige, fast überall verbindliche Einführungskurs in die Massenkommunikation „zu einer *package tour,* die für den Journalismus gerade noch einen zwei- bis dreiwöchigen Zwischenstopp vorsieht — irgendwo zwischen Fernsehen, Schallplatten, Radio, Public Relations und Werbung, und alles vermeintlich zusammengebunden durch Kommunikationstheorie", spottet Howard Ziff, ein vormaliger Journalist, der heute an der University of Massachusetts lehrt.[19]

Zwar sind ihrem Selbstverständnis nach gewiß die meisten Ausbildungsangebote sogenannte Hybriden, die sowohl praxisnah als auch wissenschaftlich ausbilden[20]; eng miteinander verzahnt sind die handwerklich-journalistische Seite und die Kommunikationswissenschaft dennoch kaum irgendwo. Am ehesten entsprechen diesem Ideal vielleicht, so-

weit sich das von Außenstehenden überhaupt beur-
teilen läßt, die Programme an der Indiana University
in Bloomington und an den Universitäten von Maryland, North Carolina at Chapel Hill und Texas at
Austin.[21] An einigen Hochschulen werden auch —
wie etwa bei uns in Mainz und München — parallel
laufende Ausbildungsprogramme offeriert, so daß
beide Optionen wählbar sind. Dazu zählen beispielsweise die Stanford University und die University of
Southern California in Los Angeles.

Qualitätssicherung durch Akkreditierung

Um die Publizistik- und Journalistik-Studiengänge
kümmern sich in Deutschland bislang weder die
Medienindustrie sonderlich noch die Berufsverbände der Journalisten. Am amerikanischen Beispiel
läßt sich zeigen, daß auch dies anders geht. Auf
gänzlich freiwilliger, selbstverwalteter Basis, ohne
daß unvertretbare Eingriffe in die Hochschulauto-
nomie zu befürchten wären, wirken Universitäten
und Medienindustrie zusammen, um in der Journalistenausbildung bestimmte Qualitätsstandards
durchzusetzen.

Seit 1945 gibt es den *Accrediting Council on
Education in Journalism and Mass Communication
(ACEJMC)*. Seine Aufgabe ist es, durch Evaluierung, die sich in sechsjährigem Rhythmus wiederholt, die Solidität universitärer Ausbildungsprogramme im Bereich der Massenkommunikation zu
überprüfen. Dazu werden unabhängige Experten-

kommissionen zusammengestellt, die diejenigen Institute inspizieren und evaluieren, die von sich aus eine Akkreditierung beantragen. Über die Akkreditierung entscheiden jedoch nicht die Inspektionsteams vor Ort; diese berichten dem *Council* lediglich, und der wiederum trifft auf der Grundlage des Reports seine Entscheidung. Insgesamt 95 Programme hatten 1993 diese höhere Weihen; ihnen ist vom *ACEJMC* mit der Akkreditierung ein Gütesiegel zuerkannt worden, das ihnen einen hohen professionellen Ausbildungsstandard bescheinigt. [22]

Die Gutachter werden intensiv auf ihre Tätigkeit vorbereitet — auch mit Hilfe eines training manual, eines jener für Amerika so typischen „*how to*"-Handbücher, das auf fast schon rührende Weise jeden einzelnen Schritt der Evaluierung beschreibt und auch noch Muster-Briefe und -Gutachten enthält. [23]

Erstaunlich viele Journalistik-Dozenten sind im übrigen bereit, die ehrenamtliche und zeitraubende Tätigkeit zu übernehmen, am Akkreditierungsprozeß mitzuwirken. Ob die schiere Lust, endlich einmal Kollegen Zensuren erteilen zu dürfen, sie drängt, solche Aufgaben zu übernehmen? Oder ob es doch noblere Motive sein mögen, die rund 80 Dozenten dazu veranlaßt haben, während des ohnehin strapaziösen Kongresses der amerikanischen Journalistik-Dozenten um acht Uhr früh zu einer Informationsveranstaltung zu erscheinen, die auf solche Evaluierungs-Tätigkeiten vorbereiten soll? Wie auch immer, dieser Workshop dürfte — einmal abgesehen von den Plenumsveranstaltungen — einer der bestbesuchten Termine der Jahrestagung 1993 gewesen sein.

Robert Giles, der als Chefredakteur und Verlagschef der *Detroit News* und damit einer der größten Tageszeitungen des Landes sich auch noch das Amt hat aufbürden lassen, dem Gremium zu präsidieren, meint: „Der *Council* leistet gute Arbeit."[24] Das ist wohl auch so. Kaum jemand scheint jedenfalls in Abrede stellen zu wollen, daß er auf bemerkenswerte Weise zur Qualitätssicherung der Journalistenausbildung beiträgt.

Indes hat auch dieser hochentwickelte, von der Medienindustrie und den Universitäten gemeinsam geschaffene Apparat zur Evaluierung seinen Preis. Regelwerke, Normen, Standards engen zwangsläufig ein — da mag die Broschüre des *Council* noch so sehr versichern, daß „mit der Akkreditierung die Innovation der Ausbildungsprogramme gefördert und nicht etwa stranguliert werden soll".[25]

So ist es gar nicht verwunderlich, daß vor ein paar Jahren ausgerechnet eines der angesehensten Institute ausgeschert ist: Die University of Wisconsin in Madison hat 1991 darauf verzichtet, erneut die Akkreditierung zu beantragen. Man sei zwar „mit den Zielen des *Council* einig, aber nicht mit deren Operationalisierung", erläutert dazu Professor Sharon Dunwoody.[26]

Konkret hat der *Council* Vorgaben gemacht, wie hoch der Anteil von Journalismus-Kursen im Curriculum sein darf. Als sakrosankt gilt die 75:25-Regel. Sie besagt, daß während der College-Ausbildung mindestens 75 Prozent der Lehrveranstaltungen aus dem *liberal-arts*-Fächerkanon stammen müssen, dagegen nur 25 Prozent der Kurse von den *j-schools* selbst angeboten werden sollen[27] — wobei unter diesen Kursen primär Seminare und Übungen verstanden werden, in denen journalistisches Handwerk gedrillt wird. An der University of Wisconsin wird dagegen traditionell Wert darauf gelegt, nicht nur Arbeitstechniken zu lehren, sondern auch Ergebnisse und Methoden der Journalismusforschung — und damit wurde der Kursanteil am Curriculum im Bereich Journalismus höher, als dies dem *Council* recht war.[28]

Der spektakuläre Ausstieg hat vermutlich mehr dem *Council* als der Universität geschadet. Die Universität will auch nicht auf externe Evaluierung verzichten, sondern in Zukunft nur eigene Wege gehen.[29] Dabei weiß sie sich zumindest in guter Gesellschaft. Auch die Stanford University, ebenfalls eine der allerersten Adressen für Journalistenausbildung und Journalismusforschung im Lande, hat sich erst gar nicht um eine Akkreditierung bemüht.

Offenbar unwidersprochen geblieben ist dagegen bisher die Vorgabe des *Accrediting Council,* daß Ausbildungsstätten Anstrengungen nachweisen müssen, wie sie den Anteil von Minoritäten unter den Studierenden und den Anteil von Frauen und Minoritäten unter den Lehrenden erhöhen[30] — eine politische Vorgabe, die zumindest bei manchem europäischen Beobachter Zweifel aufkommen lassen dürfte, ob sich hier nicht der *Council* für andere Ziele als nur die Sicherung der Ausbildungsqualität hat einspannen lassen. Ironischerweise haben inzwischen ausgerechnet einige angesehene *black colleges* Schwierigkeiten mit der Akkreditierung, weil sie bisher ausschließlich schwarze Studenten zugelassen haben und damit gerade für sie der Mangel an ethnischer Vielfalt zum Problem geworden ist.[31]

Praxisnähe großgeschrieben, aber gefährdet

Zu den vielgerühmten Vorzügen der hochschulgebundenen Journalistenausbildung in den USA zählt angeblich, daß dort erfahrenen Journalisten der Umstieg von der Praxis an die Universität leichter gemacht werde und auch deshalb die Ausbildung sehr viel praxisnäher sei.

Bei genauerem Hinsehen haben in Amerika tatsächlich einige der legendären Gründerväter des Fachs, etwa die ersten Dekane der beiden traditionsreichsten amerikanischen *j-schools,* Talcott Williams (Columbia University) und Walter Williams (University of Missouri), einen solchen Werdegang vorzuweisen.[32] Immer wieder schmückten sich angesehene Ausbildungsstätten mit Starjournalisten wie dem früheren *New York Times-* und *NBC*-Korrespondenten Elie Abel (Columbia University, später Stanford University), dem einstigen Bonner Chefkorrespondenten der *AP,* Herbert Altschull (Indiana University), oder dem vormaligen *managing editor* der *Washington Post,* Ben Bagdikian (Univeristy of California at Berkeley). Insgesamt sind jedoch auch in den USA die wirklichen Grenzgänger wie Chilton Bush (University of Wisconsin, Stanford University) oder Hillier Krieghbaum (New York University) rar geblieben[33], und heute sind es nur noch wenige *j-schools,* die bei Einstellungsentscheidungen halbwegs konsequent Praxiserfahrungen ebenso honorieren wie wissenschaftlichen Lorbeer.

Im Wettbewerb um die inzwischen wieder rar gewordenen Professorenstellen sind in den letzten Jahren die Anforderungen an die Bewerber spürbar und einseitig hochgeschraubt worden. Was zählt, sind die wissenschaftlichen *credentials;* insbesondere wird auf einen *Ph. D.* Wert gelegt, also einen Doktortitel, mit dem man an amerikanischen Universitäten zugleich die Lehrbefugnis erwirbt. Außerdem werden ellenlange Publikationslisten erwartet, und hier wiederum zählen so richtig nur Fachveröffentlichungen und keine noch so brillanten journalistischen Stücke. Größere Aussichten auf eine Professur hat folglich auch in den USA, wer sich allenfalls ein paar Jahre in der Praxis tummelt und dann zielstrebig auf den sogenannten *tenure track* begibt, sich also auf Assistentenstellen innerhalb der Hochschule nach oben dient.[34]

Der angesehene und erfolgreiche Journalist als Quereinsteiger im akademischen Betrieb kommt zwar gelegentlich noch vor — aber dort, wo es ihn gibt, fungiert er vornehmlich als Aushängeschild. Oft tut er sich ähnlich schwer, im Wunderland der Wissenschaften Fuß zu fassen, wie seine Handvoll Kollegen, die in Deutschland vergleichbare Positionen erreicht haben.

Zu den wenigen, die sichtbar in beiden Welten heimisch geworden sind, zählt Doug Underwood von der University of Washington. Auch er hat allerdings Enttäuschungen verschmerzen müssen; sein

Klagegesang verdient es, gehört zu werden: „Für Exjournalisten stellt sich das Spiel akademischen Publizierens oftmals dar als ein verwirrendes Labyrinth aus quantitativen Methoden und sozialwissenschaftlichem Jargon und der einschüchternden Aussicht, sich dem Spießrutenlauf des *peer judgement,* also des Urteils der Fachkollegen, aussetzen zu müssen . . . Exjournalisten werden überwiegend deshalb unter Vertrag genommen, weil man ihre handwerklichen Fähigkeiten und ihre Erfahrungen schätzt und bei der Ausbildung künftiger Journalisten braucht. So wäre es nur logisch, wenn man sie ermutigen würde, weiter journalistisch zu arbeiten — damit sie *up to date* bleiben und Kontakt zur Praxis halten. Tatsächlich äußern sich jedoch die Schleusenwärter wissenschaftlicher Publikationen oftmals eher feindselig gegenüber dem, was sie für kraftlose Verallgemeinerungen journalistischer Recherche halten."[35]

Es scheint so, als würde hier einer der Vorzüge des amerikanischen „Modells" der Journalistenausbildung allmählich verspielt. So wie der Wissenschaftsbetrieb angelegt ist, befördert er nun einmal gern Fachidiotentum. Was Michael Shenefelt, Philosophie-Professor an der New York University festgestellt hat, läßt sich cum grano salis auch auf die Journalistik und Kommunikationsforschung übertragen. Im Nachrichtenmagazin *Newsweek* schilderte er die Mehrzahl seiner Kollegen als gelehrte Ignoranten: „Wer zur Doktorprüfung in Philosophie angenommen wurde, braucht nie wieder einen Roman zu lesen. Ein Anglist kann die Französische Revolution ein für allemal vergessen. Statt dessen muß er, wenn er ordentlicher Professor werden will, in obskuren Zeitschiften eine Unzahl von Artikeln über entlegene Themen veröffentlichen. Allein über Milton erschienen 1988 nicht weniger als 203 Aufsätze."[36]

Immerhin bürgt die Tatsache, daß über 40 Prozent aller *JMC*-Lehrenden ihren Hauptberuf außerhalb der Hochschule haben[37] und lediglich als Lehrbeauftragte und Gastdozenten Ausbildungsfunktionen wahrnehmen, dafür, daß die Anbindung an die Praxis trotz der Verselbständigungstendenzen des universitären Forschungsbetriebs relativ eng geblieben ist.

Training für die Trainer

Außerdem gibt es bemerkenswerte Ansätze, um zu verhindern, daß Journalistik-Dozenten im Elfenbeinturm gänzlich den Praxiskontakt verlieren. *„We need to educate the educators"* — wir müssen die Trainer trainieren. Die Aufforderung, die Ramon Chavez von der Colorado University emphatisch an Teilnehmer der Jahreskonferenz der *Association for Education in Journalism and Mass Communication* richtet[38], ist in diesem Kreis fast schon Gemeingut geworden. Viele Weiterbildungseinrichtungen bieten in den USA Programme an, zu denen *JMC*-Dozenten als Lernende und nicht als Lehrende eingeladen werden — und sie werden offenbar gut frequentiert.[39]

So veranstaltete das *Poynter Institute* in St. Petersburg, Florida, im Frühsommer 1994 nicht nur 14

Tage lang Workshops, die sich gezielt an Dozenten richteten, sondern öffnete seine regulären, bisher ausschließlich für im Beruf stehende Journalisten gedachten Lehrangebote auch für Ausbilder.

Damit Journalistik-Dozenten den Bezug zur Praxis nicht verlieren, gibt es seit vielen Jahren außerdem Stagenprogramme: So offeriert beispielsweise die Stiftung des amerikanischen Zeitungsverlegerverbands ein Sommerprogramm, das es ein paar Dutzend Lehrenden ermöglicht, aushilfsweise in den Semesterferien in Redaktionen mitzuarbeiten.[40] Die Dozenten verstärken über diesen Praxiskontakt ihre Bodenhaftung, die Redaktionen können den ein oder anderen Personalengpaß während der Ferienzeit überbrücken und oft auch ihrerseits von den Kenntnissen und Ideen ihres Gastredakteurs profitieren.

Weil Dozenten gelegentlich auch längere Praxiserfahrungen guttun und umgekehrt manch ein Redakteur davon profitiert, einmal in die Rolle des Lehrenden zu schlüpfen und jungen Leuten das eigene Metier beizubringen, wurden da und dort auch sogenannte *sharing programs* ins Leben gerufen. Sie ermöglichen es Journalistik-Dozenten temporär, mit einem Redakteur den Arbeitsplatz zu tauschen.[41]

Außerdem hat das *Freedom Forum Media Studies Center* ein Publikationsprogramm für *JMC*-Dozenten eingerichtet: Gefördert werden jährlich bis zu 20 Projekte, die praxiserfahrenen Hochschullehrern die Möglichkeit geben, für ein Massenmedium eine größere Hintergrundgeschichte oder Reportage zu recherchieren. Solche Projekte werden mit Beträgen von bis zu 5000 Dollar unterstützt.[42] Nicht ganz leicht zu entkräften dürfte das Argument sein, daß hier vielleicht des Guten zuviel getan wird. Ein Journalistik-Dozent, der seinen Namen verdient, sollte immerhin in der Lage sein, auch ohne solche Förderung seinen Studenten zu zeigen, daß er ab und an gedruckt oder gesendet wird. Andererseits kann ein solches Förderprogramm eben dazu beitragen, heikle oder umfangreichere Recherchen zu finanzieren, die sonst aus Kostengründen unterblieben.

Ferner gibt es ein Förderprogramm, das das intellektuelle, akademische und professionelle Potential all derjenigen stärken soll, die in Stätten der Journalistenaus- und -weiterbildung Führungsfunktionen wahrnehmen. Dazu wird — ebenfalls vom *Freedom Forum Media Studies Center* — jährlich ein einwöchiges Sommerseminar angeboten. Sodann wird ein *Journalism Administrator of the Year* benannt; der Preis ist mit insgesamt 20 000 US-Dollar dotiert — die Hälfte davon geht an den Preisträger selbst, die andere an seine Ausbildungsstätte.[43] Dabei sind amerikanische Universitäten ohnehin im Regelfall besser administriert als deutsche, in deren Selbstverwaltung sich die Gremienvertreter allzuhäufig — eher professoral als professionell — wechselseitig blockieren.

Trotz allem: Akzeptanzprobleme auch in den USA

„Those who can, do; those who can't, teach.“ Vermutlich ist dieser Kalauer, daß nur derjenige lehrt, der das Metier nicht beherrscht, sehr viel älter als die hoch-

schulgebundene Journalistenausbildung. Daß der frühere Präsident der *Association for Education in Journalism and Mass Communication,* Tony Atwater, ihn dennoch mit bitterer Selbstironie hervorkramt, kommt nicht von ungefähr.[44] In der Tat haben die Vorbehalte journalistischer Praktiker gegenüber der hochschulgebundenen Journalistenausbildung einen ähnlich langen Bart wie bei uns. Die Liste der prominenten Zweifler reicht von Henry Louis Mencken, Robert Benchley, A. J. Liebling und Walter Lippmann bis hin zum Fernseh-Nachrichtenmoderator Ted Koppel, der noch in den achtziger Jahren *journalism schools* für „eine absolute und totale Zeitverschwendung" hielt.[45]

Trotz der beeindruckenden Zahlen und auch der vielfältigen Vorkehrungen zur Qualitätssicherung in der Ausbildung[46] gibt es in den USA also weiterhin starke Vorbehalte gegen die hochschulgebundene Journalistenausbildung — und zwar sowohl in der Medienpraxis[47] als auch innerhalb des Wissenschaftsbetriebs.

„Ein gähnender Abgrund trennt die *journalism schools* von der Branche, der sie dienen. Die amerikanische Journalistenausbildung, in anderen Ländern hochangesehen und sogar gefeiert, bedrängen Probleme in ihrem eigenen Hinterhof", schreibt Everette Dennis.[48]

Zählebig hält sich etwa das Vorurteil, in die Journalistik-Institute würden, was das Leistungsvermögen anlangt, nur die unteren 40 Prozent der College-Bewerber strömen.[49] Und während inneruniversitäre Kritiker nörgeln, die *j-schools* hätten keinen Anschluß an die wissenschaftliche Welt, behaupten manche Praktiker draußen nach wie vor gerne, die Leute im Elfenbeinturm hätten den Bezug zur Wirklichkeit verloren. [50] Oft ist auch zu hören, die Absolventen könnten weder schreiben, noch würden sie die Rechtschreibung oder Grammatik beherrschen oder gar selbst eifrig lesen; sie würden nur mit unnötigem Wissen vollgestopft, statt in einer für die Berichterstattung relevanten Disziplin profundes Fachwissen zu erwerben oder wenigstens sich in der für den Journalistenberuf wünschenswerten Breite geistes- und sozialwissenschaftlich zu bilden. [51]

Immerhin scheinen solche Sichtweisen inzwischen ein anderes, noch radikaleres Vorurteil verdrängt zu haben, das über Jahrzehnte hinweg die Einstellung vieler Journalisten prägte: die „romantische Sicht, daß ein künftiger Journalist das Leben und nicht Bücher kennenlernen muß — und deshalb ein Hochschulstudium ihn von vornherein verderben würde"[52].

Everette Dennis, der die landläufigen Mythen und Vorurteile über die akademische Journalistenausbildung in den USA in einer Liste zusammengefaßt hat (vgl. Schaubild auf S. 142), dürfte vielen seiner Kollegen aus dem Herzen sprechen, wenn er sich verärgert über die „Attitüde des Nichtwissens" vieler Chefredakteure zeigt, die annähmen, an der Ausbildung habe sich seit ihrer eigenen Studienzeit nichts verändert. [53] Ähnlich empfiehlt Sherrie Mazingo von der University of Southern California denjenigen Chefredakteuren und Journalisten, die „üble Nachrede als Sport" betrieben, doch erst einmal „das

Everette Dennis

Ten myths of journalism education

1) Journalism students study only journalism, thus side-stepping the essence of a well-rounded education.
2) All journalism schools are alike: when you've seen one, you've seen them all.
3) Most journalism schools have abandoned the teaching of journalism.
4) Journalism schools are not practical.
5) Journalism has no body of knowledge.
6) Journalism educators don't know what they are talking about.
7) The journalism school curriculum is simple-minded and anti-intellectual.
8) Journalism schools are too trendy, too willing to succumb to passing media fancies.
9) Journalism schools do not attract the brightest students.
10) Journalism school graduates don't get jobs with the major media. [60]

zu tun, was auch ihre Leser von ihnen erwarten: die Fakten zu recherchieren"[54].

Natürlich wirkt die Reserve seitens der Medienindustrie auf die inneruniversitäre Machtbalance zurück: Journalistik und Kommunikationswissenschaften sind zwar als Fach längst etabliert, aber auch in den USA eben beileibe nicht so wie etwa die Medizin oder die Managementlehre. Noch werde den kommunikationswissenschaftlichen Ausbildungsstätten eher der „Status eines Handlangers der Industrie zuerkannt, als daß man von ihnen unabhängige Analyse oder gar Führungsfunktionen" erwarte.[55] Und nicht zuletzt hat die Tatsache, daß ein Großteil der angeseheneren Journalistik-Programme an Hochschulen im Mittleren Westen herangereift ist, die Statusprobleme verschärft: *die j-schools* sind zu weit entfernt von den zentralen Medien-Standorten im Nordosten Amerikas und außerdem typischerweise nicht an den privaten Spitzenuniversitäten beheimatet — mit Columbia und Stanford als Ausnahmen.[56]

Erst wer diesen Hintergrund kennt, vermag zu verstehen, warum die Diskussion um Journalistenausbildung auch innerhalb der USA sehr viel kritischer verläuft, als sich dies in Absolventenstatistiken und in der Außenwirkung des amerikanischen Modells widerspiegelt. „Die meisten *j-schools* finden — ganz anders als die medizinischen und juristischen Ausbildungsstätten — wenig Rückhalt auf seiten einer einflußreichen Profi-Zunft. Daraus resultiert ein Mangel an Gewicht in der Auseinandersetzung mit der universitären und der staatlichen Bürokratie."[57] Die meisten Ausbildungsstätten hungerten nach *cash,* und ihre Dozenten seien im Vergleich zu anderen praxisnahen Ausbildungsfeldern unterbezahlt.[58] „In Amerika", so bilanziert Everette Dennis ernüchternd, „stehen die allermeisten Dekane von *journalism schools* Einrichtungen von niedrigem Status und limitiertem Einfluß vor. Sie sind die Parias in nicht einem, sondern in zwei Bereichen der Gesellschaft."[59]

Um das Bild abzurunden und einen weiteren Tropfen Wasser in den Wein zu gießen, ist hervorzuheben, welch beträchtliche Qualitätsunterschiede es zwischen amerikanischen Universitäten gibt. Besucher aus Europa, die meist nur die besseren Hochschulen aus nächster Nähe kennenlernen, übersehen dieses Gefälle gern. So weist die Statistik auch in den USA *JMC*-Programme mit über 2000 Studenten aus, was auf Massenabfertigung hindeutet. Von den Ausbildungsstätten erfüllt noch nicht einmal ein Viertel die Standards für eine Akkreditierung.[61]

„Vorbildlich" ist also die Journalistenausbildung in den Vereinigten Staaten nur so lange, wie man allein die Spitzeninstitutionen im Blickfeld hat. Die Kehrseite gibt es ebenfalls: Das auf Wettbewerb gegründete System hinterläßt schon die Institutionen im Mittelfeld ähnlich unzureichend oder gar schlechter ausgestattet als die meisten der von Überandrang und Haushaltskürzungen strapazierten deutschen Universitäten.

Auf welche Zustände eine Gruppe hochrangiger Praktiker beim Versuch stieß, die Ausbildungsstätten des amerikanischen Nordwestens zu evaluieren, hat anschaulich Michael Fancher, einer der Herausgeber der *Seattle Times,* beschrieben: „Bei Zeitungen nehmen wir Möglichkeiten, Geld auszugeben, als selbstverständlich hin, von denen viele *journalism schools* nicht einmal träumen können. Ich erinnere mich an einen Lesesaal an der Western Washington University in Bellingham, dessen Möbel die Lehren-

den auf *garage sales* erstanden hatten. Für die Lehr-
redaktion, in der die Studenten-Zeitung produziert
wird, hatten sie Holz gekauft, um sie in Eigenarbeit
auszubauen."[62] Der Betrag, der der *journalism school*
jährlich als Etat für Reise- und Nebenkosten zur Verfügung stehe — Fancher nennt eine Größenordnung
von 7000 US-Dollar —, sei wohl geringer als der,
den ein Verleger einer kleinen Regionalzeitung „allein fürs Mittagessen" pro Jahr ausgebe, ohne deswegen Geld zum Fenster hinauszuwerfen.[63]

Gleichwohl läßt sich kaum bestreiten, daß insbesondere die Dekane und Direktoren der ersten
j-schools auf die Professionalisierung des amerikanischen Journalismus großen Einfluß gewonnen haben: „(Sie) haben Schlüsselrollen gespielt, als die
Standards gesetzt wurden und die Ideale und die
ethischen Normen des modernen Journalismus
Form annahmen — und zwar für Tausende Studenten, die in den Journalismus während des Moderni-
sierungsprozesses der Nation hineinströmten."[64]
Und man sollte auch heute nicht die Breitenwirkung
dieser Sozialisationsagenturen unterschätzen: Wenn
über 80 Prozent der amerikanischen Nachwuchs-
journalisten die Grundlagen ihres beruflichen
Know-how an Hochschulinstituten für Journalistik
und Kommunikationswissenschaft erwerben, dann
ist dies de facto ein wichtiger Schritt zur Professionalisierung des Journalismus[65], auch wenn de jure der
Zugang zum Beruf offen bleibt.

Professionalisiert hat sich aber in den USA eben
nicht nur der Journalismus selbst, sondern auch erkennbar die Journalistenausbildung. Ohne einen

solchen Prozeß, der zumindest zu einem Grundkonsens über Ausbildungsnormen und -standards geführt hat, wie wir ihn derzeit in Deutschland noch entbehren, wäre etwa auch das Akkreditierungsverfahren gar nicht denkbar. An dieser Stelle zumindest schlägt wohl Quantität in Qualität um: Wo — wie in den USA — insgesamt mehr als 7300 haupt- und nebenberufliche Hochschuldozenten im *JMC*-Bereich tätig sind, gibt es auch die „kritische Masse", die sich verbandlich organisiert[66], Standesbewußtsein entwickelt und in eigenen Fachorganen wie dem *Journalism Educator* die Diskussion und den Erfahrungsaustausch um Ausbildungsstandards und -modelle pflegt.[67]

8. Weiterbildung:
Das Prinzip des Lifelong Learning

*,,There are many organizational factors that can ensure and
enhance quality, but none more important than commitment
to people. It is in this area where I believe the communication
industry, especially newspapers and broadcast stations, are
seriously remiss. The failure of many media organizations to
invest in their own people both diminishes the quality of
journalism . . . and, in the long run, is also very costly for
these cost-conscious organizations."*
Everette Dennis, 1986

*,,We are left with a generation of editors who do not know
how to coach, who are afraid to coach, and who don't want to
coach or who do not have the time to coach."*
Roy Peter Clark, 1988

Journalisten-Weiterbildung hat in den USA, anders
als in Deutschland, mittlerweile eine lange Tradition. Zumindest in vielen größeren Medienbetrieben
hat sich herumgesprochen, daß sie sogar ein relativ
preiswertes Mittel ist, um Frust abzubauen, die Ar-
beitsmotivation von Redakteuren zu steigern und
den hohen Kosten entgegenzuwirken, die Unzufriedenheit und allzu häufiger Personalwechsel in den
Redaktionen verursachen. [1]

Aber auch in den Vereinigten Staaten klafft zwischen dem tatsächlichen Weiterbildungsangebot und dem Weiterbildungsbedarf, wie er von Experten ermittelt oder auch bei Journalistenbefragungen bestätigt wurde, eine große Kluft. In einer Bestandsaufnahme, die der frühere Chef vom Dienst der *Oakland Tribune,* Eric Newton, für das *Freedom Forum* erarbeitet hat, beklagt er, daß die *sink-or-swim-*Methode weiterhin gang und gäbe sei — also die Praxis, Journalisten ins kalte Wasser zu werfen und von ihnen zu erwarten, daß sie ohne Anleitung und Training obenauf schwimmen. „Am häufigsten aufgeführt wird als regelmäßige innerbetriebliche Weiterbildungsaktivität Schreibtraining. Aber auch das nennen nur drei von zehn Befragten. Vermutlich würden wir uns krümmen, wenn sich nur drei von zehn Lehrern regelmäßig beruflich weiterentwickelten, und uns wundern, was für neue Autos man in Detroit konstruiert und produziert, wenn man nur drei von zehn Facharbeitern beibringen würde, wie sie gebaut werden sollen. Aber genau das passiert bei Amerikas Tages- und Wochenzeitungen."[2]

Befragungen zufolge belegen auf der Themen-Hitliste neben der Weiterentwicklung handwerklicher Fähigkeiten vor allem Fragen journalistischer Ethik die vorderen Plätze; begehrt sind unter den amerikanischen Journalisten auch Angebote, die in den Bereichen Umwelt, Gesundheit und Wirtschaft das Wissen vertiefen.[3]

Die befragten Journalisten bevorzugen überbetriebliche Weiterbildungsofferten; sie stufen diese im Vergleich mit betrieblichen Angeboten als qualitativ besser ein. Chefredakteure und Verleger favorisieren dagegen oftmals innerbetriebliche Maßnahmen. Viele glauben offenbar, diese seien billiger zu haben oder jedenfalls besser zu kontrollieren; andere wiederum befürchten, ihre Mitarbeiter könnten auswärts Betriebsgeheimnisse ausplaudern oder angestauten Unmut über ihre Chefs ablassen.[4]

Trotz ihrer Präferenz für externe Weiterbildung würden immerhin 90 Prozent der amerikanischen Redakteure und Reporter gerne auch innerbetriebliche Fortbildungs-Offerten wahrnehmen — wenn es sie denn in diesem Umfang gäbe. Die so artikulierte Nachfrage übersteigt jedenfalls das tatsächliche Angebot um das Dreifache.[5] Allerdings sind derlei Umfrageergebnisse mit Vorsicht zu genießen. Auch Journalisten sind letztlich nur Menschen, und gute Absichten decken sich nicht immer mit tatsächlichen Handlungsweisen. Newton und Thien meinen deshalb hintersinnig, man müsse den *attendance roadblocks* mehr Aufmerksamkeit schenken — den Blockaden, die im journalistischen Alltag die Teilnahme an Weiterbildung verhinderten.[6]

Der folgende Überblick zeigt, auf wie vielfältige Weise in den USA Weiterbildung zur publizistischen Qualitätssicherung beiträgt.[7] Besonderes Augenmerk gilt den hochschulgebundenen *midcareer*-Programmen — also Angeboten, die es in vergleichbarer Form bisher in Europa nicht gibt und die es Journalisten in der Mitte ihrer beruflichen Karriere erlauben, noch einmal an die Universität zurückzukehren. Auf die vielen anderen überbetrieblichen und betrieblichen Weiterbildungsaktivitäten kann dagegen nur exemplarisch eingegangen werden — sie ähneln aber auch mehr den Offerten der publizistischen Akademien und Medienbetriebe in der Alten Welt.[8]

Langfrist-Programme:
Die Nieman Fellowships und deren Ableger

Das älteste und wohl immer noch angesehenste amerikanische Weiterbildungsprogramm ist an der Harvard University beheimatet. Deren *Nieman Fellowships* bieten jährlich einer Gruppe von 15 bis 20 Journalisten die Chance, ihren Redakteurssessel für ein ganzes akademisches Jahr gegen einen Platz im Hörsaal oder Seminarraum einzutauschen und Wissen nachzutanken, das sie für ihre journalistische Arbeit weiterqualifiziert. Dieses Programm ist auch deshalb so wichtig, weil es unleugbar Pate für alle anderen einjährigen *midcareer*-Programme amerikanischer Universitäten stand.

Die *fellows* können nach eigenem Gusto aus dem gesamten Veranstaltungsangebot der Universität auswählen oder auch unabhängig von Lehrveranstaltungen mit einzelnen Wissenschaftlern zusammenarbeiten. Im Regelfall wird ein Teilnehmer zwei bis vier Seminare pro Semester absolvieren. Die einzige Klammer, die die Teilnehmer zusammenhält und meist auch zu einer Gruppe zusammenwachsen läßt, sind regelmäßige Treffen, bei denen die *fellows* Gelegenheit haben, mit Gastreferenten und Gesprächspartnern aus Medien, Wissenschaft und öffentlichem Leben Gedanken auszutauschen.

Welche Philosophie steckt hinter einem so un-strukturierten Weiterbildungsprogramm wie dem der *Nieman Foundation?* Ein namhafter Zeitungsver-leger soll vor vielen Jahren eher skeptisch einen der Verantwortlichen, Davis Taylor, gefragt haben, was Harvard einem *Nieman Fellow* denn schon beibrin-gen könne. Die Antwort lautete: *„Harvard isn't there to teach; it's to let somebody learn."*[9] Gelegenheit zum (Dazu-)Lernen geben, im Vertrauen darauf, daß der einzelne Teilnehmer selbst am besten weiß, wie er sie nutzen kann, ist auch heute noch der Kerngedanke des Programms.

Dieses Grundmodell haben andere Universitäten — mehr oder weniger modifiziert — übernommen. Insbesondere die Programme in Stanford und an der University of Michigan sind mit den *Nieman Fellow-ships* vergleichbar, weil sie den Teilnehmern beson-ders viel Freiraum lassen. Ähnlich strukturiert, aller-dings auf Rundfunk-Journalisten beschränkt, sind auch die *Benton Fellowships* an der University of Chi-cago.

Stärker ressortspezifisch wird in Yale, an der Co-lumbia University und am Massachusetts Institute of Technology (MIT) gearbeitet. In Yale werden Jour-nalisten juristisch, an der Columbia University wirt-schaftswissenschaftlich und am MIT auf naturwissen-schaftlich-technischem Gebiet weitergebildet. Nur an der Yale Law School sind die Teilnehmer weitge-hend in das Korsett eines Curriculums eingebunden; dort wird erwartet, daß die *fellows* diejenigen Pflicht-veranstaltungen absolvieren, die alle Jurastudenten während ihres ersten Studienjahrs belegen müssen.

Das inzwischen schon „klassische" Angebot der *Nieman Foundation* in Harvard wendet sich an Journalisten aus allen denkbaren Ressorts und Medien. Es werden mindestens drei, im Regelfall fünf bis sieben Jahre Berufserfahrung erwartet — ohne allzu viele weitere Einschränkungen, was die Vorbildung der Bewerber anlangt.

Zwei Drittel der Teilnehmer kommen aus den USA, der Rest aus anderen Ländern. An den anderen Universitäten ist der Teilnehmerkreis in der Regel weniger international. Die Öffnung ausländischen Bewerbern gegenüber scheitert indes nicht am *goodwill* der Veranstalter, sondern an der Finanzierung: Die meist von Stiftungen eingeworbenen Gelder sind eben für amerikanische Journalisten bestimmt. Seit kurzem gibt es allerdings ein Programm, das ausschließlich ausländischen Journalisten vorbehalten ist. Das *Hubert Humphrey Journalism Fellows Program* bot erstmalig 1993/94 einer Gruppe von 17 Journalisten aus aller Herren Ländern die Möglichkeit, an der University of Maryland ein Studienjahr zu verbringen und dabei zugleich die Washingtoner Politik aus nächster Nähe zu beobachten. [10]

Bei keinem der Programme besteht die Möglichkeit, akademische *credentials* oder gar einen klangvollen akademischen Grad zu erwerben. Dadurch soll der interdisziplinäre Charakter der Programme gewahrt bleiben. Man will gerade die für herkömmliche akademische Studien charakteristische Spezialisierung innerhalb von Disziplingrenzen durchbrechen. Bill Kovach, der agile Kurator der *Nieman Foundation,* betont außerdem, daß sich durch das

Wegfallen von Prüfungen eine völlig andere Lern- und Gesprächssituation ergebe: Journalisten und Wissenschaftler würden sich eher im Dialog und als wechselseitig voneinander lernende Partner begegnen, nicht so sehr in den traditionellen Rollen, also hier der Lernende, dort der Lehrende.[11]

Gleichwohl wirken sich die *midcareer*-Programme karrierefördernd aus — ihr Ansehen ist inzwischen so groß, daß ein schlichtes Teilnahmezertifikat weit mehr wert ist als der reguläre Studienabschluß so mancher zweit- oder drittklassigen Hochschule. Die Programme sind auch hochgradig kompetitiv: Es sollen Teilnehmer gewonnen werden, deren journalistisches Leistungsprofil und Entwicklungspotential sich vom Mittelmaß klar abhebt. Die Auswahlentscheidung trifft in der Regel eine Kommission aus Wissenschaftlern und Journalisten.

Weil die Programme hochangesehen sind, verhalten sich auch die Arbeitgeber ganz überwiegend wohlwollend und großzügig, wenn Journalisten freizustellen sind. In manchen Häusern ist es sogar üblich, daß die Differenz zwischen bisherigem Gehalt und Stipendium vom Arbeitgeber ausgeglichen wird, um dem *fellow* ein Weiterbildungsstudium ohne finanzielle Sorgen zu ermöglichen. An solche Regelungen gekoppelt ist dann allenfalls eine Rückkehrverpflichtung. Sie ist beim *Nieman*-Programm ohnehin vorgesehen. Der Studienaufenthalt soll also nicht zum *job hopping,* zum Arbeitsplatzwechsel, mißbraucht werden, sondern indirekt auch der angestammten Redaktion des jeweiligen Teilnehmers zugute kommen. Dieses Reglement hat es erleichtert, das Programm auch gegen anfängliche Skepsis aus der Praxis zu etablieren.

Es gibt allerdings Medienbetriebe, die sich bei Freistellungs-Gesuchen für *midcareer*-Programme nach wie vor abweisend verhalten. Darunter sind merkwürdigerweise auch die *New York Times* und das *Wall Street Journal*. Maßgeblich dafür sind Praktiker-„Gewißheiten", die auch in Amerika offenbar unausrottbar sind: „Wer bei uns ein Jahr arbeitet, lernt mehr als in jedem Weiterbildungsprogramm", erklärt etwa Roger May, PR-Mann bei der *Dow Jones Co.* und selbst altgedienter Redakteur des *Wall Street Journal*.[12] Diplomatischer formuliert da schon Don Wycliff, ein vormaliger Außenpolitik-Redakteur der *New York Times:* „Man bekommt ein *Nieman Fellowship* und wechselt danach zur *Times."*[13]

Den Nutzen von midcareer-Programmen möchte jedenfalls auch die *New York Times* nicht in Frage stellen, denn immerhin unterstützt deren Stiftung finanziell die *Nieman-Foundation* und das *Journalists in Residence*-Programm der University of Michigan.[14] Dabei geht es um Summen in einer Größenordnung zugunsten der Weiterbildung von Journalisten, von denen deutsche Universitäten bislang nur träumen können. Denn billig sind auch in den USA Weiterbildungsprogramme nicht zu haben. Der Jahresetat für das *Nieman*-Programm belief sich 1993 auf knapp 1,4 Millionen US-Dollar, für die *Knight Fellowships* in Stanford waren es 1,1 Millionen Dollar.[15]

Wer die Teilnehmerzahlen all dieser Programme zusammenzählt, kommt über ein Jahrzehnt hinweg auf überschlagsweise 750 Journalisten, die mitten in

ihrem Berufsleben ein Studienjahr lang Wissen nach-
tanken können. Das ist selbst in einem so unermeß-
lich großen Land wie den Vereinigten Staaten mit
ihrer — zumindest zahlenmäßig — unerschöpflichen
Medienvielfalt nicht mehr nur der Tropfen auf den
heißen Stein, sondern qualitativ mehr. Es ist nicht
übertrieben, wenn es in der vom MIT herausgegebenen Broschüre für die *Knight Science Journalism Fellowships* heißt: „Das *midcareer*-Training hilft nicht nur
den teilnehmenden *fellows,* sondern ist auch auf herausragende Weise Dienst am ... journalistischen
Handwerk, an der Medienbranche und an der Öffentlichkeit, der beide verpflichtet sind. Zugleich
lernt die Gemeinschaft der Wissenschaftler, Tages-
aktualitäten und den Prozeß der Medienberichterstattung besser zu verstehen."[16]

Überbetriebliche und betriebliche
Fortbildungseinrichtungen

Neben den einjährigen Programmen haben sich in
den USA überbetriebliche Weiterbildungsträger etabliert, die Kompaktseminare von kürzerer Dauer anbieten — vergleichbar etwa den publizistischen Akademien in Hamburg, Hagen und München oder der
Zentralen Fortbildung der Programmitarbeiter von
ARD und *ZDF.* Namhaft sind als überbetriebliche
Fortbildungseinrichtungen in den USA insbesondere das *American Press Institute (API)* in Reston/
Virginia und das *Poynter Institute for Media Studies* in
St. Petersburg/Florida.

Ein besonders breit gefächertes Programm offeriert das *American Press Institute*. Die Fortbildungseinrichtung wurde 1946 gegründet und war zunächst fast drei Jahrzehnte lang an der *School of Journalism* der Columbia University angesiedelt. 1974 ist es mit einem *fund raising drive* gelungen, 2,6 Millionen US-Dollar einzutreiben, um der Institution eine angemessene und dauerhafte Bleibe zu verschaffen. 772 Zeitungshäuser und Berufsverbände sowie über 800 frühere Seminarteilnehmer haben mit ihren Spenden den Neubau ermöglicht.[17]

Die meisten Veranstaltungen dauern fünf oder neun Tage. *API*-Direktor Bill Winter betont, wie sorgfältig die einzelnen Seminare vorbereitet würden, und zwar von seinen insgesamt sechs *associate directors,* die selbst in der Regel nicht lehren, sondern lediglich die Programme organisieren, moderieren und ansonsten „die Top-Leute aus der Branche" als Referenten heranholen.

Winter dirigiert ein Team von 17 vollzeitbeschäftigten Mitarbeitern; das jährliche Budget beläuft sich auf 1,84 Millionen US-Dollar. Zehn Prozent der erforderlichen Mittel kommen als Zinsen aus einem 5-Millionen-Dollar-*endowment*. Den restlichen Mittelbedarf deckt man durch Teilnehmergebühren (ca. 75 Prozent) und Sponsoren (ca. 25 Prozent). Von den Verlagen, die sich an den Betriebskosten beteiligen, wird eine Zuwendung nach einer Faustformel erbeten: 15 US-Dollar pro 1000 Auflage im Jahr. Viele Häuser halten sich an diese Vorgabe und sind außerdem bereit, für Seminarteilnehmer aus ihrem Haus die nicht eben billigen Kursprogramme zu finanzieren.[18]

Akute Finanznöte hat das *American Press Institute* jedenfalls nicht. Zu spüren bekommen habe man allerdings die Wirtschaftskrise in Form von rückläufigen Teilnehmerzahlen. „Es ist noch immer so, daß an der Weiterbildung zuerst gespart wird, wenn es den Verlagen wirtschaftlich schlecht geht", meint Winter. Sein Institut habe darauf reagiert, indem es „sehr viel mehr Marketing betreibt"; die Mitarbeiter seien jetzt öfter außerhalb im Einsatz und würden auch mehr als früher in Branchenzeitschriften und -diensten publizieren, um die Institution „sichtbarer zu machen". Im übrigen gebe man sich sehr viel Mühe, in den Seminaren aktuellen Trends nachzuspüren und damit den Redaktionen bei der Bewältigung der wirtschaftlichen Probleme und des rapiden technologischen Wandels zu helfen.[19]

Auch das 1976 gegründete *Poynter Institute* betont seinen Anspruch auf Originalität: Man wolle „weder Zeit noch Geld verschwenden, um Räder noch einmal zu erfinden, die schon woanders rollten", hieß es in einer älteren Programmbroschüre.[20] Auf Branchentrends wird dagegen auch hier schnell reagiert: „Der erfolgreiche Medienbetrieb wird schlanker sein, besser gemanagt, und er wird sich mehr um die Bedürfnisse und Wünsche der Leser und Zuschauer kümmern. Viele der neuen Programme des *Poynter Institute* für 1993 helfen den Medienbetrieben, all dies stärker zu fokussieren", schreibt der Direktor, Robert J. Haiman.[21]

Das Institut entwickelt unter anderem Programme für die Rekrutierung und die Ausbildung von Minoritäten in Medienberufen, und es widmet seine Seminare so unterschiedlichen Fragen wie dem Zeitungs-Layout, der journalistischen Ethik oder dem Medienmanagement. Das Jahresprogramm 1993 sieht 30 Seminare für Journalisten mit einer Dauer zwischen drei Tagen und einer Woche vor. Hinzu kommen Workshops für Journalistenausbilder und mehrwöchige Stipendienprogramme für Studenten.

Insgesamt hat das *Poynter Institute* über 30 Mitarbeiter; 14 davon sind hauptberufliche Dozenten.[22] Das Jahresbudget beläuft sich auf stattliche 3,9 Millionen Dollar. Der Sorge, diese Summe zusammenzubetteln zu müssen, ist man allerdings enthoben: Das Institut ist — dank eines weisen und großzügigen Vermächtnisses — Eigentümer der *St. Petersburg Times* und finanziert sich damit im wesentlichen aus den Gewinnen einer großen amerikanischen Regionalzeitung (vgl. auch Kapitel 16).

Neben diesen beiden Großveranstaltern gibt es zahllose weitere Angebote auf regionaler Ebene; so bietet etwa allein die *New England Newspaper Association* für Journalisten 45 Workshops pro Jahr an.[23] Mögen auch nicht alle Berufs- und Interessenverbände im Mediensektor so aktiv sein wie dieser Regionalverband der Zeitungsverleger, so machen doch diese Offerten auf regionaler und lokaler Ebene einen Großteil des Weiterbildungs-Angebots aus. Nicht zuletzt runden auch die *j-schools* der Universitäten mit eigenen Seminaren das Weiterbildungsangebot ab.

Stark ausgebaut wurden in den letzten Jahren auch konzerneigene Fortbildungsprogramme: Das

Knight Ridder Newspapers Institute of Training arbeitet beispielsweise bereits seit 1970. Seine Seminare basieren zumeist auf Fallstudien und damit auf dem Prinzip des *learning by doing.* Ein ähnlich praxisnaher *how to-approach* prägt auch die hausinternen Weiterbildungsangebote der *Los Angeles Times.* Das Themenspektrum reicht hier vom Marketing über Führungs- und Verhandlungstechniken über das „Schreiben für die Wirtschaftsredaktion" bis hin zur Streßbewältigung. Die Kurse sind auf aktive Teilnahme hin angelegt; vermittelte Kenntnisse und Fertigkeiten sollen unmittelbar am Arbeitsplatz umgesetzt und verwendet werden können.

Im Vordergrund stehen inzwischen bei der internen Weiterbildung vieler Medienbetriebe Managementtechniken und -strategien. Das ist ein Bereich, der auch in den USA in der herkömmlichen Journalistenausbildung sträflich vernachlässigt wird — was sich spätestens dann rächt, wenn Journalisten zu Ressortleitern avancieren und damit Führungsverantwortung übernehmen sollen. Der Veränderungsdruck, der auf den Redaktionen angesichts des rapiden technologischen Wandels, aber auch als Folge der krisenhaften Wirtschaftsentwicklung in den letzten Jahren lastete und vielerorts einen Sparkurs erzwang, hat dieses Manko an Managementfähigkeiten und -schulung besonders schmerzlich bewußt gemacht. [24] Daß die Dozenten gelegentlich auch mit einem Schuß Ironie ans Werk gehen und zugleich Neugier zu wecken verstehen, verrät im übrigen ein Kursangebot der *Los Angeles Times: „Managing your Boss"* ist es betitelt. [25]

Förderung am Arbeitsplatz:
Training Editors und Writing Coaches

In den Redaktionen selbst haben sich in den letzten Jahren in Form von *training editors* und *writing coaches* neue Funktionen herausgebildet, die qualitätssichernd wirken sollen.[26]

Der *training editor* ist schlichtweg ein haupt- oder nebenberuflicher Fortbildungsbeauftragter. Je nachdem, welche Talente und welches Wissen er selbst mitbringt, bestreitet er Weiterbildungsangebote selbst, gewinnt Kolleginnen oder Kollegen aus der Redaktion als Referenten und Gesprächspartner oder holt Experten von draußen herein.

Daß hier Phantasie und Kreativität gefragt sind und auch mit wenig Aufwand sich eine ganze Menge bewegen läßt, beweist beispielsweise Rick Doyle. Sein Blatt, das *Walla Walla Union-Bulletin,* erscheint in der Nähe von Seattle mit einer Auflage von 16 000 — und weil da für Fortbildungsveranstaltungen beim besten Willen kein großer Etatposten lockerzumachen ist, hat sich Doyle in der Region nach Referenten und Gesprächspartnern umgesehen, von denen sich honorarfrei etwas lernen läßt. So hat er etwa, um die Interviewtechniken seiner Reporter zu schulen, einen Polizeioffizier und einen Psychiater eingeladen. „Der Kommissar brachte uns bei, wie man Körpersprache interpretieren kann, um herauszufinden, ob einen ein Gesprächspartner anlügt . . . Und der Psychiater lehrte uns, wie man bei einem Interview eine zwanglose Gesprächsatmosphäre herstellt", berichtet Doyle.[27]

Ganz ähnlich, nur in sehr viel größerem Maßstab, betreibt Richard Cheverton beim *Orange County Register* in Südkalifornien sein internes Weiterbildungsprogramm. Etwas hochtrabend nennt er sein Projekt die *Register University;* aber auch dahinter verbirgt sich die im Kern richtige Überlegung, daß Weiterbildung sich nicht zuletzt mit Hilfe hauseigener Ressourcen sinnvoll betreiben läßt, wenn man sie nur zu nutzen versteht. Im wesentlichen zielt die *Register University* darauf ab, das Spezialwissen und Knowhow der eigenen Mitarbeiter und allenfalls noch von Experten abzurufen, die im Einzugsbereich der Zeitung leben oder arbeiten. So werden wöchentlich während der Arbeitszeit Seminare angeboten — was auch ein kleiner Beitrag ist, hausinterne Kommunikationsdefizite abzubauen.[28]

Eine andere Form des Trainings und der Weiterbildung hat neben den vielfältigen Seminar- und Programmangeboten an Bedeutung gewonnen, ja ist inzwischen regelrecht zu einer Bewegung geworden: das *coaching*.

Ein *writing coach* ist ein Redakteur, dessen Haupt- oder Teilzeitaufgabe es ist, den Redaktionskollegen bei der Vervollkommnung ihres Schreibstils, aber auch bei der inhaltlichen Verbesserung ihrer Beiträge zu helfen.[29] *Coaching* ist deshalb nötig, weil auch in den meisten amerikanischen Redaktionen unter Normalbedingungen kollegiale Kritik aus Zeitmangel, Streß, aber auch Schamgefühl unterbleibt: Zum Alltagsfrust vieler Redakteure gehört so der Mangel an *feedback* von kompetenter Seite. Wird ein Beitrag publiziert, ist er wohl für gut befunden worden, darf der Reporter mutmaßen. Was er besser hätte machen können, erfährt er selten — oft noch nicht einmal dann, wenn sein Beitrag nicht gedruckt oder gesendet worden ist.

Die *writing coaches* nehmen somit eine Funktion wahr, die eigentlich zu den klassischen Aufgaben tüchtiger Chefredakteure und Ressortleiter gehört, die diese jedoch erfahrungsgemäß kaum noch wahrnehmen[30]: das Trainieren, Nachbessern und konstruktive Kritisieren am konkreten Beispiel, dem jeweils eigenen Text — und zwar meist im persönlichen Gespräch.

Rund 60 *coaches* arbeiten bei amerikanischen Zeitungen.[31] In der Regel sind es erfahrene Redakteure; sie haben meist einen Hochschulabschluß — besonders häufig in Anglistik oder in Journalistik.[32] Sie sind auf unterschiedliche Weise in die Redaktion eingebunden; meist arbeiten sie jedoch außerhalb der herkömmlichen redaktionellen Hierarchie.

Der *writing coach* ist am ehesten einem guten „Volontärsvater" vergleichbar, der seine Aufgabe ernst nimmt — allerdings ist er eben nicht nur für die Berufsanfänger, sondern für die gesamte Redaktion zuständig. Mit Erfolgsaussicht wird er nur tätig sein können, wenn er sehr viel Fingerspitzengefühl mitbringt, denn auch in Amerika sind Journalisten weit besser im Austeilen als im Einstecken von Kritik. Es gilt eine Atmosphäre des Vertrauens zu schaffen, den Kollegen das Gefühl zu nehmen, sie würden „bevormundet", meint Roy Peter Clark, einer der Direktoren des *Poynter Institute* in St. Petersburg, Florida[33]; oft verwenden die *coaches* deshalb beträchtliche Zeit darauf, auch persönliche Probleme von Redakteuren zu besprechen[34], und erfüllen so mitunter zusätzlich die Rolle des Betriebspsychologen. Diese „latente Funktion" wächst dem *coach* auch deshalb zu, weil der Erfolg seiner eigenen Tätigkeit an bestimmte Voraussetzungen gebunden ist, die häufig erst einmal geschaffen werden müssen: Man braucht eine „Arbeitsumgebung, in der Leistung ermutigt, anerkannt und belohnt wird"[35].

Writing coaches arbeiten mit verschiedenen Techniken: Zur gängigen Praxis zählen Kleingruppensitzungen, mitunter auch ein hauseigener Newsletter (wie etwa eine Liste der *„Winners and Sinners"*, die bei der *New York Times* in Umlauf ist).[36] Es gibt auch *coaches,* die Kollegen zu Rechercheterminen begleiten oder Interview-Training offerieren. Aber alle analysieren vor allem immer wieder journalistische Produkte — wenn es sein muß, Zeile für Zeile.[37]

Die Trainer selbst sehen als Hauptproblem ihrer Kollegen nicht nur den Schreibstil, sondern auch mangelnde gedankliche Organisationsstruktur. Mitunter begännen sie zu schreiben, bevor sie noch richtig wüßten, worüber sie eigentlich berichten sollten.[38] Ansonsten haben die *coaches* häufig eine Erfahrung gemacht, die Lehrende im Umgang mit Lernenden auch anderswo sammeln: Die talentierten Kollegen profitieren von solchen Programmen sehr viel mehr als mittelmäßige und schlechte Journalisten.[39]

Nach einer Phase anfänglicher Skepsis stößt inzwischen die Arbeit vieler *writing coaches* auf Zustimmung unter ihren Kollegen; vor allem unter den jüngeren Journalisten ist die Resonanz positiv. Tina Lesher von der William Paterson University plädiert deshalb emphatisch dafür, die beim *coaching* entwickelten Techniken auch in der Journalistenausbildung vermehrt zu nutzen.[40] Weil indes auch Trainer nicht nur lehren, sondern gelegentlich noch etwas dazulernen sollten, hat das *Poynter Institute* seinerseits jüngst ein Förderprogramm für *writing coaches* aufgelegt. Auch hier also beginnen sich die qualitätssichernden Initiativen zu verzahnen. Gerade im Bereich der Weiterbildung ist dies besonders wichtig. Denn kein noch so gutes externes Weiterbildungsangebot kann einen tüchtigen *writing coach* ersetzen; bestimmte Kritikfunktionen müssen redaktionsintern institutionalisiert sein. Andererseits können *midcareer*-Programme und andere Offerten die internen Bemühungen um Qualitätssicherung stützen, verstärken und auch bereichern.

9. News Councils und Ombudsleute als Feuerwehren

Zwar gibt es in den USA auf Bundesebene kein Äquivalent zum *Deutschen Presserat*. Ein Versuch, ein vergleichbares Organ, den *National News Council,* einzurichten, hat nur elf Jahre überdauert; gescheitert ist er vornehmlich am Widerstand des amerikanischen Medien-Establishments, das Rückhalt und Unterstützung versagte. Namentlich die *New York Times* spielte eine unselige Rolle. Deren Verleger Arthur Ochs Sulzberger ebenso wie die leitenden Redakteure Turner Catledge und Abe Rosenthal bekämpften das Projekt, als hinter den Kulissen darum gerangelt wurde; sie sorgten zugleich dafür, daß das eigene Blatt keinen Zweifel daran ließ, daß es selbst für die nötige publizistische Qualität sorge und deshalb die Einmischung einer Beschwerde- und Kontrollinstanz für überflüssig halte. [1]

Norman E. Isaacs, einer der großen alten Männer des amerikanischen Journalismus und zeitweilig Vorsitzender des *National News Council,* meint, das Gremium und seine Befürworter seien „in Ungnade gefallen, weil sie die Kühnheit besessen hatten, die heiligste aller Kühe im Journalismus anzutasten — das selbstverkündete Recht, jedwede Leistungsüberprüfung abzuwehren. Mit wenigen Ausnahmen erschauderten die Medienleute über so viel Häresie." [2]

Ganz ähnlich resümiert auch Patrick Brogan, der in einem schmalen Büchlein das kurze Leben der Organisation nachgezeichnet hat. Von Anbeginn an hätten sowohl die Sünder als auch die Säulenheiligen des Journalismus opponiert: „Sie waren allesamt dagegen und machten geltend, daß schon die schiere Existenz eines Presserates ihre Tugendhaftigkeit anfechte. Die Presse hat sich immer gegen Einmischung von außen gewehrt und sich dabei auf das *First Amendment* berufen — den Verfassungszusatz, der die Pressefreiheit garantiert."[3]

Der *National News Council* starb verarmt und mißachtet im Jahr 1984 — freilich auch als Opfer seiner eigenen Großmannssucht. Denn statt sich mit dem bisherigen Budget zu bescheiden, hatten die Funktionäre zuletzt die bis dato gesicherten Einkünfte in eine großangelegte *fundraising*-Kampagne investiert, die nicht zum gewünschten Ergebnis führte; sie entzogen sich damit selbst die Geschäftsgrundlage.[4]

Regionale News Councils

Dafür ist seither auf regionaler und lokaler Ebene einiges in Bewegung gekommen: Über längere Zeit hinweg war zwar Minnesota der einzige Bundesstaat, der einen *news council* hatte — also eine von einzelnen Medienbetrieben und auch vom Staat unabhängige Instanz, an die sich jedermann wenden kann, der sich als Betroffener über Medienberichterstattung beschweren möchte.[5] 1992 ist aber in Oregon und Washington ein weiteres solches Gremium eingerichtet worden, der *North Western News Council*. Auch in Kentucky werden Verwirklichungschancen ventiliert. In Wisconsin gab es ähnliche Bemühungen, die vorerst allerdings gescheitert sind.[6]

Während im *Deutschen Presserat* ausschließlich Medienleute vertreten sind, die von den Journalisten- und den Verlegerverbänden delegiert werden, sind die Gremien in den USA in der Regel je zur Hälfte mit Vertretern der Medien und Persönlichkeiten des öffentlichen Lebens besetzt. Das erweitert einerseits den Blickwinkel und soll vor Betriebsblindheit schützen, andererseits führt es aber auch zu „häßlichen Rechts-Links-Auseinandersetzungen" und zu Zeitverlusten, weil man den Nichtjournalisten erst einmal journalistische Arbeitsroutinen erklären muß.[7]

Dem *Minnesota News Council* gehören 24 Mitglieder an, im *North Western News Council* sind es halb so viele. Als dritte Gruppe sind dort übrigens auch Journalistik-Dozenten vertreten. Wer immer Einwände gegen einen Medienbericht hat, der ihn unmittelbar betrifft und auch namentlich identifiziert, kann sich an das Schiedsgremium wenden. Bedingung ist allerdings, daß der Beschwerdeführer zunächst einen eigenen ergebnislosen Versuch unternommen hat, den Konflikt in direktem Kontakt mit der Redaktion zu lösen. Außerdem muß er eine Erklärung unterschreiben, daß er auf gerichtliche Schritte verzichtet, wenn zu seinem Fall ein Hearing angesetzt wird. Zu solch einem Hearing werden dann beide Seiten eingeladen, ihre Standpunkte vorzutragen. Zum Schluß urteilt der *council;* sein Votum wird allen Redaktionen im regionalen Einzugsbereich mitgeteilt; es erhält also — zumindest zunftintern — eine gewisse Publizität. Über die Jahre hinweg ist der *Minnesota News Council* etwa in der Hälfte der Fälle den „Klägern" gefolgt, die andere Hälfte der Beschwerdeführer wurde abgewiesen.[8]

Der *Minnesota News Council* kommt mit einem bescheidenen Jahresbudget von weniger als 100 000 US-Dollar aus. Er finanziert sich aus Zuwendungen der Medienindustrie und -verbände; aber auch Stiftungen und Unternehmen wie der Computer-Hersteller Hewlitt Packard oder der Lebensmittelkonzern General Mills sowie Privatpersonen tragen etwas bei.[9]

Daß die Medienindustrie inzwischen eher bereit scheint, sich auf solche Selbstkontrollgremien einzulassen, hat auch ganz handfeste Gründe: „Es ist eine Alternative zur *libel litigation*" — also zu kostenträchtigen Verleumdungs- und Schadensersatzprozessen, meint Dennis Hale von der Bowling Green State University.[10]

Louise Hermanson von der University of Southern Alabama hat in einer empirischen Erhebung genauer untersucht, wer mit welchen Motiven sich überhaupt an die *news councils* wendet. Herausgefunden hat sie, daß tatsächlich viele Beschwerdeführer auf den auch für sie kostspieligeren und risikoreicheren Weg vor Gericht verzichten, wenn eine Schiedsinstanz bereit ist, ihnen zuzuhören und sich ihrer Nöte anzunehmen. Allerdings fügt Hermanson einschränkend hinzu, es seien meist die Gebildeteren,

Besserverdienenden und politisch Engagierteren, die Hilfe suchten. *News councils* würden von den „*Janes and Johns*", also den Durchschnittsamerikanern, kaum in Anspruch genommen. [11]

Das mag auch damit zu tun haben, daß diese erst gar nicht erfahren, daß es solch ein Schiedsgremium gibt. Über die Wirkungen, die seine Arbeit zu erzielen vermag, macht sich noch nicht einmal Gary Gilson, der agile, überzeugend wirkende Geschäftsführer des *Minnesota News Council*, Illusionen. Seine Organisation habe mit vielen Schwierigkeiten zu kämpfen, aber „das größte Problem ist es, die Medien dazu zu bringen, kontinuierlich über die Arbeit des *council* zu berichten." [12]

In ihren Wirkungschancen sind die Schiedsgremien auch deshalb begrenzt, weil sie erst gar nicht die Möglichkeit haben, sich in größerem Zusammenhang mit Medienberichterstattung auseinanderzusetzen. „Statt Verhaltensmuster der Medien zu bewerten, haben sie sich gewöhnlich mit den besonders krassen Verstößen gegen professionelle Normen auseinanderzusetzen", beobachtet Theodore L. Glasser von der Stanford University. [13]

Auch fällt auf, daß derartige Schiedsgremien ausschließlich in peripheren Regionen eine gewisse Bedeutung erlangt haben. In die Medienmetropolen des Ostens und Südwestens der USA sind die *news councils* jedenfalls bislang nicht vorgedrungen. Und das Dilemma bleibt: „Selbst dann, wenn es erklärtes Ziel ist, dezidiert die Presse bei ihrer Arbeit zu unterstützen, kann ein Presserat nicht mit der Unterstützung und der freiwilligen Zusammenarbeit der Me-

dien rechnen. Und ohne diesen Rückhalt bleibt eben
— wie auch der *National News Council* lernen mußte
— wenig übrig, was einem Presserat Legitimität ver-
leihen könnte."[14]

Ombudsleute als Mittler und Schlichter

Das ist bei einer zweiten institutionalisierten Variante journalistischer Selbstkritik anders: Sogenannte
reader representatives oder auch *ombudsmen* gibt es inzwischen auch an der Ost- und Westküste, allerdings
ebenfalls nicht gerade zahlreich. 37 von insgesamt
rund 1650 Tageszeitungen in den USA haben eine
solche Beschwerdeinstanz, darunter immerhin so angesehene Blätter wie die *Washington Post,* der *Boston
Globe,* die *Detroit Free Press* und der *Philadelphia Inquirer.*[15]

In ihr Amt berufen werden Ombudsleute meist
von der Verlagsspitze. Ihr allein sind sie unterstellt,
auf deren Rückendeckung allerdings auch angewiesen. Sie sind Anlaufstelle für Beschwerden, fungieren
als Mittler und Schlichter zwischen tatsächlichen oder
vermeintlichen „Opfern" der Berichterstattung und
der Redaktion; mitunter betätigen sie sich aber auch
von sich aus als Mahner und Zuchtmeister, die journalistische Fehlleistungen aufgreifen und korrigieren.
Meist haben sie dafür — regelmäßig oder bei Bedarf —
eine eigene Spalte im Blatt zur Verfügung, in die ihnen
niemand hineinregieren und -redigieren kann.

„Ein Ombudsmann mag manchmal 100 Anrufe
oder Briefe pro Tag erhalten. Als Chefredakteur . . .

wußte ich, daß der Ombudsmann so unweigerlich ein besseres Bild von den Leserreaktionen hatte als ich. Und wenn er sich auf seinen Job versteht, dann wird er auf solche Reaktionen mit sehr viel größerem inneren Abstand eingehen können als ein leitender Redakteur", berichtet der frühere Chefredakteur der *Minneapolis Tribune,* Charles W. Bailey, über seine Erfahrungen in der Zusammenarbeit mit seinem Ombudsmann.[16]

Richard Salant, vormaliger Präsident der Fernsehgesellschaft *CBS* und seinerzeitiger Vorsitzender des *National News Council,* hat sich unter den US-Ombudsleuten umgesehen und insgesamt 70 ihrer Kolumnen ausgewertet. Sein Fazit: „Sie sind interessant und informativ, gut und lebendig geschrieben. Sie widerstehen der Versuchung, in pompöser und überheblicher Sprache daherzukommen. Was am meisten beeindruckt, ist die Vielfalt der Themen und Herangehensweisen unter den Ombudsleuten. Manchmal beschränken sie sich darauf, Leserbeschwerden zu zitieren. Manche setzen sich mit den Klagen auseinander, aber ohne ein Urteil zu fällen. Ein Ombudsmann, Art Nauman, übt sogar Selbstkritik und berichtigt einen Fehler, der ihm unterlaufen ist ... In manchen Fällen wird einfach erklärt, wie eine Sache schiefgelaufen ist, und solche Ursachenanalyse trägt dann dazu bei, daß die Öffentlichkeit redaktionelle Entscheidungsprozesse und auch deren Fehlbarkeit besser verstehen lernt. In anderen Fällen wiederum werden die Ausreden, Rationalisierungen und Irrtumsbekenntnisse der verantwortlichen Journalisten präsentiert."[17]

Zumindest dort, wo Ombudsmann-Kolumnen regelmäßig erscheinen, haben sie sich zwangsläufig da und dort auch mit Belanglosigkeiten zu befassen. Sind sie gut geschrieben, dürfte beim Leser gleichwohl der Eindruck haften bleiben, daß er ernst genommen wird und sich im Bedarfsfall jemand um ihn kümmert — und außerdem erfährt er ganz nebenbei eine ganze Menge Nützliches übers Zeitungmachen.

Mitunter kommt es auch vor, daß der Ombudsmann die Korrekturspalte korrigieren muß — so geschehen im *Orange County Register*.[18] Murphys Gesetz — was immer schiefgehen kann, geht auch schief — regiert eben gelegentlich auch in Zeitungsredaktionen.

Meist werden angesehene Redakteure, die das eigene Haus gut kennen und auch das Vertrauen ihrer Kollegen genießen, zu Ombudsleuten bestellt. Dennoch sind Konflikte mit der Redaktion nahezu unausweichlich. „Zeitungsleute", so weiß der Ombudsmann der *Washington Post* zu berichten, „reagieren sehr, sehr empfindlich gegenüber interner Kritik, und diese Abwehrhaltung steigert sich nochmals, wenn solche Analysen im eigenen Blatt gedruckt werden."[19] Auch deshalb wird also der Ombudsmann von Amts wegen oft einsam sein.

Die Einschätzung, er sei der eigentliche „PR-Manager der Zeitung"[20], ist wohl nur auf den ersten Blick zynisch — und auch dies nur für all diejenigen, die nicht akzeptieren mögen, daß gute Öffentlichkeitsarbeit letztlich nichts anderes zum Ziel hat, als eine Vertrauensbasis zwischen einer Organisation und den für sie relevanten Publika herzustellen.

Letztlich hängt es natürlich auch von der Persönlichkeit des einzelnen Ombudsmannes ab, welche Wirkungen er erzielt: „Ein tüchtiger Ombudsmann kann materiell die Qualitätsstandards seiner Zeitung heben. Ein schwacher oder ängstlicher Ombudsmann wird wenig mehr bewirken als kosmetische Tupfer."[21]

Erst kürzlich hat einer von ihnen, Barry Mullin von der *Winnipeg Free Press,* seinen Job verloren. Anlaß dafür, daß er beim Herausgeber seines Blattes in Ungnade fiel, waren die Rassenunruhen in Los Angeles. Mullin hatte in seiner Kolumne harsch kritisiert, daß sein Blatt die ersten Meldungen über die Gewalttätigkeiten weit innen auf Seite D 56 versteckt hatte, statt damit auf der Titelseite aufzumachen. Den „schockierenden Ausrutscher in der Nachrichtenbewertung" deutete er zugleich als Indiz für die Abkehr seiner Zeitung von „harten Nachrichten hin zu *„soft news"".*[22] Der Fall zeigt exemplarisch die Möglichkeiten und Grenzen von Ombudsleuten in der amerikanischen Presse auf.

Auch gegen Ombudsleute gibt es natürlich prinzipiell-kritische Einwände. Robert Haiman, der Direktor des *Poynter Institute* und vormalige *managing editor* der *St. Petersburg Times,* argumentiert, das Ombudsmann-Konzept sei schlechtes Management, weil es die hierarchischen Zuordnungen in der Redaktion verneble.[23] Der zweite Haupteinwand lautet, daß Ombudsleute die Redakteure und Reporter vom direkten Kontakt mit ihren Publika abschneiden.[24]

Insgesamt haben die *news councils* und die Ombudsleute gleichwohl Wirkungen gezeigt, die weit über ihren jeweiligen unmittelbaren Einzugsbereich hinausreichen dürften. Diejenigen, die sich hilfesuchend an die Ombudsleute wenden, äußern sich überwiegend zufrieden über die jeweiligen Reaktionen. [25] So sind etwa die *corrections policies* stark von ihnen beeinflußt: Sie haben Rubriken wie „*We Were Wrong*" oder „*Beg Your Pardon*", in denen Zeitungen von sich aus Fehler berichtigen, zu einem festen und unverrückbaren Bestandteil ihrer Blätter gemacht [26] und inzwischen zahlreiche Nachahmer gefunden.

Vielleicht ist es sogar noch nicht einmal ein Zufall, daß im Hörfunk und Fernsehen all dies bisher kaum Schule gemacht hat. Dort gibt es nämlich nur bei einem der großen Fernseh-Netzwerke, bei *NBC* in New York, einen Ombudsmann — und auch Berichtigungen haben keinerlei Tradition. Selbst wenn es eine Nachricht ins Gegenteil zu verkehren gilt, werde forsch von einem *update,* einer Aktualisierung, gesprochen, meint der Rundfunkexperte John McPhelan von der Fordham University. [27]

Zentralistische versus dezentrale Selbstkontrolle

Auf der Ebene der publizistischen Selbstkontrollorgane scheint sich im übrigen das unterschiedliche Föderalismus-Verständnis in Deutschland und den USA widerzuspiegeln: Hierzulande wird das Gemeinwesen von einem starken Zentralstaat überwölbt. In Analogie dazu gibt es einen Presserat auf Bundesebene; dem föderalistischen Prinzip wird jedoch mit den Medienanstalten und Rundfunkräten auf Landesebene Geltung verschafft. In den USA findet das *grassroots*-Verständnis von Politik nicht nur in einer stärkeren Dezentralisierung politischer Institutionen, sondern eben auch in Form von Selbstkontroll- und Selbstkritik-Organen der Presse auf der regionalen, lokalen oder — im Fall von Ombudsleuten — sogar betrieblichen Ebene seinen Ausdruck.

Ein Vorzug dieses amerikanischen Modells liegt auf der Hand. Regionale und lokale Beschwerdeinstanzen sind für den Bürger leichter zugänglich; die Chance, daß seine Sache zur Sprache kommt und zügig verhandelt und entschieden wird, ist ungleich größer als bei einer zentralistischen Lösung. Als Nachteil des dezentralen Modells mag auf den ersten Blick erscheinen, daß sich kaum so etwas wie eine konsistente Spruchpraxis entwickeln kann. Aber vielleicht ist dies bei näherem Hinsehen auch gar nicht nötig, ja noch nicht einmal wünschenswert. Denn Aufgabe all dieser Selbstkontrollinstanzen ist es ja nicht, Recht zu sprechen, sondern im Vorfeld der Rechtsprechung Konflikte zu bereinigen und den Diskurs über journalistische Normen in Gang zu halten — und dazu muß der *North Western News Council* in Oregon nicht unbedingt immer genauso entscheiden wie der Ombudsmann beim *Hartfort Courant* in Connecticut.

Warum es auch in Amerika nicht mehr als ein paar vereinzelte Ombudsleute und *news councils* gibt? Norman Isaacs, der frühere Chefredakteur des *Louisville Courier-Journal,* der den ersten Ombudsmann in den USA beschäftigt hat, meint: „Zu viele Chefredakteure und Verlagsleiter haben Angst, beim Topmanagement ihrer Häuser in Ungnade zu fallen, und auch, sich unpopulär gegenüber ihren Mitarbeitern zu verhalten. Der Journalismus ist viel zu sehr in einer ‚Stammeskultur‘ befangen, deren Handlungsdevise lautet: ‚Wir stehen zu unserer Story.‘‘‘[28]

10. Die inflationäre Vermehrung der Journalistenpreise

Daß die USA sich als eine kompetitive Gesellschaft verstehen und Wettbewerb eine Art (Volks-)Sport ist, wird nirgendwo sichtbarer als bei der Vielzahl der *awards,* der Preise, die allerorten vergeben werden.[1] Zahllose Institutionen, die Journalismus betreiben oder die Gunst und Aufmerksamkeit von Journalisten auf sich lenken wollen, sponsern Journalistenpreise, und entsprechend groß und weitverbreitet ist das Fieber, ebensolche zu ergattern.

Man mag dies belächeln, was freilich auch zum Zynismus neigende Journalisten meist nur so lange tun, wie sie es selbst noch nicht zu Preisträger-Würden gebracht haben. Auf jeden Fall tragen solche Auszeichnungen auf ihre Weise zur publizistischen Qualitätssicherung bei — es sei denn, jene Heerscharen von Pädagogen und Psychologen, die uns weismachen wollen, von positiven Beispielen könne auch ein Ansporn ausgehen, irrten sich grundlegend.

Nach ihrem Ansehen und wohl auch nach ihrem Wirkungspotential lassen sich drei verschiedene Kategorien von Journalistenpreisen unterscheiden:

(1) die von der Journalistenzunft selbst oder von ihnen nahestehenden unabhängigen Institutionen überbetrieblich ausgeschriebenen Preise;

(2) innerbetriebliche Auszeichnungen, die als personalpolitisches Instrument gewertet werden können und vor allem von den großen TV-Networks und von Zeitungskonzernen wie *Gannett* oder *Knight-Ridder* vergeben werden;

(3) PR-Preise, deren Hauptzweck bei näherem Hinsehen weniger die Hebung journalistischer Qualitätsstandards als die Promotion geschäftlicher oder politischer Eigeninteressen der jeweiligen Sponsoren ist. [2]

In unserem Kontext verdienen vor allem die erstgenannten Preise Aufmerksamkeit. Einige von ihnen sollen im folgenden vorgestellt werden. Neben der renommiertesten Auszeichnung für Zeitungsjournalisten, dem *Pulitzer-Award*[3], stehen der *Sigma Delta Chi-Award* der *Society of Professional Journalists* und der *George Polk-Award,* den die Long Island University vergibt, in hohem Ansehen. Der *Pulitzer-Preis* wird in 14, der *Polk-Award* in 13 und der *Sigma Delta Chi-Award* sogar in 26 verschiedenen Kategorien vergeben.

Alle möglichen weiteren Journalistenorganisationen haben darüber hinaus ihre eigenen Auszeichnungen — angefangen bei den *Investigative Reporters and Editors Inc.* und aufgehört beim *Overseas Press Club,* der herausragende Beispiele der Auslandsberichterstattung prämiert. Selbst die alternative „Szene", die doch so anders sein möchte als die anderen, mag offenbar nicht auf solchen Klimbim verzichten. So hat *Utne-Reader,* eine Zeitschrift, die sich als Forum der Alternativpresse versteht und deren beste Beiträge überregional zugänglich macht, im

Jahr 1993 zum fünften Mal seine insgesamt zehn *Alternative Press Awards* vergeben. Und ähnlich wie jede McDonalds-Filiale ihren tüchtigsten Mitarbeiter der Woche prämiert, vergibt das *Washington Monthly,* eine angesehene Monatszeitschrift für ein vorwiegend linksintellektuelles Publikum, einen *Monthly Journalism Award.* So bleibt so gut wie keine journalistische Spezialität, mit der man nicht die Chance hätte, eine der mehr oder weniger begehrten Auszeichnungen zu ergattern.

Der Run auf die Pulitzer-Preise

„Die *Pulitzer-Preise,* seit 1917 jährlich für herausragende Leistungen im Zeitungsjournalismus vergeben, sind die höchste berufliche Ehrung, die ein amerikanischer Journalist in seinem Leben erreichen kann — trotz gelegentlicher Skandale und beträchtlicher Kritik, wie sie im Lauf der Jahre immer wieder geübt wurde", konstatiert Karen Rothmyer. Sie lehrte bis vor kurzem an der Columbia University in New York — jener Universität also, die den von Joseph Pulitzer gestifteten Preis zu vergeben hat —, und sie hat sich als Publizistikwissenschaftlerin mehrere Jahre lang mit dem Preis und seinen Wirkungen beschäftigt. Frau Rothmyer konnte mit vielen der Preisträger Interviews über die jeweilige Entstehungsgeschichte der prämierten Stories führen. Um deutlich zu machen, welch herausragenden Stellenwert in einer Journalisten-Biographie ein Pulitzer Award hat, setzt sie noch eins drauf: „Wie Mary Lou

Werner Forbes, Preisträgerin des Jahres 1959, zu scherzen beliebte, ,nimmt sich der Preis auch im eigenen Nachruf großartig aus'."[4]

Dann erläutert die Forscherin allerdings sehr viel ernsthafter, welchen Beitrag zur journalistischen Qualitätssicherung der *Pulitzer-Preis* leistet: „Prämierte Geschichten waren zu bestimmten Zeiten einfach mutig, oder sie haben Maßstäbe gesetzt, die die gesamte Zunft beeinflußt haben. In den zwanziger Jahren wurden beispielsweise zwei Zeitungen aus dem Süden ausgezeichnet, weil sie furchtlos über den Ku-Klux-Klan berichtet haben. Mit dem Preis, den 1972 die *New York Times* für die Veröffentlichung der Pentagon-Papiere erhielt, und der Auszeichnung der *Washington Post* für ihre Watergate-Berichterstattung im darauffolgenden Jahr wurden nicht nur Geheimniskrämerei und Fehlverhalten der Regierung angeprangert, sondern eine ganze Journalistengeneration inspiriert, auch unter der Oberfläche von Ereignissen zu buddeln."[5]

13 der jährlich zu vergebenden Pulitzers sind mit je 3000 Dollar dotiert und gehen an einzelne Zeitungsjournalisten. Mit einem weiteren Preis — einer Goldmedaille — wird eine ganze Redaktion für ihre Leistungen ausgezeichnet, mit denen sie sich nach Auffassung der Preisrichter „in herausragender Weise Verdienste um das Gemeinwohl" erworben hat. In allen Kategorien werden Arbeiten „bevorzugt, die sich durch hohe Qualität in Stil und Berichterstattung auszeichnen"[6].

Zwischen 1580 und 1770 Vorschläge sind in den letzten fünf Jahren jeweils eingegangen.[7] Gemessen an der Vergleichszahl von 550 Benennungen für den *Theodor-Wolff-Preis* in Deutschland[8] oder auch an den ganzen 18 Einsendungen für die Kategorie Reportage, die im Jahr 1928 das *Pulitzer*-Preiskomitee erreichten[9], sind dies gewiß beeindruckende Zahlen. Dabei wird auch noch eine Schutzgebühr von 20 Dollar pro Einsendung erhoben, wohl auch, um die Auswahlprozedur nicht übermäßig durch „Schrott" zu belasten. Multipliziert man dieses Startgeld mit der jährlichen Zahl der Benennungen, ließen sich — den administrativen Aufwand einmal beiseite gelassen — immerhin elf bis zwölf der *Pulitzer-Preise* allein schon aus den Gebühren finanzieren. Aber ums Geld geht es ja in diesem Fall ohnehin nicht, sondern ums Prestige.

Nicht nur einzelne Journalisten, sondern ganze Medienbetriebe und Redaktionen unternehmen gezielt Anstrengungen, einen der *awards* zu ergattern. „Ein Großteil der investigativen Geschichten wird im Grunde für die *Pulitzer*-Jurys geschrieben und nicht für die Leser", meint Theodore Glasser von der Stanford University.[10] Manche Häuser stellen gezielt Journalisten oder auch ganze Rechercheteams monatelang frei — mit dem Ziel, eine preiswürdige Story zu recherchieren. Die Jagd auf solche Trophäen droht sich zu verselbständigen.

Weil die *Pulitzers* so begehrt und so angesehen sind, werden sie mit sehr viel Werberummel vermarktet: Der Tag, an dem sie vergeben werden, ist „der eine Tag im Jahr, an dem amerikanische Blattmacher ihre übliche Distanz und Objektivität preisgeben und die eigene Sache dramatisch hochspielen

— dann nämlich, wenn *ihr* Blatt und nicht das der Konkurrenz *Pulitzer-Awards* gewinnt", beschreibt Douglas Bates, der als Reporter die Preisverleihungsrituale nachgezeichnet hat, die Spielregeln der Eigen-Promotion. [11] Jedes Medienunternehmen, das einen Preis erhält, läßt dies jedenfalls mit viel PR-Aufwand seine Leser und die Fachöffentlichkeit wissen. In der Regel wird nicht nur im eigenen Blatt ausführlich berichtet, sondern auch in der Branchenpresse die Werbetrommel gerührt. So fanden sich etwa in der Medienzeitschrift *Editor & Publisher* in einer einzigen Ausgabe 14 ganzseitige Inserate, mit denen Medienunternehmen ihren jeweiligen Preisträgern und sich selbst zu Branchen-Publicity verhalfen. [12]

Bei genauerem Hinsehen wird dank der *Pulitzer-Awards* investigativer Journalismus zum Instrument des Medien-Marketing. [13] Ob das seinen Protagonisten gefällt oder nicht, sei dahingestellt. Zumindest dort, wo US-Medien um solche Journalistenpreise konkurrieren, läßt sich indes schwerlich behaupten, die Marketingstrategen unterbänden gründlichen Recherchejournalismus. Es ist eher im Gegenteil so, daß der Wettbewerb um *Pulitzers* den investigativen Journalismus nährt und zumindest in Nischen überleben läßt.

Welch gewichtige Rolle die Auszeichnungen spielen, wird vielleicht auch daran ersichtlich, daß jüngst ein Kommunikationswissenschaftler allen Ernstes untersucht hat, ob *Pulitzer-Awards* Auflagensteigerungen bei den Zeitungen bewirken, deren Redakteure ausgezeichnet wurden. Der Forscher ist

— erwartungsgemäß — nicht fündig geworden; er hat nur feststellen können, daß die Preise tendenziell an große, auflagenstarke Zeitungen verliehen werden. [14] Dies wiederum ist naheliegend, denn große Zeitungen verfügen eher über jene Ressourcen, die man braucht, um einen journalistischen Coup zu landen.

Eine kaum minder große Ehre, als einen *Pulitzer-Preis* zu gewinnen, ist es, der Jury anzugehören: „Die Hierarchie der Preisrichter ist zutreffend als journalistische Priesterschaft beschrieben worden, in der die Board-Mitglieder als Hohepriester fungieren, die darauf bestehen, abgeschirmt in einer Art Kloster ihre Macht auszuüben." [15] Ein Teil der Jury ist im übrigen selbst Preisträger — so zum Beispiel Meg Greenfield, die für die Kommentarseiten der *Washington Post* verantwortliche Redakteurin, sowie Peter Kann, Herausgeber des *Wall Street Journal,* und James V. Risser, der Direktor der *Knight Fellowships* an der Stanford University.

Bis ins Detail hinein stimme die hierarchische Abstufung, hat Douglas Bates beobachtet: Während die 65 Juroren, die dem Board zuarbeiten und eine Vorauswahl treffen, an der Columbia University aus einem Taxi oder sogar aus dem U-Bahn-Schacht stiegen, kämen die Jury-Mitglieder, die die Endauswahl treffen, meist mit Chauffeur angefahren. „Die Symbolik ist perfekt: Taxis für die einfachen Mönche, große Limousinen für die Hohepriester", meint Bates. [16]

Ursprünglich waren die Hohepriester übrigens eine Art Beirat der Columbia School of Journalism, und „Teil seiner Aufgabe war es, dafür zu sorgen, daß die Universität Joseph Pulitzers Institut so betreiben würde, wie er das gewollt hatte. Der Beirat hat jedoch bald die akademischen Belange der Hochschule überlassen und sich allein auf die Preise konzentriert."[17]

Hinter den Kulissen gibt es natürlich jede Menge Versuche, auf die Juroren und auch die Preisrichter Einfluß zu nehmen. Da werden Benennungsschreiben versandt, die oft besser sind als die zugehörigen Artikel. „Die *New York Times* schreibt so gloriose Begleitbriefe, daß sie allein dafür einen Preis gewinnen sollte", vertraute einer der Juroren dem *Pulitzer*-Preisträger Bill Dedman an. Aber auch das Gegenteil komme vor — daß sich beispielsweise Bedienstete einer Stadtverwaltung an die Jury wenden, um zu verhindern, daß ihr Lokalblatt ausgezeichnet wird.[18]

Unter dem Blickwinkel publizistischer Qualitätssicherung haben die Preise noch eine ganz andere, eine latente Funktion: Sowohl die Verleihungszeremonie, vor allem jedoch die Jury-Sitzungen, auf denen über die preiswürdigen Arbeiten entschieden wird, gehören zu den raren Gelegenheiten, wo sich die anerkannten Größen des Journalismus auf Qualitätsmaßstäbe verständigen, um Qualitätsurteile ringen und diese begründen müssen. Board-Mitglied James Risser bestätigt im übrigen die Erfahrungen, die auch anderswo bei der Verleihung von Journalistenpreisen gemacht wurden: Über den kleinen Prozentsatz der Arbeiten, die in die engere Wahl gelangen, kann man sich in der Regel schnell verständigen. Hart gerungen wird dagegen meist um die Rangfolge unter den pinzipiell preiswürdigen Arbeiten.[19]

Andererseits verweist Karen Rothmyer auf die Grenzen der preisgekrönten Arbeiten und damit auch der Jury-Entscheidungen, indem sie sich mit den Kriterien der Preisvergabe kritisch auseinandersetzt: „Analysiert man gründlicher, so werden in den prämierten Geschichten meist — wie im Journalismus insgesamt — nur die einzelnen Bäume und nicht der Wald sichtbar. Während die Zeitungen oftmals brillant das Tagesgeschehen nachzeichnen, haben sie es versäumt, die eigentlichen Trends und die tieferliegenden prägenden Realitäten der jeweiligen ‚Ära‘ zu erfassen und auszuleuchten. In den dreißiger Jahren war, nach den *Pulitzer*-Preisträgern zu urteilen, der wichtigste Zündstoff, mit dem sich das Land auseinanderzusetzen hatte, die Korruption auf kommunaler Ebene — und nicht die Weltwirtschaftskrise oder auch der weitverbreitete Ruf nach radikalem wirtschaftlichen und politischen Wandel. In den Sechzigern wurden *Pulitzer*-Preise für die Berichterstattung über die Rassenunruhen und deren Nachwirkungen vergeben, aber kein einziges Blatt gewann einen Preis, weil es für den Machtzuwachs der Black-Power-Bewegung Erklärungen geliefert hätte. Und auch in den siebziger und achtziger Jahren wurden alle nur denkbaren journalistischen Kunststückchen mit Preisen bedacht . . ., aber es gab keine einzige prämierte Serie, die den Aufstieg der Frauenbewegung oder der *gays* ins Blickfeld gerückt und nachgezeichnet hätte."[20]

Die Kritik, die unter den Journalisten selbst am *Pulitzer-Award* geübt wird, ist dagegen viel vordergründiger: Immer wieder wurden im Lauf der Jahre

Vermutungen ausgestreut, es gebe zwischen der *New York Times* und der Columbia University eine Kabale, die erkläre, weshalb das Blatt besonders oft mit dem Preis bedacht worden sei.[21] Während hier wohl einfach auch Neid im Spiel ist, sind Vorhaltungen ernster zu nehmen, denen zufolge der Preis lange Zeit eine nahezu exklusive Sache des männlichen weißen Ostküsten-Establishments gewesen sei[22] — was inzwischen allerdings eher in die umgekehrte Richtung kompensiert worden sein dürfte.

Nicht zuletzt waren das Preiskomitee und seine Auswahlprozeduren dem Spott der Zunft ausgesetzt, als die *Washington Post*-Reporterin Janet Cooke 1981 mit einem *Pulitzer-Award* ausgezeichnet wurde — und sich hinterher herausstellte, daß sie ihre preisgekrönte Reportage über ein heroinabhängiges Kind aus den Schwarzen-Slums von Washington frei erfunden hatte.[23] Der Skandal — in seiner Tragweite wohl nur noch vergleichbar mit den gefälschten Hitler-Tagebüchern des *Stern* — hat den Board veranlaßt, sich für die Auswahlentscheidungen zwei Tage mehr Zeit zu nehmen und jene Jurys stärker einzubeziehen, die ihm zuarbeiten und die Vorentscheidungen treffen.[24] Doch auch dies sind wohl keine hundertprozentig wirksamen Sicherungen. Wer ein wenig nachdenkt, dem wird schnell klar, daß die Preisrichter im Grunde genommen gar keine reelle Chance haben zu überprüfen, wie akkurat recherchiert und wie originell ein Beitrag wirklich ist.[25] Und dennoch, betont Gene Miller vom *Miami Herald,* werden mit dem Preis Maßstäbe für den Journalismus gesetzt, „die überall in den Redaktionen sichtbar sind".[26]

Anstöße zur Selbstreflexion und zur Medienkritik

Womöglich sind in unserem Kontext allerdings weniger die „großen" Preise von Bedeutung als jene, die sich ganz unmittelbar aufs journalistische Gewerbe zurückbeziehen. Ein Beispiel dafür ist der *Lowell Mellett Award*. Der 1978 von der *Newspaper Guild,* also der amerikanischen Journalisten-Gewerkschaft, gestiftete Preis ist nach einem früheren Chefredakteur und Kolumnisten des Zeitungskonzerns, Scripps Howard, benannt; er wird für journalistische Arbeiten vergeben, die sich mit dem eigenen Metier, also mit Medien und Journalismus, befassen. Mit dem Preis soll das Verantwortungsbewußtsein der Presse geschärft werden, ohne die Pressefreiheit zu beeinträchtigen.[27]

Origineller ist da schon ein weiteres Projekt, das sich als eine Art alternativer *Pulitzer-Preis* bezeichnen läßt, weil es gerade auf die Versäumnisse der etablierten Medien aufmerksam machen möchte. Routinierten Mediennutzern ist das Phänomen ja wohlvertraut: Alle Journalisten stürzen sich auf dasselbe Thema, und Schlagzeilenträchtiges wird so lange wiederaufbereitet, bis es endgültig „ausgelutscht" ist. Rudeljournalismus hat dies *Zeit*-Herausgeber Theo Sommer einmal genannt. Daß indes auch der umgekehrte Fall vorkommt, also die Karawane vorbeizieht und wichtige Themen links liegenläßt, zeigt alljährlich eine Gruppe prominenter Medienkritiker in den USA, die Carl Jensen von der Sonoma State University in Kalifornien mit seinem *Project Censored* um sich geschart hat: Das Projekt spürt solchen Geschichten nach, die in der Fachpresse oder in Alternativ-Medien kurz aufscheinen, dann aber in Vergessenheit geraten, ohne vom Medienestablishment aufgegriffen zu werden. Es sollen also Tendenzen der Selbstzensur bei den etablierten Mediengroßbetrieben offengelegt werden.

Jensen selbst hat sich mit ganzem Herzen seiner Sache verschrieben; er vertritt sie mit Verve, ja missionarischem Eifer — ohne jedoch wie ein Fanatiker zu wirken. Dazu ist der Mann einfach zu freundlich. Sein hochrotes Gesicht kontrastiert auffällig zum silbergrauen Haar, seine imposante Statur und sein ganzer Habitus erinnern eher an eine Romanfigur von Karl May als an einen Universitätsprofessor.

Immerhin hat Jensen sich vorzeitig aus seiner Hochschullehrertätigkeit zurückgezogen und auf eine Halbtagsstelle setzen lassen, um für seine medienkritischen Aktivitäten mehr Zeit zu haben. Das Untergeschoß seines eher bescheidenen Einfamilienhauses hat er zum Büro umgebaut — der „Schaltzentrale" von *Project Censored*. Auf seinem Schreibtisch steht eine Fotografie von George Seldes, den Jensen für den „am meisten zensierten amerikanischen Journalisten" hält und dessen medienkritisches publizistisches Werk[28] er gern fortsetzen möchte. Nach vielen vergeblichen Anläufen bei Stiftungen und anderen potentiellen Geldgebern hat Jensen übrigens jahrelang sein Projekt aus eigener Tasche finanziert — bis sich schließlich doch Sponsoren, darunter die *McArthur Foundation,* gefunden haben, die seine Sache mittragen.

In der Jury von *Project Censored* sind Journalisten und Kommunikationsforscher vertreten — überwiegend, aber nicht ausschließlich aus dem linksliberalen Spektrum. Dem Schiedsgremium 1993 gehörten unter anderen die Kommunikationswissenschaftler Noam Chomsky (Massachusetts Institute of Technology) und George Gerbner (University of Pennsylvania), die Feministin und Journalistin Susan Faludi und Charles L. Klotzer, der Verleger des *St. Louis Journalism Review,* an. Die Vorarbeiten für die Jury übernehmen Jahr für Jahr Journalistik-Studenten der Sonoma State University. Im Rahmen eines Seminars sichten, sortieren und prüfen sie gemeinsam mit Jensen die etwa 700 eingegangenen Vorschläge — ein origineller Weg, junge Menschen mit den Eigengesetzlichkeiten der Nachrichtenauswahl vertraut zu machen.

„Journalism of Joy" und „Junk food news"

Immer wieder sind unter den prämierten Stories auch Beiträge, die sich mit der Einflußnahme auf Medienberichterstattung und der Verfügungsgewalt über Massenmedien befassen. Das ist gewiß kein Zufall. So wurde 1993 von der Jury eine Geschichte ausgezeichnet, die nicht nur geradezu exemplarisch die Raison d'être des ganzen Projektes umschreibt, sondern auch deutlich werden läß, wo die Medien auch im Land der unbegrenzten Möglichkeiten — für die Publika meist unsichtbar — Grenzen des Berichterstattbaren abstecken. Ben Bagdikian, der große alte Mann der amerikanischen Medienkritik, hatte in der Alternativzeitschrift *Mother Jones* einen Beitrag mit dem Titel „*Journalism of Joy*" veröffentlicht. Mit ätzender Schärfe zeichnet er darin die Versäumnisse des amerikanischen Journalismus in der Reagan-Ära nach und vertritt die These, daß das Washingtoner Pressekorps nicht zuletzt deshalb so schonend mit Reagan umgesprungen sei, weil die Journalisten von ihren Verlegern und Chefredakteuren zurückgepfiffen worden seien. Dafür habe Reagan mit seiner Deregulierungspolitik wie kein anderer Präsident zuvor den großen Medienkonzernen in die Hände gespielt.[29]

Den Einwand, daß Verleger und das Topmanagement von Medienkonzernen vom journalistischen Alltagsgeschäft viel zu weit entfernt seien, um darauf wirkungsvoll Einfluß zu nehmen, läßt Bagdikian nicht gelten. Er hat jahrelang bei der *Washington Post* als einer der Chefs vom Dienst und später als deren Ombudsmann gearbeitet und kennt damit die Binnenstrukturen großer Zeitungshäuser. In der preisgekrönten Arbeit beschreibt er detailliert, wie subtil der Nachrichtenfluß von oben kontrolliert wird: „Die Technik funktioniert, gerade weil die Öffentlichkeit nichts davon erfährt ... Die Selbstzensur wird zur Epidemie, bleibt aber ironischerweise gerade deshalb für die Öffentlichkeit unsichtbar, weil die professionellen Standards im Journalismus geliftet wurden: Für Journalisten wäre es beschämend, wenn eine zensierende Hand aus der Unternehmensleitung erkennbar Fingerabdrücke auf den Nachrichten hinterließe. Ein offenes Bekenntnis eines

Chefredakteurs, daß eine Geschichte auf Wunsch von oben gestorben sei, könnte ja in einem der Medienmagazine oder sogar anderswo in den Nachrichten auftauchen."[30]

Medieneigner, so Bagdikian, hätten wie ihre Journalisten Egos. Sie „bevorzugen es, negative Publizität zu vermeiden. So haben sie gelernt, auf beschämende schriftliche Weisungen zu verzichten. Von gelegentlichen Ausrutschern einmal abgesehen, sagt auch kein Chefredakteur mehr zu seinen Mitarbeitern: ,Der Boss möchte keine solchen Stories mehr lesen.' Statt dessen werden den Redakteuren Gründe genannt, die professionell vertretbar sind — etwa ,Das interessiert doch keinen' oder ,Dieses Thema haben wir doch schon abgefeiert'."[31]

Kein Eigentümer, so spottet Bagdikian weiter, würde im übrigen einen Chefredakteur anstellen, der ihm allzuoft das Frühstück verderbe. Die Topleute in den Redaktionen seien seit jeher peinlich genau inspiziert worden, um sicherzustellen, daß sie keine Konzerninteressen verletzten. In den achtziger Jahren sei jedoch ein neuer Dreh hinzugekommen: Die Chefredakteure wurden in das betriebswirtschaftliche Verlagsmanagement integriert, sie wurden mitverantwortlich für das Anzeigenaufkommen gemacht und oft auch zu Trainingsprogrammen an *business schools* geschickt, damit sie „mehr wie Konzernmanager denken".[32]

Für einen besonders wirkungsvollen Mechanismus, mit dem redaktionelle Autonomie von oben unterminiert werde, hält Bagdikian finanzielle Anreize, die Chefredakteuren sehr großzügig als Gehaltszulagen gewährt würden. Diese seien kein fester Gehaltsbestandteil, sondern würden „erfolgsbedingt" und damit nach Gutdünken Jahr für Jahr von den Konzernspitzen festgelegt. Mitunter gebe es in der Medienbranche Bonuszahlungen in Höhe von bis zu 50 oder gar 75 Prozent des regulären Jahresgehaltes; hinzu kämen oft noch Optionen, Aktien des eigenen Hauses günstig zu kaufen. „Wenn sie fortgesetzt ihrem Unternehmen zu Gefallen sind, können sie sich als Millionäre zur Ruhe setzen. So ist es kein Wunder, wenn Chefredakteure beginnen, mehr wie Börsenbroker denn als Journalisten zu denken."[33]

Daß solche Stories im *mainstream* der amerikanischen Presse kaum Veröffentlichungschancen haben, verwundert nicht. Wie dünn folglich auch die „Personaldecke" für medienkritischen Journalismus ist, der sich im Sinne von *Project Censored* als preiswürdig erweisen könnte, wird daran deutlich, daß Bagdikian im Jahr 1992 bereits zum zweiten Mal von der Jury ausgezeichnet wurde.

Weil Jensen nicht nur Stories publik machen möchte, die die Medien übergangen haben, sondern auch die Sensibilität dafür schärfen will, auf welchen Humbug Medienbetriebe, Redaktionen und Reporter oft all ihre Ressourcen konzentrieren, läßt er inzwischen zusätzlich die zehn *junk food news stories* des Jahres ermitteln. Gemeint sind damit „zur Sensation aufgebauschte, oftmals personalisierte Trivialitäten", erläutert Jensen, „sozusagen das Gegenteil von *Project Censored*".[34] Als Jury dienen ihm die Ombudsleute der amerikanischen Presse — und die haben beispielsweise zur *junk food news* des Jahres 1992 erkoren, daß der seinerzeitige US-Vizepräsident Quayle bei einem seiner Wahlkampfauftritte vor Schulkindern das Wort *potato* (Kartoffel) nicht richtig buchstabieren konnte.[35]

In den letzten Jahren hat Jensen Nachahmer gefunden: Seit 1989 gibt es im Großraum von San Francisco *Bay Area Censored* als regionales Projekt, das eine ähnliche Zielsetzung verfolgt. Und 1993 hat der kanadische Journalistenverband gemeinsam mit dem kommunikationswissenschaftlichen Institut der Simon Fraser University in Burnaby begonnen, das *Project Censored Canada* auf die Beine zu stellen. „Auch Journalisten aus Europa haben Interesse bekundet, insbesondere aus Dänemark", berichtet Jensen nicht ohne Stolz.[36]

Zwar erreicht *Project Censored* kaum die breitere Öffentlichkeit — die *New York Times* hat es beispielsweise nie für nötig befunden, über Jensens Aktivitäten zu berichten —, in der Fachszene ist das Projekt inzwischen dennoch bekannt geworden, und zumindest die Branchengazetten widmen ihm Aufmerksamkeit. Mit einer Ausnahme allerdings: Der angesehene *Columbia Journalism Review* hat es, wie Jensen mehr belustigt als verbittert anmerkt, noch nicht einmal für nötig befunden, *Project Censored* seine Spalten zu öffnen, als er selbst für einen seiner Beiträge von der Jury prämiert wurde.[37]

Der Preis für die Preise

Auch Journalistenpreise haben indes ihren Preis. Zwar geht von seriösen Ausschreibungen, die den Ausgezeichneten Reputationsgewinn verheißen, fraglos ein Ansporn aus, gleichwohl mehrt sich in amerikanischen Fachkreisen auch die Kritik. Die disfunktionalen Nebenfolgen des eskalierenden Wettbewerbs sind einfach sichtbarer geworden. „Preiswürdige Arbeit verlangt nach der Rhetorik der Krise . . . Preiswürdige Arbeit erfordert auch Schnelligkeit — Ergebnisse, die schnell genug präsentiert werden, um im Wettbewerb noch eine Rolle zu spielen", meint etwa David Hawpe, Chefredakteur des *Courier-Journal* in Louisville, Kentucky, und selbst Mitglied des *Pulitzer*-Komitees. Reporter und Redakteure würden so zusätzlich dazu verleitet, zu schnell und zu unkritisch auf Themen „anzuspringen" und eine Krisenstimmung künstlich zu erzeugen. Außerdem heizten die Preise den Karrierismus im Journalismus an. [38]

Die inflationäre Vermehrung der Journalistenpreise führt wohl auch zu ihrer — zumindest partiellen — Entwertung. So manche Auszeichnung ist eher ein Beweis der Phantasielosigkeit ihrer Stifter als ein erkennbarer Beitrag, journalistische Standards zu heben. Auch im Umfeld des Journalismus gibt es im übrigen inzwischen eine Vielzahl von Preisen. So verleiht etwa die *Association for Education in Journalism and Mass Communication,* also der Verband der Journalistik-Dozenten, jährlich acht verschiedene *awards* für Forschungsleistungen, aber auch für besondere Verdienste in der Nachwuchsförderung, Lehre und Ausbildung. Auch außerordentliche Anstrengungen bei der Rekrutierung von *minority*-Studenten für journalistische Ausbildungsstätten werden prämiert.

Eher skeptisch sieht Alexander Cockburn, ein in Großbritannien geborener Mitarbeiter des *Wall Street Journal,* den möglichen Nutzeffekt der Preise. In einer Kolumne für sein Blatt meinte er, amerikanische Journalisten schienen sehr damit beschäftigt, „sich gegenseitig auf die Schulter zu klopfen", ohne deshalb ernsthaftere Selbstreflexion zu betreiben. „Jahr für Jahr geht dieses unwürdige Ritual der Preisvergabe weiter — ohne daß irgendwelche Zweifel in meiner Zunft geäußert würden", klagt er und fragt sich, warum das so sei: „Eine Antwort könnte sein, daß Journalisten von Natur aus, aber auch bedingt durch ihre gesellschaftliche Rolle, von Gefühlen der Unsicherheit und Minderwertigkeit geplagt sind. Um diese Pein zu reduzieren, wenden sich britische Journalisten dem Alkohol und amerikanische den Journalistenpreisen zu."[39]

11. Knotenpunkte im Netzwerk: Die Branchen- und Berufsverbände

Ohne allzu große Einschränkungen wird man sagen können, daß die bisher aufgeführten Institutionen und Initiativen vorrangig oder sogar ausschließlich dem Zweck journalistischer Qualitätssicherung dienen. Das gilt hingegen nicht für die Journalisten- und Verlegerverbände — und auch nicht für all die anderen Einrichtungen und Organisationen, die in den folgenden Kapiteln vorgestellt werden. Der Beitrag, den sie zur Qualitätssicherung im Journalismus leisten können, ist viel diffuser und schwerer faßbar.

Die Branchen- und Berufsverbände haben primär die Interessen, insbesondere die Standesinteressen ihrer jeweiligen Mitglieder zu vertreten, und oft ist es schwer genug, diese Interessen überhaupt unter einen Hut zu bringen. Gleichwohl ist das Tätigkeitsspektrum dieser Organisationen so breit, daß es einer Unterlassungssünde gleichkäme, sie nicht als Knotenpunkte im Qualitätssicherungs-Netzwerk zu würdigen. Leo Bogart zufolge verdanken ganze Industriebranchen ihre Identität nicht zuletzt ihren Verbänden. [1] Allemal geben diese für die Beschäftigten, für Politik und Verwaltung, aber auch für die breite Öffentlichkeit die Bezugspunkte und Ansprechpartner ab. Wenn sich so etwas wie „Qualitätsbewußtsein" in einer Branche entwickelt, so wird

dies durchaus von den jeweiligen Verbänden mitge-
formt.

Im folgenden kann es nicht darum gehen, die
Lobbies und Standesvertretungen im amerikanischen Mediensektor umfassend zu porträtieren. Herausgearbeitet werden sollen eher Besonderheiten,
die einige der Verbände charakterisieren — wobei
das Augenmerk sich wiederum vor allem darauf
richtet, ob diese Charakteristika für den Prozeß
publizistischer Qualitätssicherung Konsequenzen
haben.

Amerikanische Journalisten sind
schwer organisierbar

Wo immer auf dieser Welt das Grundrecht auf Orga-
nisationsfreiheit gewahrt bleibt, also Journalisten
nicht zwangsweise zu irgendwelchen Berufsverbänden zusammengeschlossen werden, gelten sie nicht
eben als „hochorganisierte" Berufsgruppe. So verwundert es kaum, wenn Journalisten gerade in den
USA ein individualistisches Selbstverständnis pflegen, handelt es sich doch um ein Land, das seit jeher
dem einzelnen sehr viel Spielraum zur Selbstverwirklichung läßt.

Die gesamte Kultur Amerikas ist von Individualismus geprägt. Individualismus wird selbst dort auf
sehr subtile Weise hochgehalten und propagiert, wo
bei näherem Hinsehen (und einem Schuß Ehrlichkeit
sich selbst gegenüber) der Appell an die Individuali-
tät eigentlich nur der Beeinflussung menschlichen

Herdentriebs dient — etwa in der Werbung oder bei Modewellen wie dem Fitneß-Kult. Fürs Jogging oder fürs Nichtrauchen etwa entscheidet man sich zwar freiwillig, aber der Gruppendruck läßt einem oft kaum noch eine andere Wahl, seinen „Individualismus" auszuleben.

Vielleicht ist bei dieser Ausgangslage auch eher Vorsicht geboten, wenn amerikanische Kommunikationsforscher die Mitgliedschaft in einer Berufsorganisation als Indikator für eine intensive Bindung an den Beruf und damit einhergehendes professionelles Engagement werten[2]; zumindest sollte man nicht im Umkehrschluß vorschnell denjenigen Journalisten solches *commitment* absprechen, die keiner einschlägigen Organisation angehören.

Die Bereitschaft, sich in Berufsverbänden und -organisationen zusammenzuschließen, ist jedenfalls in den USA nicht sonderlich ausgeprägt. In den achtziger Jahren gehörten nur etwa 40 Prozent der Journalisten einer derartigen Vereinigung an.

Relativ groß ist dagegen die Vielfalt solcher Organisationen: Insgesamt gibt es rund 55[3]; die größte unter den Standesvertretungen ist die *Society of Professional Journalists (SPJ, vormals Sigma Delta Chi)* mit 13 400 Mitgliedern, die einen jährlichen Mindestbeitrag von bescheidenen 62 Dollar zahlen.[4] Immerhin vereinte die *SPJ* Mitte der achtziger Jahre noch 17 Prozent aller amerikanischen Journalisten unter ihrem Dach.[5] Doch seither leidet die Organisation an dramatischem Mitgliederschwund.[6]

Gerade weil die *SPJ* der Omnibus ist, in dem alle Journalisten ihren Platz finden sollen, hat sie gegenüber den kleineren, stärker auf einzelne Gruppen hin fokussierten Berufsorganisationen einen schweren Stand. So haben etwa die Wissenschafts- oder die Wirtschaftsjournalisten, die Reiseredakteure oder die Zeitungs-Layouter und selbst Kolumnisten, die sich auf religiöse Themen spezialisiert haben, längst ihre eigenen Clubs.[7] Die *SPJ* dagegen kümmert sich um die „großen" Themen Pressefreiheit, journalistische Ethik, Professionalisierung und Multikulturalisierung des Journalismus[8], die allen irgendwie wichtig sind, aber für kaum einen Journalisten allerhöchste Priorität haben.

Weil so mancher Vorstoß der *SPJ* in Sachen journalistische Ethik versandet ist[9], hat der Verband 1993 erstmals einen spektakulären Fall — die Medienberichterstattung über das tödliche Ende des Sektenkults von Waco — aufgegriffen und eine siebenköpfige Untersuchungskommission beauftragt, die Rolle der Presse bei diesem Unglück genauer zu analysieren.[10] Dies ist ein Ansatz zur Verstärkung von Selbstkontrolle, wie er durchaus auch in Deutschland vorstellbar wäre, etwa anläßlich der Verstrickungen von Journalisten in das Gladbecker Geiselgangster-Drama oder der Berichterstattung über den Tod des RAF-Terroristen Wolfgang Grams in Bad Kleinen.

Man hat eine eigene Marketingabteilung geschaffen, um dem Mitgliederschwund entgegenzuwirken. An den Universitäten kümmern sich *campus chapters,* also Hochschulgruppen des Verbandes, um die Nachwuchsrekrutierung. In welchen finanziellen Nöten die *SPJ* steckt, ist daran erkennbar, daß das

Personal in der Zentrale von 21 auf 16 Mitarbeiter reduziert werden mußte und damit einhergehend natürlich auch Programme gekappt wurden, die der Berufsverband anbietet.[11] „Der *SPJ* geht es wie vor ein paar Jahren den klassischen Illustrierten, die den *special interest*-Magazinen Platz machen mußten", meint Lee Stinnett von der sehr viel kleineren und elitäreren *American Society of Newspaper Editors (ASNE)*.

Die *ASNE* ist dagegen von solchen Sorgen nicht geplagt. Es ist eine Ehre, in diesen exklusiven Club überhaupt aufgenommen zu werden.[12] Ganze 925 Mitglieder zählt die Vereinigung. Doch weil diese allesamt Chefredakteure größerer Tageszeitungen sind, gehört die *ASNE* sicherlich zu den einflußreichsten Verbänden im amerikanischen Medienbereich. Gegründet wurde der Verband, um den Chefredakteuren gegenüber den Verlegern den Rücken zu stärken; aber auch der Schutz der Pressefreiheit, Fragen der Journalistenausbildung sowie der Ethik seien stets auf der Agenda gewesen, meint Stinnett. Er versteht die Aufgabe seiner Organisation „zu zwei Dritteln als die eines Informations-Brokers, der den Gedanken- und Ideenaustausch unter den Mitgliedern in Gang hält"; ansonsten gehe es darum, Kontakte zu stiften und ein informelles Netzwerk zu knüpfen.[13]

Zu den wichtigeren Journalistenorganisationen zählt ferner die *Associated Press Managing Editors (APME)* — ursprünglich einmal ein Zusammenschluß der Nutzer und Abonnenten der Nachrichtenagentur *AP,* die sich — ähnlich wie *dpa* — im

Gemeinschaftseigentum zahlreicher Medienunternehmen befindet. Heute ist *APME* dagegen eine Art „Club" der Nachrichtenchefs und Chefs vom Dienst amerikanischer und kanadischer Tageszeitungen, in dem auch andere Redakteure in leitenden Funktionen gern gesehen sind[14] — sozusagen das Auffangbecken für all jene, denen die Tür zur *ASNE* noch versperrt ist.

Darüber hinaus hat jede ernstzunehmende ethnische Gruppe ihre eigene Vertretung: die *Native American Journalists Association,* die *Asian American Journalists Association,* die *National Association of Black Journalists,* die *National Association of Hispanic Journalists* — wobei allerdings Bill Hilliard, der als Schwarzer der *ASNE* präsidiert, der Hoffnung Ausdruck verleiht, daß es „bald nicht mehr nötig sein wird, Interessenverbände nach Hautfarbe und ethnischer Herkunft zu haben".[15]

Straff organisiert sind auch die homosexuellen Journalisten. Deren *National Lesbian and Gay Journalists Association* hat viel von sich reden gemacht und es in den letzten Jahren geschafft, daß auch große Medienkonzerne — im Namen erstrebenswerter Vielfalt in den Redaktionen — aktiv homosexuelle Journalistinnen und Journalisten rekrutieren. Bei der Jahrestagung des Verbandes wurde 1993 sogar erstmalig eine *job fair* veranstaltet — und der größte Zeitungskonzern der USA, *Gannett,* aber auch Häuser wie die *Washington Post* und *ABC News* beteiligten sich an dieser Arbeitsplatzvermittlungs-Aktion.[16] Die *Detroit News,* eine Großstadtzeitung mit einer halben Million Auflage, hat inzwischen sogar eine eigene Kolumne eingerichtet, in der eine lesbische Journalistin die Weltläufte aus ihrer Sicht kommentiert.

Als verbandsähnliche Organisationen, die wichtige Knotenpunkte im Qualitätssicherungs-Netzwerk besetzen, sind einige Institutionen zu erwähnen, die gezielt den investigativen Journalismus unterstützen — etwa der Verband der *Investigative Reporters and Editors (IRE)* mit immerhin 3000 Mitgliedern und Sitz an der *School of Journalism* der University of Missouri[17], das *Center for Investigative Reporting (CIR)* in San Francisco[18] oder die *Better Government Association* in Chicago.[19] Auch sie veranstalten Seminare und tragen mit eigenen Publikationen und Newsletters sowie manch anderer Initiative zur Stimmenvielfalt im Qualitätssicherungs-Konzert bei.

Trennung von Standesvertretung und Gewerkschaft

Die Rolle der amerikanischen Berufsverbände ist nur schwer mit deutschen Verhältnissen vergleichbar, da es in den USA den Zwitter Gewerkschaft/Berufsverband nicht gibt. Die Funktionen sind relativ strikt getrennt. Den Journalistengewerkschaften, darunter die *Newspaper Guild* mit 27 000 Mitgliedern[20] und die *American Federation of Television and Radio Artists,* gehören rund 17 Prozent der Journalisten an.[21] Aber deren Mission beschränkt sich eben weitgehend auf tarifliche Fragen, auf das Aushandeln von Gehältern, Urlaub und Arbeitsbedingungen in den Medienbetrieben.

In Deutschland sind dagegen über die Hälfte (56 Prozent) der festangestellten Journalisten Mitglied einer Gewerkschaft[22], wobei sich allerdings zumindest der *Deutsche Journalisten-Verband* eben auch als berufsständische Organisation versteht. Das hat Vor- und Nachteile: Einerseits hat ein Verband mehr Gewicht, der zugleich gewerkschaftliche und standespolitische Funktionen wahrnimmt. Der vergleichsweise hohe Organisationsgrad, der auf diese Weise erreicht wird, stärkt zumindest die Position bei Tarifverhandlungen. Wohl nicht zuletzt deshalb sind deutsche Journalisten im Durchschnitt besser bezahlt, haben mehr Urlaub und ein engmaschigeres Netz sozialer Sicherung als ihre amerikanischen Kollegen.

Andererseits verführt die Doppelfunktion in Deutschland dazu, daß auch standespolitische Fragen durch die Gewerkschafterbrille gesehen und beurteilt werden — zumindest von den Funktionären der *IG Medien* und des *Deutschen Journalisten-Verbandes*. In bezug auf unser Thema sind hier Zielkonflikte denkbar, es sei denn, man ist unbeirrbar der Auffassung, jede Forderung nach höherer Entlohnung und weniger Arbeitszeit sei schon per se ein Beitrag zur publizistischen Qualitätssicherung. Die Arbeitsteilung in Amerika zwischen *Newspaper Guild* als Gewerkschaft und *Society of Professional Journalists* als Standesvertretung der Journalisten ermöglicht es letzterer jedenfalls, sich vorbehaltloser und frei von materiellen Interessen für hohe Standards von Professionalität im Journalismus zu engagieren.

Lobbying und Marketing:
Die Newspaper Association of America

Auf den allerersten Blick ist der amerikanische Zeitungsverlegerverband, die *Newspaper Association of America (NAA)*, ein klassischer Industrieverband wie andere auch. Einerseits ist er mächtig, weil ihm über 1150 Zeitungen in den USA angehören. Andererseits ist er schwer manövrierbar, weil es kaum möglich ist, bei solch einer inhomogenen Gruppe „es allen recht zu machen". Das jedenfalls möchte Cathleen Black klargestellt wissen[23] — eine aparte und tüchtige Karrierefrau, die ihren Chefredakteursposten bei *USA Today* geräumt hat, um in recht schwierigen Zeiten dem Verband zu präsidieren und neue Wege zu weisen.

In der Tat ist es nicht ganz leicht, einen Interessenausgleich herbeizuführen zwischen kleinen und großen Blättern, zwischen unabhängigen Verlagshäusern und Kettenkonzernen, zwischen Zeitungen, die nur in einem einzigen Kiez oder Großstadtvorort gelesen werden, und solchen mit überregionaler oder, wie im Fall von *USA Today* oder dem *Wall Street Journal,* sogar globaler Verbreitung.[24] Für die *NAA* kommt erschwerend hinzu, daß sie 1992 aus einer komplizierten Fusion zweier Organisationen hervorgegangen ist — dem bisherigen, bis dato im Trott ein wenig erstarrten Verlegerverband, der *American Newspaper Publishers Association (ANPA),* und dem *National Advertising Bureau (NAB),* einer auf Marktforschung und Zeitungsmarketing spezialisierten Organisation. Die Zeitungsindustrie, die in den achtziger Jahren phantastische Gewinne erwirtschaftet hatte, dann aber ziemlich unvorbereitet in die Wirtschaftskrise hineingetaumelt ist und arg gebeutelt wurde, sollte nicht nur eine stärkere Interessenvertretung bekommen, sondern einen *think tank,* der ihr Wege in die Zukunft weist.

Ziel war es, Kräfte zu bündeln, aber auch den Apparat zu verschlanken und Kosten einzusparen. Während die beiden Organisationen zuletzt ein Jahresbudget von 32 Millionen Dollar verschlangen, muß die fusionierte *NAA* mit 28 Millionen und 25 Prozent weniger Mitarbeitern auskommen — und soll doch mehr bewegen als je zuvor.[25]

Neben der klassischen Interessenvertretung sind bei der *NAA* der Servicebereich und der Informationsaustausch stark in den Vordergrund getreten. Der Verband soll den Mitgliedszeitungen helfen, sich am Markt zu behaupten. Dazu tragen eigene Markt- und Leserforschung, Expertenbeiräte, Trainingsprogramme, schriftliche Informationsangebote sowie Projekte wie das *Newspaper in Education*-Programm bei. In folgenden vier Service-Bereichen setzt die *NAA* sehr bewußt Akzente:

(1) Marketing-Strategien im Blick auf die Anzeigenkunden;

(2) Marketing-Strategien im Blick auf Leser;

(3) Wegweisung in bezug auf neue Technologien, insbesondere die Telekommunikation;

(4) Unterstützung von *diversity,* also von ethnischer und Geschlechtervielfalt, in der redaktionellen Personalpolitik und in der Berichterstattung.[26]

Zumindest die letztgenannten drei Bereiche beziehen sich unmittelbar auf die redaktionelle Arbeit und haben deshalb mit unserem Thema zu tun. Cathleen Black betont allerdings, daß sich ihr Verband mehr um die geschäftliche Seite als um die publizistischen Aspekte des Zeitungmachens kümmere. Für letzteres — und damit auch für Fragen der journalistischen Qualitätssicherung — gebe es schließlich die *ASNE,* mit der man zusammenarbeite.

Ein Charakteristikum macht den neuentstandenen Verlegerverband dennoch zu einem interessanten Studienobjekt auch in unserem Kontext: Das Konzept der Verbandsarbeit betont eben ungewöhnlich stark die Servicefunktionen; neben traditionellem Lobbying wird modernes Marketing zum Thema und zum handlungsleitenden Prinzip der Verbandsarbeit.

Das beginnt schon bei der Rhetorik der *NAA,* die sich spürbar von herkömmlicher Verbandsprosa abhebt. Gewiß, da sind die Floskel, daß man die Kontinuität wahren wolle, und das feierliche Bekenntnis, daß sich an „der grundlegenden Mission" nichts geändert habe, „die Sache der freien Presse voranzutreiben und dafür Sorge zu tragen, daß Zeitungen wirtschaftlich stark bleiben, um dem amerikanischen Volk dienen zu können".[27] Aber sonst findet sich in der Selbstdarstellungs-Broschüre so gut wie nichts, was an traditionelle Verbandspolitik erinnern würde. Keine Appelle an die gemeinsamen Interessen und an das solidarische Verhalten der Mitglieder — statt dessen die Mitteilung, daß man vor allem Service bieten wolle: „*To us, you are more than a*

member. You are a customer" — Für uns sind Sie mehr
als ein Mitglied. Sie sind ein Kunde, lautet die Kern-
botschaft. [28]

Sodann wird erklärt, was den Kunden vom Mitglied unterscheidet: „Als Kunde haben Sie das
Recht, ein hohes Niveau an Service und Entgegen-
kommen von der *NAA* zu erwarten. Sie bekommen
Programme von hoher Qualität und zu vertretbarem
Preis geboten . . ." Es folgen Bekenntnisse zu Effizienz, Wettbewerb und Preispolitik: „Wenn eine
Dienstleistung nicht den Bedürfnissen unserer Kunden entspricht, verdient sie keinen Platz in unserer
verschlankten Organisation . . . Es ist auch unser
Ziel, die Kosten für Dienstleistungen der *NAA* so
gerecht wie möglich umzulegen. Wenn ein Service-
angebot allen Mitgliedern zugute kommt, zahlt auch
die gesamte Mitgliedschaft dafür mit ihren Beiträgen. Nützt dagegen eine Dienstleistung nur einer
Teilgruppe, dann zahlen diese Mitglieder für dieses
Angebot den adäquaten zusätzlichen Preis." [29]

Nun mag man einwenden, was hier verkündet
werde, sei anderswo längst gängige Praxis — wenn
etwa der *Bundesverband Deutscher Zeitungsverleger* seinen Mitgliedsverlagen Teilnahmegebühren für einen Kongreß oder ein Weiterbildungsseminar abverlangt. Das stimmt, und doch ist bemerkenswert,
wie sehr hier eine verbandspolitische Philosophie
verkündet wird. Zu Ende gedacht, stellt eine solche,
auf marktgängige Serviceleistungen hin orientierte
Verbandsarbeit nämlich die Raison d'être des Verbandes in Frage — geht es doch bei Verbandspolitik
im Kern gerade nicht um vermarktbare Dienstlei-

stungen, sondern um Interessenvertretung, wo diese nicht über den Markt allein organisierbar ist.

Andererseits bleibt auch in Amerika als klassischer Kernbereich der Verbandstätigkeit eben die Einflußnahme auf die Politik dort, wo die gemeinsamen Interessen der Mitglieder berührt sind. Wenn indes das Service-Angebot stimmt, wächst womöglich die Identifikation der Mitglieder mit dem Verband, und es nimmt auch die Bereitschaft zu, ihn beim klassischen Lobbying zu unterstützen — etwa im Bereich der Altpapierentsorgung oder auch, wenn unerwünschte Konkurrenz von den traditionellen Pfründen der Zeitungsindustrie ferngehalten werden soll, zum Beispiel die Telefonkonzerne, die kräftig ins lukrative Geschäft mit der Information und damit in die angestammten Märkte der Tageszeitungen hineinexpandieren.

Es spricht für die Glaubwürdigkeit der *NAA,* daß sie ihre Marketingbotschaft — „den Kunden aufmerksam zuhören können"[30] — auch zum Prinzip der eigenen Arbeit gemacht hat. So war der strategische Planungsprozeß, der die *NAA* neu erstehen ließ, eingebettet in eine gründliche Befragung der Mitglieder.

Daneben gibt es natürlich noch eine Reihe weiterer Verleger-Organisationen, etwa für die kleineren Blätter die *Suburban Newspapers of America* und die *National Newspaper Association.*[31] Und selbst die alternativen Zeitungen haben inzwischen ihren eigenen Verband gegründet: Die *Association of Alternative Newsweeklies* hat immerhin 85 Zeitungen als Mitglieder — allein im ersten Halbjahr 1993 sind 20 neue dazugekommen.[32] Doch dies sei eigentlich nur der Vollständigkeit halber erwähnt.

Die vielfältigen Aktivitäten der Verbände im Mediensektor und auch deren zunehmende Diversifizierung sind ein Indiz dafür, wie wichtig in der amerikanischen Medienbranche Lobbying, aber auch Öffentlichkeitsarbeit und Marketing geworden sind und wie sich dabei die Interessenlagen inzwischen differenzieren. Gerade die flankierenden Serviceleistungen, die die Verbände ihren Mitgliedern bieten müssen, um diese bei der Stange zu halten und die eigene Reputation zu pflegen, kommen oftmals direkt oder indirekt auch der publizistischen Qualitätssicherung zugute: weil es dabei thematisch letztlich immer wieder um Standards der Professionalität im Journalismus und um Formen der Medienberichterstattung geht, die den Wünschen und Bedürfnissen der Rezipienten möglichst nahe kommen sollen.

12. Medienjournalismus (1):
Die Fachpresse als Resonanzboden

Geradezu eine Schlüsselfunktion haben im Prozeß der Qualitätssicherung die Fachzeitschriften und Branchendienste. Sie sind es ja, die den selbstreflektiven Diskussionsprozeß überhaupt erst ermöglichen und in Gang halten, und von ihrer Qualität hängt es — zumal in einem so unüberschaubar großen Land wie den USA — ab, ob überhaupt so etwas wie nationale Foren für die zunftinterne Selbstbeobachtung entstehen können.

In den Vereinigten Staaten gibt es solche Publikationen nicht nur in großer Vielzahl und Vielfalt, sondern auch mit Facetten, die sie von vergleichbaren deutschen Blättern qualitativ unterscheiden. Diese Besonderheiten vor allem sollen im folgenden gewürdigt werden, wobei sich der Überblick auf die wichtigsten Titel beschränken muß [1] und dabei, allenfalls grob klassifizierend, die unabhängigen Publikationen von den Verbandszeitschriften unterscheidet.

Die unabhängigen Blätter:
Oldtimer und flotte Flitzer

Das älteste und zugleich hausbackenste unabhängige Blatt ist der wöchentlich erscheinende *Editor & Pub-*

lisher (Auflage ca. 25 000). 1901 gegründet, ist der Oldtimer zweifellos das *paper of record* in der Branche — einfach weil er die aktuellen Zunftnachrichten liefert und über die größte Leserschaft verfügt: Der neuesten Untersuchung zufolge erreicht *Editor & Publisher* regelmäßig 13, gelegentlich 26 Prozent aller Journalisten und regelmäßig 19, gelegentlich sogar 39 Prozent der Zeitungsredakteure und -reporter.[2]

Wie traditionsbewußt und damit auch verzopft das Blatt ist, wird schon daran ersichtlich, daß es über die ganzen achtziger Jahre hinweg zwar kontinuierlich über die wachsende Bedeutung von Zeitungsdesign und -grafik berichtet, sich aber erst 1992 selbst ein neues Outfit verpaßt hat. Auch dann war die Redaktion nicht imstande, sich von einigen Skurrilitäten zu trennen, die der „herrschenden Lehre" der Zeitschriftengestaltung ganz eindeutig zuwiderlaufen.

So hat das Blatt etwa auf seiner letzten Seite eine oft sogar lesenswerte Kolumne „*Shop talk at thirty*"; reicht dem Autor der Platz nicht aus, so springt diese Kolumne ins Heftinnere zurück — was ja als geradezu geniale Aufforderung verstanden werden könnte, die Zeitschrift noch einmal durchzublättern. Doch so ist es offenbar nicht gemeint, denn auf jener Seite, wohin der Text springt, findet sich nichts weiter als eine Ansammlung weiterer Textreste, und danach wiederum folgen seitenweise nur Kleinanzeigen.

Professioneller und mit mehr journalistischem „Pep" gemacht sind der *Columbia Journalism Review (CJR)* mit einer Auflage von 26 000 und der *American Journalism Review (AJR)* mit einer Auflage von

28 000 Exemplaren; das eine Blatt erscheint im Zwei-monats-Rhythmus, das andere zehnmal im Jahr. Damit sind zwar der Aktualität Grenzen gesetzt; gleichwohl nehmen sich die beiden Fachzeitschriften im Vergleich mit dem betulichen *Editor & Publisher* aus wie zwei flotte Flitzer.

Unter dem Blickwinkel journalistischer Qualitätssicherung sind diese beiden hochangesehenen Blätter von ganz besonderer Bedeutung. Sie widmen sich mehr und kritischer als die anderen Branchenzeitschriften dem journalistischen „Handwerk" und damit der redaktionellen Arbeit. In einer allmonatlichen Kolumne *„Darts and Laurels"* erteilt der *Columbia Journalism Review* sogar regelrecht Zensuren. Je nach Lage der Dinge werden dort einzelne Medienbetriebe oder Journalisten an den Pranger gestellt oder belobigt. John Swan, der *senior editor,* vermutet, daß dies der meistgelesene Beitrag seiner Zeitschrift ist.[3]

Beide Blätter werden nicht von Verbänden, sondern an angesehenen Universitäten herausgegeben. Beide sind mit *endowments* ausgestattet, also mit einem Kapitalstock aus Stiftungsgeldern, der für eine gewisse finanzielle Unabhängigkeit sorgt und die Blätter gegen Durststrecken im Tagesgeschäft schützt. Dies soll allerdings nicht heißen, daß sie nicht unter großem Wettbewerbsdruck stünden. Im Gegenteil, selbst auf dem großen amerikanischen Markt ist vermutlich die Nische für solch medienkritischen Fachjournalismus zu klein, um dauerhaft das Überleben zweier solcher Titel zu sichern. Hochprofitabel sind beide Blätter jedenfalls nicht.

Immer wieder haben in den USA medienkritische Publikationen aufgeben müssen. Seit Ende der sechziger Jahre, als es im Gefolge der Studentenrevolte eine regelrechte Gründungswelle gab[4], sind zum Beispiel der *Chicago Journalism Review* (1968—75) und *More* (1971—1978) eingestellt worden.[5] Das jüngste Opfer ist die Zeitschrift *News Inc.*, ein freches, stets gut informiertes Fachblatt von journalistisch beachtlicher Qualität, das sich gleichwohl nicht am Markt halten konnte.

1993 wurde sogar gemunkelt, dem *Columbia Journalism Review* drohe der Garaus. Die Universität sei es leid, den Zuschußbetrieb weiter zu finanzieren — zumal die kritischen Analysen und Kommentare des Blattes eher hinderlich sein dürften, wenn die Hochschule versucht, bei der Medienindustrie Drittmittel einzuwerben.[6] John Swan, der gern ein wenig flunkert und sich dabei lustvoll einer derben und drastischen Sprache bedient, bestätigt dies: Zwar schmücke das Blatt die *School of Journalism,* aber für deren Dekan, der zugleich ex officio als Verleger der Zeitschrift fungiere, sei sie auch *„a boil on the buttocks"* — ein Geschwür am Hintern.[7]

Das Beispiel zeigt nicht nur, daß selbst die „Unabhängigkeit" einer so angesehenen und auch reichen Institution wie der Columbia University ihre Grenzen hat. Es läßt auch den Vorschlag etwas blauäugig erscheinen, die *j-schools* sollten sich aktiver um die Medienkritik kümmern.[8]

Andererseits versichert Reese Cleghorn, der in Personalunion Verleger des Konkurrenzblattes und Dekan des *College of Journalism* an der University of

Maryland ist, daß es keinen Interessenkonflikt gebe. Zwar seien Journalisten außerordentlich dünnhäutig und kritikempfindlich, und er sei sich durchaus bewußt, daß sein Medienmagazin „mit jeder Nummer Leute verletzt". Andererseits sei bisher kein Druck auf ihn ausgeübt worden, „und wenn welcher ausgeübt würde, dann müßte man dem eben um der Integrität des Blattes willen standhalten".[9] Dabei sind im Fall des *American Journalism Review* die personellen Verflechtungen zwischen dem Blatt und der Hochschule außerordentlich eng: Eine ganze Reihe von Dozenten sind zugleich Autoren der Zeitschrift; umgekehrt unterrichten Redakteure an der *j-school,* und nicht zuletzt hat die Redaktion regelmäßig zwei bis drei Studiosi als Praktikanten zu Gast.

Idealbedingungen also, um Medienforschung und journalistische Medienkritik miteinander zu verschmelzen? Der Umstand, daß die beiden wichtigsten medienkritischen Zeitschriften in den USA von Universitäten herausgegeben werden, sollte eigentlich der kontinuierlichen kommunikationswissenschaftlichen Berichterstattung aufhelfen. Dies ist indes auch in Amerika nur selten der Fall.

„In der Forschung zählt nur noch Empirie. Die Fachzeitschriften, die von den Journalisten gelesen werden, wehren sich indes gegen allzu viele Daten und Statistiken", erläutert Doug Underwood von der University of Washington[10], einer der Autoren des *Columbia Journalism Review* und damit seit vielen Jahren einer der auch in den USA raren Grenzgänger zwischen Forschung und Praxis. Und auch *CJR*-Redakteur Swan wehrt ab: Das meiste, was da wissenschaftlich publiziert werde, sei ja doch *crap* — für die Praxis völlig uninteressanter Mist. Und außerdem beherrschten die Forscher heutzutage nicht einmal mehr anständiges Englisch. Angesichts der geringen Ausbeute sei es im übrigen zu mühsam und in einer kleinen Redaktion völlig unmöglich, die von der Wissenschaft produzierten Materialberge überhaupt noch zu sichten, geschweige denn zu durchdringen und auszuwerten.[11]

Reese Cleghorn sieht das differenzierter. Als Dekan ist er nämlich durchaus stolz darauf, die beiden auseinanderstrebenden „Kulturen", sprich: den Journalismus und die Kommunikationsforschung, wenigstens an seiner Hochschule unter einem Dach zusammengezwungen zu haben. In seiner Rolle als Verleger zuckt er dagegen ein wenig ratlos mit den Schultern: „An und für sich ist das eine gute Idee." Auf die Nachfrage, warum denn die gute Idee nicht auch in der Zeitschrift verwirklicht werde, fügt er hinzu, solche Synergieeffekte seien sehr schwer zu erzielen: „Zwischen beiden Welten gibt es eben im ganzen Land eine tiefe Kluft."[12]

Diese Binnensicht der Dinge gilt es allerdings für den europäischen Betrachter zu relativieren. Denn von außen gesehen, kommen in beiden Zeitschriften und auch in den übrigen amerikanischen Branchenblättern recht häufig Forscher zu Wort, die ihre Ergebnisse lesbar und interessant präsentieren. Öfter jedenfalls als in Deutschland und anderen europäischen Ländern, wo wissenschaftliche Erkenntnisse und Einsichten allzuoft in Regalen verstauben und es bislang auch für diese beiden in den Universitätsbetrieb eingebundenen und dennoch vorrangig von Journalisten für Journalisten gemachten Fachzeitschriften kein Äquivalent gibt.

Gleichwohl legt Swan den Finger in eine offene Wunde: Sein Hinweis auf die undurchdringlichen Materialberge, die der Wissenschaftsbetrieb produziert, läßt sich so deuten, daß auch in den USA von den Kommunikationswissenschaftlern noch mangelhafte Presse- und Öffentlichkeitsarbeit betrieben wird (vgl. Kapitel 15) — womit ein weiterer ausbaufähiger Knotenpunkt im Netzwerk journalistischer Qualitätssicherung identifiziert ist.

Neben den großen, überregionalen Fachzeitschriften gibt es einige Exotika, die in ihrer Wirkung nicht unterschätzt werden sollten. Dazu zählen die *Nieman Reports,* eine Art Hauszeitschrift der *Nieman Foundation* an der Harvard University (vgl. Kapitel 8); das Blatt ist klein, aber fein und elitär. Zu nennen ist aber auch ein regionales Blatt wie der *St. Louis Journalism Review*. Er erscheint monatlich in einer Auflage von 5000 Exemplaren und wird von Charles L. Klotzer herausgegeben — einem jüdischen Emigranten, den es 1939 von Deutschland zunächst nach Shanghai und einige Jahre später in die USA verschlagen hat. Für ihn ist das zwar ein Verlustgeschäft, aber er glaubt einfach fest daran, daß die Medien, gerade wenn sie — wie das große Regionalblatt vor Ort, der *St. Louis Dispatch* — nahezu Monopolstellungen haben, dringend einer kritischen Begleitung bedürfen.[13]

Aus ähnlichen Gründen wird seit geraumer Zeit auch die *New York Times* von einer Gruppe engagierter Medienkritiker „observiert". Im alternativen Lager ist Ende der achtziger Jahre eine Monatszeitschrift entstanden, die sich nichts anderes zum Ziel nahm, als die Berichterstattung des „*paper of record*" kritisch zu begleiten: *Lies Of Our Times (LOOT)* heißt das freche Blatt, dessen doppeldeutiger Titel in derselben Frakturschrift gesetzt ist wie der Kopf der *New York Times*. Während sich die Titelei noch als ironisch-subtiler Hinweis auf das redaktionelle Programm werten läßt, wird die Unterzeile deutlicher: „*A Magazine to Correct the Record*", heißt es vollmundig. Auf Seite 2 wird dem Leser dann noch genauer erklärt, was es mit *LOOT* auf sich hat: ‚‚Our Times' sind die Zeiten, in denen wir leben, aber auch die Worte der *New York Times*, des am meisten zitierten Nachrichtenmediums der USA . . . ‚Lügen' sind für uns mehr als nur glatte Falschmeldungen; sie schließen auch Themen mit ein, die vernachlässigt wurden, Scheinheiligkeiten, irreführende Akzentuierungen und versteckte Prämissen — eben jene Einseitigkeiten, die . . . die Berichterstattung prägen."

Und selbst das Kürzel *LOOT* ist nicht ohne Hintersinn. Es steht — laut Langenscheidt — für „Beute" und verrät damit eine ganze Menge über das Selbstverständnis der Blattmacher, die unerschrocken wie Robin Hood durch den Blätterwald streifen, die Mächtigen attackieren und diese eben auch plündern und verpfeifen.

So wurde beispielsweise näher unter die Lupe genommen, wie die *New York Times* darüber berichtet hatte, daß ihr eigenes Mutterhaus im Sommer 1993 eine der bedeutendsten amerikanischen Regionalzei-

tungen, den *Boston Globe,* aufgekauft hatte. Genüßlich breitete Edward S. Herman, Finanzwissen-
schaftler an der Wharton School der University of
Pennsylvania, aus, wie kunstvoll die beiden Berichte
der *New York Times* die heiklen Punkte dieser Unter-
nehmensverschmelzung ausgeklammert hatten —
insbesondere die zunehmende Pressekonzentration
und die wachsende Marktmacht des eigenen Hauses
im Nordosten der USA. Selbst der Medienwissenschaftler, den die *Times* um ein Statement gebeten
hatte, sei wohl handverlesen gewesen: Reese Cleghorn, der Dekan des *College of Journalism* an der University of Maryland, erklärte, die Fusion sei „zwar
nicht besonders wünschenswert, aber unvermeidlich". „Nun ja", kommentierte Herman trocken,
„gegen unvermeidliche Veränderungen ist eben
nichts zu machen." Die *New York Times* „hätte aber
wohl eine ganz andere Antwort erhalten, wenn sie
Medienexperten wie Ben Bagdikian, Herbert Schiller, George Gerbner ... befragt hätte". [14]

Die Verbandsgazetten:
Kunstwerke redaktionellen Marketings

In einem Land wie den USA, in dem Öffentlichkeitsarbeit seit jeher großgeschrieben wird, kann als
Faustregel gelten, daß jeder Verband auch über ein
eigenes Publikationsorgan verfügt. Das gilt zumal
im Medienbereich, und erst recht, seit Desktop-
Publishing auch Billigstproduktionen von anspre-
chendem Äußeren erlaubt.

Einige dieser Gazetten unterscheiden sich qualitativ allerdings kaum von den bereits präsentierten Periodika; insoweit sind auch sie für den Prozeß der Qualitätssicherung eine Bereicherung. Gleichwohl bleibt als wichtiger Unterschied zu den unabhängigen Blättern, daß die Verbandspublikationen ein Sprachrohr sind, daß sie organisierte Interessen vertreten und damit auch stets eine werbende Absicht verfolgen.

Besonders aufwendig sind die beiden bedeutendsten Verbandspublikationen gemacht: das vom amerikanischen Zeitungsverlegerverband, der *Newspaper Association of America (NAA)*, herausgegebene Monatsmagazin *Presstime* und die Zeitschrift *The Quill*, die vom Journalistenverband, der *Society of Professional Journalists*, herausgebracht wird und ebenfalls monatlich erscheint (Auflage ca. 17 000).

The Quill akzentuiert stärker als die vergleichbaren Zeitschriften der deutschen Journalistenverbände Fragen journalistischer Professionalität und Ethik und ist insoweit „freier", als der Verband selbst sich nicht im Spagat zwischen Standesvertretung und Gewerkschaft versucht (vgl. Kapitel 11).

Im Doppelsinn des Wortes ein wahres Kunstwerk redaktionellen Marketings ist *Presstime* (Auflage ca. 16 000). Wenn Marshall McLuhan mit seiner Botschaft *„The medium is the message"* je recht gehabt haben sollte, dann hier — denn modernes Marketing will das Blatt auch den Zeitungshäusern vor allem nahebringen, von denen viele kleinere derzeit im Überlebenskampf gefordert sind.

Presstime ist nicht nur — wie generell die Publikationen des amerikanischen Verlegerverbandes — perfekt gestylt, sondern vermittelt wie kein anderes der Branchenblätter dem Leser das Gefühl, daß es maßgeschneidert für ihn und seine Bedürfnisse ist: monatlich ein dickes Paket von Service-Informationen, so übersichtlich dargeboten, daß auch der Überflieger schnell auf das zugreifen kann, was ihn ganz besonders interessiert, und immer wieder Aufforderungen, doch mit der Redaktion den Dialog zu suchen. Nicht zuletzt zu erwähnen ist, daß die Hauptbeiträge häufig mit einem kleinen, aber unübersehbaren Kasten abschließen. In ihm sind die zitierten Informanten mit Anschrift, Telefon- und Fax-Nummer genannt — was es dem Leser leichtmacht, weitere Informationen direkt „an der Quelle" abzurufen.

Ganz nebenbei wird dem Leser — er merkt es womöglich kaum — natürlich auch handfeste Verbandspolitik untergejubelt. So erfährt er etwa, daß immer mehr Verleger ihre „traditionelle Zurückhaltung aufgeben" und sich in der politischen Arena als Lobbyisten in eigener Sache betätigen, und natürlich auch beiläufig, wie die *NAA* sie dabei unterstützt. [15]

Auffällig viele Beiträge in den ersten Nummern des Jahrgangs 1993 befassen sich mit den Problemen kleiner Zeitungen — und vier solche Blätter werden sogar als neue Mitglieder freundlich in Fettdruck begrüßt. [16] So löblich dies auf den ersten Blick scheinen mag — dies ist kein Zufall. Wer wissen möchte, warum, ist allerdings auf andere Informationsquellen als *Presstime* angewiesen. Dort ist dann in Erfahrung zu bringen, daß dem Mammutverband binnen neun Monaten 85 Mitglieder, und zwar ganz überwiegend kleinere Verlagshäuser, die Gefolgschaft aufgekündigt hatten, wohl unter dem Eindruck, die *NAA* kümmere sich nur noch um die Interessen der großen Medienkonzerne. [17] Unter diesem Exodus hat womöglich auch *Presstime* selbst gelitten, denn die Abozahl ist im ersten Halbjahr 1993 um rund 1000 Exemplare zurückgegangen, was bei der kleinen Gesamtauflage einem schmerzlichen Verlust von knapp sechs Prozent der Auflage gleichkommt.

Das mag mehr nach Klatsch als nach kritischer Analyse klingen. Doch das Beispiel zeigt anschaulich die Grenzen der Verbandspresse. Es läßt somit noch einmal deutlich werden, von welch unschätzbarem Wert gerade im sensiblen Bereich der Medienberichterstattung und -kritik Publikationen sind, die sich zumindest relativer Unabhängigkeit erfreuen.

Gleichwohl war es *Presstime* und nicht eine der beiden verbandsunabhängigen, von Universitäten herausgegebenen Zeitschriften, die als erste eine eigene Kolumne eingerichtet hatte, um regelmäßig über Forschungsergebnisse aus der Praxis zu berichten. Auch dieser Versuch war allerdings nicht von Dauer. Er fiel bereits dem nächsten *facelifting* zum Opfer, das der Zeitschrift 1992 von ihrem neuen Chefredakteur verordnet wurde. Die Chefin vom Dienst, Mary Alice Bagby, räumt — allerdings ein wenig nebulös — ein, daß „hier ein Problem ist, für das wir noch eine Lösung finden müssen". [18]

Qualitätssicherung durch Stimmenvielfalt

Andererseits trägt natürlich gerade die Vielfalt der Verbandspublikationen und damit auch der Interessen und Standpunkte ganz erheblich zum Diskussionsprozeß um Journalismus und damit zur publizistischen Qualitätssicherung bei. Deshalb gilt es, zum Abschluß dieses Kapitels noch einen zumindest rudimentären Eindruck von dieser Publikationspracht zu vermitteln und deren Spannweite zu veranschaulichen: Da gibt es etwa *Press woman,* das Organ der *National Federation of Press Women,* sowie *The Masthead,* eine Vierteljahresschrift für *editorial writers* — also für die „Eierköpfe", die die Kommentarspalten der Zeitungen füllen, sodann *Folio,* ein Magazin, das sich ausschließlich dem Zeitschriften-Management widmet, und *The Bulletin* — ein Monatsblatt, das die *American Society of Newspaper Editors* herausgibt, der Verband der (Chef-)Redakteure. Und eben viele, viele andere mehr . . .

13. Medienjournalismus (2):
Glasnost im Glashaus

*„Gone are the days when newspaper editors harrumphed
and sneeringly refused to cover television or other newspapers
as a story. The axiom that ‚the snuffbox never sneezes‘, told
to me once by an editor in Minneapolis who did not believe
that the media should ever report on themselves, now seems
as dated as the hoola hoop.“*
Everette Dennis, 1986

*„It is still a truism that the press engages in critical
evaluation of every institution in society except itself.“*
Jack Lule, 1992

In der Welt des Journalismus sind alle Häuser aus
Glas, meint der Medienkritiker Norman Isaacs.[1]
Auf den ersten Blick scheint er recht zu haben: Tatsächlich sind Kunstfehler im Journalismus sichtbarer als in anderen Professionen; sie stehen am nächsten Tag in der Zeitung, gehen über den Äther und
flimmern, für jedermann erkennbar, über den Bild-
schirm.

Die Gegenthese ist gleichwohl: Kaum andere
mächtige Institutionen in unserer Gesellschaft schir-
men sich ungenierter gegen Außenstehende ab als
die „Glashäuser“ des Medienbetriebs — die CIA in

Washington und den Bundesnachrichtendienst in Pullach vielleicht ausgenommen. Denn nur die Arbeitsergebnisse des Journalismus werden vorgeführt und damit sichtbar; die Arbeitsprozesse bleiben für Außenstehende dagegen undurchsichtig. Die sogenannte vierte Gewalt entzieht sich öffentlicher Kritik und Kontrolle weit mehr als die drei klassischen staatlichen Gewalten.

Es ist eine schlechte, wenig demokratieverträgliche Tradition, die das eigene Gewerbe zum Tabu der Berichterstattung erklärt. Bereits Emil Dovifat beobachtete noch zu Zeiten der Weimarer Republik eine seltsame „Scheu der Publizistik vor der Publizität in eigener Sache": Sie fordere „zwar für jeden, auch den fernsten Winkel öffentlicher Betätigung, unbedingte Öffentlichkeit, verweigert sie aber hartnäckig, wo sie selbst und ihre Organisation in Frage kommen. Sie spricht von sich nur selten, es sei denn, sie ‚enthüllt' Vorgänge bei einem gegnerischen Blatt, einer gegnerischen Zeitschrift."[2]

Zwar ist es eine journalistische „déformation professionelle", alles ans Licht der Öffentlichkeit zerren zu wollen und überall öffentliches Interesse zu vermuten.[3] Merkwürdigerweise gilt dieser Aufklärungsbedarf und das Transparenzgebot jedoch traditionell nicht für die eigenen Angelegenheiten und schon gar nicht für die Fehlleistungen des Journalismus. Glasnost in eigener Sache ist auch heute, unter den Bedingungen verschärften intermedialen und auch internationalen Wettbewerbs größer werdender Medienkonzerne, noch keine Stärke des Journalismus.[4]

Auch das ist in den USA immerhin graduell anders als bei uns. Die Medienkritik hat, wie der Medienhistoriker James L. Baughman betont, eine lange Tradition.[5] Zu den frühen herausragenden Journalisten, die sich mit dem eigenen Metier auseinandergesetzt haben, gehören Henry Louis Mencken, Walter Lippmann und Lincoln Steffens ebenso wie Will Irwin, der zu Beginn des zwanzigsten Jahrhunderts in einem beispielhaften Stück investigativem Journalismus der Korruption im Zeitungsjournalismus nachspürte. Ein Jahr lang hatte sich Irwin überall im Land unter Reportern und Redakteuren umgehört, bevor er in dem Magazin *Collier's* seine Rechercheergebnisse veröffentlichte und sich prompt den Vorwurf der Nestbeschmutzung einhandelte. „Irwins Beitrag war im übrigen mehr als nur ein weiteres Stück *muckraking;* er schrieb die erste Sozialgeschichte des amerikanischen Journalismus", bewertet die Historikerin Marion Tuttle Marzolf diese Pionierarbeit aus heutiger Sicht.[6]

Quantensprung in der Medienberichterstattung

Von einer Generation zur nächsten hat es dann in der Medienkritik der USA geradezu „mengenmäßig und qualitativ einen Quantensprung gegeben", beobachtet Robert W. McChesney von der University of Wisconsin.[7] Die Medienberichterstattung beschränkt sich jedenfalls längst nicht mehr allein auf Fernseh-Programmvorschau und -kritik.

„Zeitungen müssen sich öfter wechselseitiger Kritik unterziehen. Viele Blätter haben Fernsehkritiker, aber ganz wenige leisten sich Autoren, die den Zeigefinger auf sich selbst richten", meint John Seigenthaler, der Herausgeber des *Tennessean* und frühere Präsident der *American Society of Newspaper Editors*. Die Presse müsse Wege finden, ihre jeweiligen Positionen in Sachen journalistischer Ethik, in Interessenkonflikten, im Umgang mit vertraulichen Quellen zu erklären. „Warum tun wir was wie? Wir müssen, so bald und so gut wir nur können, unsere Entscheidungs- und Meinungsbildungs-Prozesse ans Licht der Öffentlichkeit bringen."[8]

Zumindest der Lernprozeß in diese Richtung ist in Amerika in vollem Gang; in Deutschland hat er erst zögerlich begonnen. Während von den großen deutschen Tageszeitungen bislang lediglich die *Süddeutsche Zeitung,* gefolgt von *Frankfurter Rundschau* und der *Welt,* zu Vorreitern einer breiter angelegten regelmäßigen Berichterstattung über die „vierte Gewalt" geworden sind, gehört dieses Feld in den USA fast schon zum Kernbestand anspruchsvoller redaktioneller Angebote. Insbesondere die Leitmedien, die von besonders vielen Journalisten gelesen werden, beschäftigen sich intensiv mit dem eigenen Metier. Dazu gehören die *Los Angeles Times* und die *Washington Post,* aber auch die *New York Times* mit ihrer im Wirtschaftsteil beheimateten Seite „*The Media Business*". Aber auch Nachrichtenmagazine wie *Time* und *Newsweek,* das Kulturmagazin *The New Yorker,* die politische Zeitschrift *The Washington Monthly* und das New Yorker Alternativblatt *The*

Village Voice kümmern sich gründlich um das Themenfeld.[9]

Inzwischen ist sogar die Boulevardpresse eingestiegen. „*Timeswatch*" heißt eine Kolumne, mit der die *New York Post* von sich reden macht. Das Blatt, eine seit Jahren um ihr Überleben kämpfende Straßenverkaufszeitung, hat eine Kommentarspalte eingerichtet, die nichts anderes bezweckt, als regelmäßig die *New York Times* kritisch zu beobachten und zu begleiten — das mächtige Konkurrenzblatt, das zugleich als Amerikas verläßlichste Nachrichtenquelle gilt.

Geschrieben wird die *Post*-Kolumne von einem Journalisten, der selbst 17 Jahre bei der *New York Times* tätig war, bevor er das Blatt 1982 verließ: Hilton Kramer. Er ist mit seinen Urteilen keineswegs zimperlich. Mit „*Sweetheart*"-Berichterstattung habe die *Times* den New Yorker Bürgermeister David Dinkins verwöhnt, die traditionelle Trennung von Kommentar und Meinung sei „vollständig verschwunden", die Kommentarseite habe sich „extrem nach links gedreht", und das Blatt habe sich „der Tyrannei der *political correctness*" untergeordnet, so die kernigsten Äußerungen des Kolumnisten, die das Branchenmagazin *Editor & Publisher* in einer Zusammenschau präsentierte.[10] Kramer schreckte noch nicht einmal davor zurück, die Kommentarseite der honorigen *Times* mit Publikationen aus der alternativen Szene wie *The Village Voice* oder *The Nation* zu vergleichen.

So ist es denn weniger die Qualität von Kramers Medienkritik als der Umstand, daß sie in einer regelmäßigen Kolumne stattfindet, der in der amerikanischen Journalistenzunft Aufsehen erregt hat. Daß eine Boulevardzeitung, die sich doch eher an die weniger gebildeten unteren Mittelschichten wendet, sich nicht allzu differenzierte Urteile erlauben kann, versteht sich ohnehin von selbst.

Beruf: Medienreporter

Die Hauptaufgabe von Medienkritikern ist es, Transparenz über das Mediengeschehen und den Medienbetrieb herzustellen. Das schließt die eigene Rolle mit ein — und deshalb geben die meisten amerikanischen Medienjournalisten auch bereitwillig und geduldig über sich selbst Auskunft. „In meinem Job bin ich zuallererst Reporter und erst an zweiter Stelle ,Kritiker' — und Kritiker bin ich nicht in dem Sinn, wie man ein Buch-, ein Film- oder ein Restaurant-Kritiker ist", erläutert der Medienredakteur der *Los Angeles Times,* David Shaw, seine Funktion. [11]

Der Pressekritiker der *Washington Post,* Howard Kurtz, meint: „Ein Medienreporter für eine der größten amerikanischen Zeitungen zu sein bedeutet, im Bauch des Ungeheuers zu hausen." Seine gelegentlichen Schwierigkeiten am Arbeitsplatz beschreibt er so: „Eine der Dauerwitzeleien in der Redaktion ist es, daß die Leute nervös werden, wenn sie mich mit Block und Bleistift kommen sehen. Es ist ja auch, vorsichtig ausgedrückt, unangenehm, in Interviews mit Kollegen herausfinden zu müssen, ob sie eine Geschichte verpatzt haben oder mit einer Quelle leichtfertig umgegangen sind . . . Es ist noch weniger erfreulich, meinen Bossen heikle Fragen stellen zu müssen — etwa zu journalistischen Plagiaten, zur Einseitigkeit von Berichterstattung und der Bevorzugung ethnischer Gruppen oder auch zur sexuellen Belästigung am Arbeitsplatz. Aber sie verstehen immerhin, daß ein Medienreporter kein bißchen Glaubwürdigkeit gewinnen würde, wenn er einfach die *Washington Post* ignorierte."[12]

Wie eitel und empfindlich, wie zickig und zugeknöpft Journalisten oft sind, wenn sie sich plötzlich in die Rolle des Informanten gedrängt sehen, schildert Kurtz nicht minder anschaulich: „Viele nehmen es ja gutmütig hin, sich selbst auf der anderen Seite zu finden, aber überraschend viele nehmen doch Zuflucht zu einem brüsken *,no comment'* oder ,Da müssen Sie schon mit unserem Chefredakteur reden'. Manche lehnen es wegen vorangegangener Berichterstattung ab, Auskünfte zu erteilen. Wieder andere rufen nervös zwei- oder dreimal zurück, fügen detaillierte Stellungnahmen hinzu, faxen zusätzliches Material oder modeln endlos ihre eigenen Zitate um. Es gehört wohl zur genetischen Grundausstattung der schreibenden Zunft, daß wir immer nach der perfekten Formulierung weitersuchen, nachdem wir den Telefonhörer schon aufgelegt haben. Aber befremdlich ist es schon, wie oft Journalisten darum bitten, mit Glacéhandschuhen angefaßt zu werden . . . — obschon sie vergleichbare Zumutungen von Persönlichkeiten des öffentlichen Lebens entschieden zurückweisen. Vielleicht sind Journalisten ja so übervorsichtig, weil sie selbst gesündigt haben und deshalb wissen, wie leicht man einem das Wort im Mund herumdrehen kann."[13]

Spielraum — auch für Kritik am eigenen Blatt

Es besteht bei solch angesehenen Zeitungen also Spielraum, sich — zumindest gelegentlich — kritisch mit der Berichterstattung des eigenen Blattes auseinanderzusetzen. Wie weit derlei Selbstkritik in einer liberalen Zeitung gehen kann, zeigt ein Beispiel aus der *Los Angeles Times*. Ihr attestierte deren Medienkritiker Shaw in einem seiner Dossiers, sie hätte im Vorfeld der Rassenunruhen von 1992 über Jahre hinweg die Gewalttätigkeit der Stadtpolizei gegenüber Minoritäten nicht hinreichend ernst genommen.[14] In einer weiteren Analyse arbeitete er heraus, daß seine eigene Zeitung auch weniger ausführlich über die Krawalle selbst und ihre Hintergründe berichtet hatte als die *Daily News* — ein kleineres Konkurrenzblatt, das ebenfalls im Einzugsbereich erscheint. Shaw erläuterte zwar, daß eine anspruchsvolle Qualitätszeitung wie die *Los Angeles Times* „eine andere Funktion" habe als ein Lokalblatt und deshalb den überregional bedeutsamen Ereignissen viel mehr Aufmerksamkeit schenken müsse als der Wettbewerber.[15] Shaw legte aber auch offen, daß schwarze Kollegen der eigenen Redaktion darüber verbittert waren, weil die — ausschließlich aus Weißen zusammengesetzte — Redaktionsleitung auf „ihre vorangegangenen Berichte über weitverbreitete Polizeibrutalität im Süden von Los Angeles" nicht reagiert habe.[16] Übergriffe der Polizei waren der Auslöser der Rassenunruhen gewesen.

Mit dieser Analyse hat Shaw mehr denn je den Zorn so mancher Redaktionskollegen auf sich gelenkt. Als beschämend haben sie insbesondere empfunden, daß ein kleines Blatt „im eigenen Hinterhof" die *Los Angeles Times* mit all ihren Ressourcen übertroffen haben soll. „Hätte ich geschrieben, daß die *New York Times* etwas besser gemacht hat als wir, so wäre das leichter auszuhalten gewesen", sagt Shaw und fügt hinzu: „Es war die kontroverseste Geschichte, die ich jemals geschrieben habe." Im Spiel war auch die Sorge, daß Shaw mit seiner Artikelserie die Aussichten der *Los Angeles Times* auf einen *Pulitzer-Preis* für die Berichterstattung über die Rassenunruhen zunichte machen könnte.[17] Sie erwies sich im nachhinein übrigens als unbegründet — die begehrte Trophäe ging schließlich doch zum wiederholten Male an die *Times* und nicht an die Konkurrenten aus der Klitsche von nebenan.

Shaw selbst gehörte bereits im Jahr zuvor zu den Preisträgern. Das Mutterhaus *Times Mirror* beglückwünschte ihn, indem es auf der Titelseite des Branchenblatts *Editor & Publisher* eine Großanzeige schaltete[18], doch redaktionsintern dürfte sich die Begeisterung über die Auszeichnung in Grenzen gehalten haben. „Shaw hat nicht gerade eine große Zahl Freunde in der Redaktion", konstatiert Deane Wylie, ein altgedienter Auslands-Kommentator bei der *Los Angeles Times*.[19] „Er sagt aber Dinge, die gesagt werden müssen", meint seine Kollegin Mary R. Heffron, die für die *Op-Ed*-Seite, also für die Gast-

kolumnen und -beiträge in der Zeitung, mitverantwortlich ist.[20] Das sieht wohl auch Chefredakteur
Shelby Coffey III so, dem Shaw direkt unterstellt ist
und dessen Rückendeckung der Medienkritiker ge-
nießt. Coffey hält es „für ein Zeichen institutionellen
Selbstvertrauens, daß das Blatt sich einen David
Shaw leistet"[21]. Und Shaw weiß es zu schätzen, daß
man ihm weiterhin „viel Zeit, Platz und Freiraum"
für seine Arbeit läßt.[22]

Andererseits dürfte auch Medienkritiker kaum etwas mehr schmerzen als Kollegenschelte und deren
Unterstellung, sie wollten sich mit selbstkritischen
Stories nur auf Kosten der eigenen Redaktion profi-
lieren. Ein wenig Verbitterung schwingt zumindest
unterschwellig mit, wenn David Shaw in seinem
Buch „*Press Watch*" berichtet, wie ein Kollege ihn
wegen einer seiner Stories ein Jahr lang auf dem
Gang nicht mehr gegrüßt und ein anderer leitender
Redakteur — ebenfalls aus dem eigenen Haus — ihm
schriftlich die Freundschaft aufgekündigt hat.[23]

Kein Tabu: die Nebeneinkünfte von Journalisten

Auch kleinere Blätter springen indes mit der eigenen
Zunft sehr viel kritischer um, als dies in Deutschland
der Fall ist. Allerdings ist Medienberichterstattung
bei solchen Zeitungen nicht fest in Form eines eigenen Ressorts institutionalisiert, und sie wird deshalb
auch weniger kontinuierlich betrieben. Um ein —
bedauerlicherweise vom Verfasser nicht dokumen-
tiertes — Beispiel zu nennen: In einer Regionalzei-

tungs-Kolumne wurden die Nebeneinkünfte und Vergünstigungen von Journalisten thematisiert. Sinngemäß hieß es da, von jedem kleinen Provinzpolitiker werde erwartet, daß er zusätzlich erzieltes Einkommen offenlege. Die Starreporter und Moderatoren des Fernsehens, der Nachrichtenmagazine und der großen Zeitungen dürften dagegen Stillschweigen darüber bewahren, wenn sie hochdotierte Vortrags- oder Beraterhonorare kassierten, obschon sie über ein Vielfaches an öffentlichem Einfluß verfügten und die Geldgeber, soviel sei gewiß, natürlich von ihnen Gefälligkeiten als Gegenleistungen erwarteten.

Während in diesem Fall fraglos an Transparenz ein nicht minder großes öffentliches Interesse bestehen dürfte wie bei den Nebeneinkünften und Zuwendungen an Politiker, ist dies andernorts sicher zu relativieren. Solange die Öffentlichkeit davon ausgehen kann, daß sich zunftintern wirksame Selbstreinigungs- und -heilungsprozesse entfalten, ist ihr im Grunde meist bereits gedient.

Um einen funktionierenden Journalismus zu gewährleisten, müssen nicht belanglose Irrtümer oder Verfehlungen dadurch mit Bedeutung aufgeladen werden, daß man ihnen größtmögliche Publizität verschafft. Im Gegenteil, die qualitätssichernde Leistungsfähigkeit des Medienjournalismus wird auch danach zu messen sein, inwieweit er in der Lage ist, auf Fehlleistungen hinreichend selektiv und zielgruppenspezifisch zu reagieren.

Als beispielsweise der *Orange County Register* auf die Schnapsidee kam, das schönste „Graffito" in

Santa Ana zu prämieren, und dies zu empörten Reaktionen nicht nur der Stadtverwaltung, sondern auch vieler Leser führte, schuldete das Blatt fraglos zuallererst seinen Lesern eine halbwegs plausible Erklärung für sein törichtes Verhalten. Auch für die Branchenpresse und für die *schools of journalism* dürfte der Fall noch interessant sein, weil sich aus den Fehlern anderer schließlich etwas lernen läßt. Dagegen ist dasselbe Ereignis für eine Boulevardzeitung in New York, die es aufgreift, bestenfalls unterhaltsamer, austauschbarer Lesestoff — ein Schuß Häme und Schadenfreude mag vielleicht noch mit im Spiel sein gegenüber den Kollegen in der fernen Provinz. Ein öffentliches Interesse in dem Sinne, daß ein Millionenpublikum in New York von dem Vorfall unbedingt zu erfahren hätte, läßt sich indes schwerlich konstruieren — auch wenn Graffiti vermutlich in New York nicht minder als in Berlin und Santa Ana die Gemüter der Zeitungsleser erhitzen.

Kritische Begleitung der Medienforschung

Noch eine wichtige Funktion nimmt Medienjournalismus in den USA zumindest rudimentär wahr: Er begleitet publizistisch die Medienforschung. Derlei „Kommunikationswissenschafts-Journalismus" ist, wie generell die Berichterstattung über Sozialwissenschaften[24], zwar auch in den USA noch entwicklungsfähig, aber er findet immerhin statt. Mitunter wird der Medienreporter sogar zum Rechercheur, der sich selbst wissenschaftlicher Arbeitsmethoden bedient: „Für jede Geschichte interviewe ich 80 oder 100 oder 150 Leute; ich lese jeden relevanten Artikel, den ich finden kann; ich wende all die Zeit auf, die es für die Story braucht; ich reise überallhin, wo mich die Story hinführt; dann synthetisiere und analysiere ich, was ich gefunden habe, und schreibe eine zusammenfassende Geschichte, die meine eigenen Wertungen mit einschließt", umreißt David Shaw seine Vorgehensweise, wenn er für eines seiner Dossiers recherchiert.

Reporter wie er beleben damit eine Tradition, die bis in die zwanziger Jahre zurückreicht — eben jenen *precision journalism,* der sich im Grenzbereich zwischen Journalismus und Sozialwissenschaft bewegt und der in den USA von Philip Meyer, in Deutschland vor allem von Elisabeth Noelle-Neumann wiederholt eingefordert wurde. [25]

Distanzverlust und Hofberichterstattung, wie sie sich auch Wissenschaftler mitunter gern wünschen, wenn sie selbst als Quellen herangezogen werden, gehen damit indes nicht einher. Reporter wie Shaw und Kurtz setzen jedenfalls Erkenntnisse der Medienforschung keineswegs kritiklos in Medienberichterstattung um.

Mitunter sind derartige Analysen von Medienjournalisten sogar feinsinnig mit Ironie gewürzt. So berichtete die *New York Times* in einem Essay über die divergierenden, widersprüchlichen Ergebnisse der Medienforschung zu schädlichen Wirkungen des Fernsehens, insbesondere auf Kinder. Der Beitrag schließt mit der Bemerkung, möglicherweise würden „die Kinder von heute die Effekte neuer Tech-

nologien ja ebenso überleben, wie das frühere Generationen getan haben — vorausgesetzt, man zwingt
sie nicht, TV-Gesprächsrunden mit Fernsehexperten
anzusehen"[26].

Wirkungen und Wirkungsgrenzen der Medienkritik

So manchen Verlegern und Chefredakteuren geht inzwischen Kritik, wie sie Shaw, Kurtz und andere
vertreten, bereits zu weit. Sie meinen, die Medien
verlören an Glaubwürdigkeit, gerade weil sie sich
zunehmend mit sich selbst beschäftigten und ihr
Nest beschmutzten.[27]

Dem hält allerdings Marion T. Marzolf tapfer entgegen: „Das moderne Unternehmen und die Ge-
schäftswelt haben in den letzten beiden Dekaden begonnen, sich sehr viel mehr für Fragen der Ethik und
der Qualitätskontrolle zu interessieren, um so die
Zufriedenheit der Kunden mit den jeweiligen Pro-
dukten zu erhöhen. Wenn die Entscheider in den
Medienbetrieben anfangen, professionelle Medienkritik als eine Form der Qualitätskontrolle zu begrei-
fen, die nicht nur das Produkt verbessert, sondern
auch die Glaubwürdigkeit, die Leser-Loyalität fe-
stigt und die Gewinne stabilisiert, wird dieses Spezi-
algebiet an Bedeutung gewinnen."[28]

Indes gibt es im Wissenschaftsbetrieb und natürlich auch bei der Alternativpresse ein Häuflein Auf-
rechter und Versprengter, denen immanente Kritik
wenig bedeutet und die nimmermüde darauf aufmerksam machen, daß die Selbstkritik der etablier-

ten Medien wirkungslos sei, weil sie dort auf Grenzen stoße, wo es wirklich ans Eingemachte — und damit um die Herrschaftsstrukturen und die wirtschaftliche Macht der Medienkonzerne — gehe. Vermutlich müssen die Topmanager der amerikanischen Medienindustrie noch lernen, daß ein demokratisches Gemeinwesen wohl auch solche Fundamentalkritik braucht oder zumindest aushält, wie sie in den USA vor allem Ben Bagdikian, Noam Chomsky und Herbert Schiller immer wieder üben — von der Öffentlichkeit allerdings kaum noch gehört und gelesen, weil von den etablierten Medien weitgehend tabuisiert. [29]

Im übrigen gibt es einen Indikator, daß die Arbeit der Medienkritiker großer Zeitungen zumindest stärker in die Fachkreise hineinwirkt als bei uns: Die wichtigsten Arbeiten von Howard Kurtz und David Shaw sind nicht nur als „Eintagsfliegen" in der Zeitung veröffentlicht worden, sondern auch in Buchform. [30] Was da nachzulesen ist, hat nicht nur mehr Biß, sondern mitunter auch mehr Substanz als so manche hochwissenschaftliche Analyse.

14. Media Watchdogs:
Auf den Fersen der „schwarzen Schafe"

„The journalist can no more see himself realistically
than a bishop can see himself realistically. He gilds
and engauds the picture, unconsciously and irresistibly.
For one thing, and a most important one, he is
probably somewhat in error about his professional status.
He remains, for all his dreams, a hired man — the
owner downstairs, or even his business manager . . . is
still free to demand his head — and a hired man is not
a professional man. The essence of a professional man
is that he is answerable for his professional conduct only
to his professional peers."
Henry Louis Mencken

Daß auch Journalisten nur Menschen sind und deshalb journalistische Selbstbeobachtung und Selbstkritik gelegentlich zur Beschönigung und Verharm-
losung professionellen Fehlverhaltens verleiten
dürften, hat Henry Louis Mencken früher als andere
erkannt. Die Konsequenz daraus erfüllt Journalisten
meist mit Schaudern und Schrecken: Publizistische
Qualitätssicherung ist eine zu wichtige Aufgabe, um
sie allein den Journalisten zu überlassen — was indes
keineswegs den Ruf nach dem Kadi oder nach Zen-
surinstanzen bedeutet.

Diesseits wie jenseits des Atlantiks sind es zahllose Interessengruppen, Verbände, Bürgerinitiativen, die die Medien beobachten und mit Informationen füttern. In den USA spielen jedoch Institutionen und Initiativen eine größere Rolle als in Deutschland, die als ihre Hauptaufgabe *media-monotoring* betreiben. Sie beobachten die Medienberichterstattung, sprechen Redaktionen oder einzelne Journalisten an, wenn es aus ihrer Sicht Grund zu Kritik gibt und die Medien gegen professionelle Spielregeln wie etwa das Fairneß-Gebot oder den Persönlichkeitsschutz verstoßen. Wenn nötig, stellen sie die Medien auch an den Pranger. Derlei *media watchdogs,* also „Medien-Wachhunde", fungieren als eine Art Gegenöffentlichkeit.

Zwei solche Gruppen, jeweils ein Mittelding zwischen *pressure group* und Bürgerinitiative, haben eine gewisse überregionale Bedeutung erlangt: *Accuracy in Media (AIM)* mit Sitz in Washington D.C. und *Fairness & Accuracy In Reporting (FAIR)* in New York.

Gegen „geistige Umweltverschmutzung"

AIM hat zum Ziel, sich für Fairneß, Ausgewogenheit und Akkuratesse im Nachrichtenjournalismus einzusetzen. Der gemeinnützige Verein wurde 1969 in Washington gegründet und zählt 25 000 Mitglieder. 1991 verfügte er über ein Budget von 1,3 Millionen US-Dollar und über 13 hauptamtliche Mitarbeiter.[1]

Ein Leitmotto von *AIM* lautet: *„Combat Media Pollution"* — was sinngemäß eine Aufforderung ist, geistige Umweltverschmutzung durch Medien zu bekämpfen. Was damit gemeint ist, wird deutlich, wenn man dem Vorsitzenden Reed Irvine lauscht. Überall wittert er Konspiration; sogar im Golfkrieg hätten sich viele amerikanische Medien auf die Seite von Saddam Hussein geschlagen.[2]

Von Anfang an war *AIM* ein Verein, der vor allem linken und linksliberalen Journalisten auf die Finger sieht. Dabei neigt *AIM* allerdings dazu, nahezu die gesamte amerikanische Journaille als „linkslastig" zu identifizieren. Deshalb scheiden sich in der Beurteilung dieser Organisation auch die Geister. Während der frühere Chefredakteur der *Washington Post,* Ben Bradlee, den *AIM*-Vorsitzenden übel beschimpft, meint Charles Seib, der Ex-Ombudsmann des renommierten Blattes: „Es bleibt mir zwar im Halse stecken — aber ich sage es dennoch: Irvine und *AIM* tun der Presse gut."[3]

Den sichtbarsten und organisatorisch schlagkräftigsten Gegenpol zu *AIM* bildet *FAIR.*[4] Diese Gruppe bezeichnet sich ebenfalls als *„media watch group",* die „gutdokumentierte Kritik offeriert, um Einseitigkeit und Unausgewogenheit in der Berichterstattung zu korrigieren". *FAIR* bezieht jedoch einen ganz anderen Standpunkt als *AIM,* es „lenkt die öffentliche Aufmerksamkeit auf die Pressekonzentration, auf die enge Anbindung der Medien an die offizielle Politik und deren Agenda, auf ihre Insensitivität gegenüber Frauen, Minoritäten, den Gewerkschaften und anderen Gruppierungen, die sich im öffentlichen Interesse engagieren. *FAIR* versucht, die Pressefreiheit zu stärken, indem es sich für größeren Pluralismus in den Medien einsetzt . . .", heißt es in einer Selbstdarstellung.[5]

Zehn Mitarbeiter, sechs davon ganztags, arbeiten hauptberuflich bei *FAIR*. Dazu kommen Praktikanten und ehrenamtliche Helfer. „Man muß die Frage stellen, wem die Medien gehören — die Frage nach der Macht und Kontrolle, die die Konzerne ausüben", bringt Janine Jackson, eine der Mitstreiterinnen, ihr Anliegen auf den Punkt.[6]

Wer so direkt die Eigentumsfrage thematisiert, tut sich auch in Amerika nicht gerade leicht, Ressourcen zu mobilisieren. *FAIR* finanziert sich zu etwa einem Drittel aus den Beiträgen der rund 15 000 Mitglieder, ein weiteres Drittel der Einkünfte wird aus zusätzlichen Spenden der Mitglieder eingeworben, der Rest des Budgets stammt von Stiftungen, die die Arbeit von *FAIR* unterstützen.[7] Das Hauptquartier der Organisation in der Lower West Side von Manhattan macht einen etwas verlotterten, schäbigen Eindruck. Wie die meisten Organisationen mit alternativem Touch lebt auch *FAIR* vor allem von der Kreativität und dem ehrenamtlichen Engagement seiner Mitglieder.

Nicht in ihren politischen Zielen, wohl aber in ihren Arbeitsweisen ähneln sich die Antipoden *AIM* und *FAIR:* Beide greifen Fehlleistungen der Medien auf, versuchen Korrekturen in der Berichterstattung zu erwirken und leisten ein Gutteil ihrer Arbeit, wie Jackson betont, „hinter den Kulissen", indem sie Redaktionen auf Fehlverhalten mit einem Anruf oder per Fax aufmerksam machen.[8]

Bewirkt dies nichts oder ist der Fall gravierend genug, machen die *watchdogs* mit Hilfe ihrer eigenen Publikationen öffentlich, was sie an der Berichterstattung der anderen zu bemängeln haben — so z. B. in der Zweimonats-Zeitschrift *extra!,* die *FAIR* herausgibt und die jeweils ein Schwerpunktthema aufgreift, oder im *AIM-Report,* einem Newsletter, der zweimal im Monat an alle Mitglieder sowie an Kongreßabgeordnete, Verleger und Journalisten versandt wird.

Über zwei Dutzend Radiostationen läßt *FAIR* inzwischen auch ein wöchentliches Radioprogramm „*CounterSpin*" ausstrahlen. Der Vorsitzende Jeff Cohen betätigt sich ferner als Kolumnist; zwölf Tageszeitungen, darunter immerhin angesehene Regionalblätter wie der *San Francisco Examiner,* die *Seattle Times,* der *Cleveland Plain Dealer* und die *Arizona Republic,* drucken seine Kommentare ab.[9] *AIM* bietet seinen Drei-Minuten-Kommentar „*Media Monitor*" sogar fünfmal pro Woche den Radiostationen an — gratis, unter der Bedinungung, daß er regelmäßig gesendet wird. Beide Organisationen vermitteln natürlich auch Referenten.[10]

Oft stützen sich medienkritische Initiativen gegenseitig — etwa wenn *FAIR* in seiner Zeitschrift *extra!* im Editorial über die neueste Runde von *Project Censored* berichtet und *Project Censored* in seine Hitliste der *underreported stories* eine Geschichte aus *extra!* prämiert.[11]

Wirkungslos, weil zu parteilich?

Mitunter bekriegen sich die medienkritischen Aktivisten aber auch. So korrigiert etwa *FAIR* einen Bericht der *New York Times,* in dem die rechte Konkurrenzorganisation *AIM* als „Gruppe, die die Medienberichterstattung beobachtet", vorgestellt wurde, und „stellt richtig", es handle sich „um eine Gruppe, die ständig Journalisten belästigt, die vom Pfad rechtslastiger Orthodoxie abweichen"[12]. Oder sie konterkarieren sich. So hat zeitweise *AIM* gezielt versucht, den *Minnesota News Council* für seine Zwecke zu instrumentalisieren, und dort immer wieder Beschwerden vorgetragen. „Das hatte ziemlich verheerende Folgen", meint der Kommunikationswissenschaftler Bill Blankenburg von der University of Wisconsin. „Es hat nicht nur zu Überlastung geführt und das Zeitbudget des *Council* arg strapaziert. In der Öffentlichkeit ist auch der Eindruck entstanden, daß das Schiedsgremium sich ja doch nur um die Interessen der *big guys,* der Mächtigen, kümmert."[13]

David Shaw, der Medienkritiker der *Los Angeles Times,* wünscht sich „im Prinzip mehr solche Initiativen". Sie sollten indes unabhängiger, also weniger politisch festgelegt sein. „Bei *AIM* und *FAIR* ist es im Grunde vorhersagbar, welche Positionen sie vertreten."[14] Ähnlich sieht das auch Mark Jurkowitz, der Medienkritiker des *Boston Phoenix:* „In vielen Fällen ist die Presse gewiß schuldig im Sinne der jeweiligen Anklage. Doch die Ironie besteht darin, daß diese *watchdogs* dazu neigen, sehr viel parteilicher und einseitiger zu agieren als diejenigen, auf die sie zielen."[15]

Darauf angesprochen, bestreitet dies Janine Jackson: „Wir werden so von den Medien abgestempelt, obwohl wir gegen dieses Image ankämpfen. Innerhalb der Organisation, ja sogar unter den hauptberuflichen Mitarbeitern haben wir oft sehr unterschiedliche Positionen."[16]

Ein wenig scheinen sich die Energien dieser Organisationen inzwischen erschöpft zu haben.[17] In der Branchen-Öffentlichkeit stoßen die *watchdogs* jedenfalls nicht mehr auf das Echo, das sie noch Ende der achtziger Jahre erzielten. Die Abwehrhaltung erklärt sich Janine Jackson so: „Ein Großteil der Medienkritik bleibt an der Oberfläche, statt an die Wurzeln zu gehen. Kritisiert werden die Ethik und das Verhalten einzelner Reporter. Die meisten Institutionen, die Medienkritik betreiben, sind dagegen nicht mit der Vorstellung vertraut, daß es so etwas wie institutionelle Einseitigkeit gibt."[18]

Weit verbreitet ist unter amerikanischen Journalisten allerdings nach wie vor die Grundeinstellung, daß niemand außer ihnen selbst das Recht und die Kompetenz habe, sie zu kritisieren. „Alles andere ist schon der erste Schritt zur Zensur", meint etwa Peter Laufer, Nachrichten- und Programmchef der Radiostation *WRC* in Washington, der selbst jahrelang als Medienkritiker gearbeitet hat.[19] In dieselbe Richtung zielt auch Lee Stinnett, der Direktor der *American Society of Newspaper Editors:* „Die *media watchdogs* haben nahezu keine Wirkung. Sie sind auch so sehr politisiert, daß sie ein Ärgernis sind. Es zeitigt einen größeren Effekt, wenn der ganz gewöhnliche Leser die Zeitung abbestellt."[20]

In der Tat: All diese Initiativen „bewirken nur et-was, wenn sie Aufmerksamkeit erregen", konstatiert Bill Blankenburg ein wenig resigniert. Daß ihnen dies nicht mehr so recht gelingen mag, dafür gibt es im-merhin noch eine zweite plausible Erklärung: „Die etablierte Presse berichtet inzwischen selbst sehr aus-führlich über die Medien ", meint David Shaw.[21]

Nun neigen Journalisten ja gern dazu, gerade ih-ren Kritikern jedwede Wirksamkeit vorschnell abzu-sprechen, und deshalb gilt es vielleicht auch, diese Monita zu relativieren. Womöglich kommt Mark Jurkowitz der tatsächlichen Bedeutung der *watchdogs* am nächsten, wenn er spöttelt: „Diese Kritiker ha-ben sich klar zur Selbstperpetuierung verdammt, denn nichts anderes als eine politische Erleuchtung, die jeden Reporter, Redakteur und Verleger dazu brächte, sich plötzlich der Linie von *AIM* oder *FAIR* zu unterwerfen, würde die Probleme lösen können, die sie sehen. Gleichwohl läßt sich nicht leugnen, daß diese lästigen rechten und linken Schmeißfliegen helfen, journalistische Selbstprü-fung oder zumindest Selbstrechtfertigung . . . anzu-stoßen."[22]

Advertorials: Leitartikel — als Anzeige geschaltet

Erwähnungsbedürftig sind in diesem Kontext auch die sogenannten *advertorials* oder auch *advocacy ads*. Die Wortschöpfung — eine Kombination aus *adver-tisement* (Anzeige) und *editorial* (Leitartikel, Kom-mentar) sagt eigentlich schon alles: Es handelt sich um Anzeigenraum, den Außenstehende für teures Geld kaufen — und zwar nicht, um Image- oder Produktwerbung zu betreiben, sondern um ihre Meinung kundzutun und ihrem Standpunkt in konfliktträchtigen Angelegenheiten Gehör zu verschaffen. Jüngstes Beispiel für solch eine Aktion: *AIM* kaufte in der *New York Times* und in der *Washington Post* für über 30 000 Dollar Anzeigenraum, um die angebliche Leidensgeschichte von Paula Jones publik zu machen. Die Staatsbedienstete hatte behauptet, Präsident Clinton habe sie, als er noch Gouverneur in Arkansas war, zu Sexspielen auf sein Hotelzimmer bestellt. Die Presse, so meinte *AIM,* habe diese Story unterdrückt. [23]

Advertorials erzielen inzwischen zwar kaum noch jene spektaluläre Aufmerksamkeit, mit der sie noch in den siebziger Jahren rechnen konnten. Sie sind aber in den USA gleichwohl zu einem festen Bestandteil des öffentlichen Diskurses geworden, und sie lassen sich eben auch — was wiederholt geschehen ist — einsetzen, um in Konflikten um die Medienberichterstattung Stellung zu beziehen. [24]

Herb Schmertz, der PR-Chef von Mobil Oil, der diese Spielart der Medienkritik erfunden und auch mit viel Ideenreichtum weiterentwickelt hat, beurteilt deren Wirkungschancen gleichwohl realistisch: „Kein Unternehmen, egal, über wieviel Ressourcen es verfügt, wird die öffentliche Meinung verändern. Der Zweck solcher Aktionen ist viel bescheidener: sich selbst in die Diskussion einbringen und sicherstellen, daß der eigene Standpunkt vom intellektuellen Establishment gehört wird." [25]

Glen Gardner, ein Verlagsmanager der *Washington Post,* freut sich im übrigen, daß sein Blatt als Hauptstadt-Zeitung ganz überproportional von dieser Art Anzeigengeschäft profitiert. „Wenn man darüber nachdenkt, so ist das eben ein weiteres Forum, um Lobbying zu betreiben." Die Anzeigen böten — anders als TV-Spots — Platz für detailliertere Information über ein strittiges Thema, fänden so die Aufmerksamkeit der Abgeordneten und würden auch in den Kongreßakten als Referenz-Material archiviert.[26]

Ganz anderer Meinung ist da Medienkritiker Carl Jensen. Er befürchtet, daß *advertorials* im öffentlichen Bewußtsein die strikte Trennlinie zum Verschwinden bringen könnten, die es bisher zwischen Anzeigen und Kommentarseiten gegeben hat. Gefährlich sei das insbesondere dann, wenn die *advertorials* — erkennbar mit der Absicht, den Leser zu täuschen — ganz im Stil der jeweils üblichen *editorials* aufgemacht seien — und nur noch eine verschwindend kleine Überschrift darauf hinweise, daß es sich um Anzeigenraum und nicht um den redaktionellen Teil handele.[27]

Inwieweit diese Gefahr tatsächlich besteht, kann freilich jede Redaktion steuern. Gerade den Schneid, auch durch optische Gestaltung eine klare Trennlinie zwischen Anzeigenraum und redaktioneller Kommentierung zu ziehen, braucht sie sich ja nicht abkaufen zu lassen. Sicherlich recht haben dagen die Kritiker von *advertorials,* wenn sie auf die asymmetrischen Artikulationschancen verweisen, die dieses Instrument der Medienkritik verleiht. Per Anzeige Medienschelte zu betreiben, setzt organisatorische Macht und eine entsprechende Ressourcenbasis voraus. Gewöhnliche Sterbliche werden stattdessen weiterhin auf Leserbriefspalten angewiesen bleiben — und auch in den USA nur hoffen können, daß der Leserbrief-Redakteur ihre Meinung gnädig auch dann druckt, wenn sie sich kritisch zur redaktionellen Arbeit äußert.

Überzogene, aber dennoch nötige Kritik

Die Rolle von *media watchdogs* im Prozeß publizistischer Qualitätssicherung vermag realistischer zu würdigen, wer sich mit einer weiteren Einsicht der Kommunikationsforschung vertraut macht: dem *hostile media phenomenon*.[28] Es besagt, daß im Konfliktfall beide Parteien, die sich öffentlich streiten, mit großer Wahrscheinlichkeit die Medienberichterstattung in ihrer Sache als feindselig wahrnehmen werden. Wer dieses Phänomen kennt, versteht besser, weshalb das, was *media watchdogs* als selbsternannte Korrektive der Journalisten an Kritik vortragen, Außenstehenden oftmals überzogen erscheint. Er wird dann womöglich Milde walten lassen. Und er wird — trotz aller Kritikbedürftigkeit solcher Medienkritik — mit David Shaw zu dem Schluß kommen: *,,I think, we need it all.''* Ich glaube, wir brauchen das alles.[29]

15. Sickereffekte aus dem Elfenbeinturm: Zum Einfluß der Medienforschung

„Colleges and universities are filled with knowledgeable, thoughtful people who have been effectively silenced by an awful writing style, a style with its flaws concealed behind a smokescreen of sophistication and professionalism."
Patricia Nelson Limerick, 1992

„Wir brauchen weniger Soziologie und mehr ‚Verkaufserfolg‘", soll ein Direktor des *Newspaper Advertising Bureau (NAB)* von Leo Bogart gefordert haben, als dieser als junger Mann seinen Chefs mehr Sozialforschung als Strategie zur Zukunftssicherung der amerikanischen Zeitungen andienen wollte.[1] Daß heute in den Vereinigten Staaten kaum noch ein leitender Verbands- oder Verlagsmanager so daherreden dürfte, ist nicht zuletzt ein Verdienst von Bogart. Wie kaum ein anderer hat er als späterer Direktor des *NAB* dazu beigetragen, Sozialforschung für die Medienpraxis, insbesondere für die Zeitungsverlage, fruchtbar zu machen. Er ist seit 1989 *retired,* was sich in seinem Fall jedoch beim besten Willen nicht mit „im Ruhestand" übersetzen läßt. Er ist weiterhin in der Fachszene omnipräsent und weist mit seinen profunden, empirisch gesättigten Studien den amerikanischen Zeitungen Wege in die derzeit nicht eben verheißungsvolle Zukunft.[2] Bogart gehört sicher zu der Handvoll herausragender Medienwissenschaftler seines Landes, die sich auch in der Praxis hohes Ansehen erworben haben.

Doch welchen Beitrag leistet insgesamt die Kommunikationsforschung in den USA zur Qualitätssicherung im Journalismus? Auf diese Frage eine differenzierte Antwort zu geben, fällt ebenso schwer wie in Deutschland.

Als erstes gilt es, sich die Größenordnungen zu vergegenwärtigen. Wenn an 420 Hochschulen über 4200 hauptberufliche Dozenten im Bereich Journalismus/Massenkommunikation lehren, so heißt das, daß ein Großteil von ihnen auch forscht, publiziert und die Medienpraxis als kritische Beobachter begleitet. Hinzu kommen dann noch außeruniversitäre Forschungsinstitute und die Abteilungen für Markt- und Medienforschung, die sich die großen Medienkonzerne aufgebaut haben. Da ist also fraglos ein riesiges Forschungspotential. Feststellen läßt sich auch, daß sich in den USA stärker als in Europa die empirische Ausrichtung der Kommunikationsforschung durchgesetzt hat.[3] Doch was wird von dem üppigen Ausstoß an Publikationen und Erkenntnissen praxiswirksam?

Als gesichert kann gelten, daß Daten aus der Markt- und Publikumsforschung in den amerikanischen Medienbetrieben in hohem Maß beachtet werden. Erkenntnisse, die Auskunft darüber geben, welche Rezipientengruppen wie erreichbar sind, sind gefragt. Praktiker nutzen sie als Entscheidungshilfen bei der Entwicklung neuer Blatt- und Programmkonzepte; Forschungsergebnisse werden damit zu Wegmarken, die in die Medienzukunft weisen.

Darüber hinaus trägt die Medienforschung zur publizistischen Qualitätssicherung insofern bei, als ihre Forschungsergebnisse erkennbar da und dort in die Medien und die Fachöffentlichkeit hineinwirken.[4] Forschungsinstitute reihen sich also in den Reigen von Institutionen und Initiativen ein, die zur Außenkontrolle des Journalismus beitragen. Im günstigsten Fall leisten sie dies, indem sie „objektive" Daten über Befindlichkeiten und Entwicklungstendenzen des Journalismus und des Mediensystems liefern — also Befunde, die intersubjektiv nachprüfbar sind und innerhalb der Kommunikationsforschung unumstritten als derzeitiger Wissensstand gelten.

Meist ist indes auch der Wissenschaftsbetrieb „nur" ein Teil der gesellschaftlichen Streitkultur, allerdings ein Bereich, der eigenen und besonders strikten Spielregeln folgt. Forschungsergebnisse werden nicht nur innerhalb der Kommunikationswissenschaft kontrovers diskutiert und initiieren mitunter weitere Forschungen. Sie werden auch in den politischen Auseinandersetzungen um die Macht der Medien und um die Vorherrschaft in den Medien selektiv verwendet und geben dann mitunter ihrerseits der Medienpolitik neue Wendungen.

Immerhin trägt der Wissenschaftsbetrieb mit seinen Forschungsergebnissen insoweit zur Rationalisierung des gesellschaftlichen Diskurses bei, als er die Diskurs-Teilnehmer zwingt, ihre Positionen möglichst unter Rückbezug auf empirische Erhebungen und Statistiken zu begründen. Dies wiederum macht es in unseren zahlengläubigen Gesellschaften all denjenigen schwer, ihre Positionen zu vertreten, die sie nicht mit hinreichenden Daten abstützen können und die daher qualitativ statt quantitativ argumentieren müssen.

Für viele Außenstehende ist derlei mit Forschungsergebnissen unterlegter Streit zudem nur schwer mit ihrer Erwartungshaltung an Wissenschaft in Einklang zu bringen, daß diese eindeutig zu sein und „Wahrheit" zu verkünden habe. Weil zu den derart Enttäuschten nicht zuletzt immer wieder Journalisten gehören, ergeben sich Legitimationsverluste für die Wissenschaft. Es entsteht der Eindruck von „Käuflichkeit"; der Wissenschaft wird vorgeworfen, sie mache sich den jeweils meistbietenden gesellschaftlichen Interessengruppen mit vorbestellten „Erkenntnissen" dienstbar.

Dies dürfte indes — in Amerika wie auf dem alten Kontinent — seltener vorkommen, als Laien, insbesondere schon von Berufs wegen mißtrauische Journalisten, annehmen. Zu unterscheiden sind allemal die erhobenen Daten und die Schlüsse, die Forscher daraus in Form von — manchmal eigenwilligen und eigentlich immer diskussionsbedürftigen — Interpretationen ziehen. Forscher, die bei der Datenerhebung schludern oder manipulieren, ruinieren schnell ihren guten Ruf. Selbst wenn empirische Befunde allzu einseitig interpretiert werden, sprechen die Fachkollegen von Feldverschmutzung. Die Wirkung solcher Forschung besteht dann darin, daß sie weiterer Forschung die Grundlage oder zumindest die Wirkungschancen entzieht, weil sie bei den Betroffenen oder Beforschten nur Kopfschütteln hervorruft.

Gleichwohl gibt es auch in Amerika immer wieder willfährige und profilierungssüchtige Wissenschaftler, die nicht nur wissen, wo sich Forschungsgelder einsammeln lassen, sondern auch, wie man „wissenschaftliche" Ergebnisse frisieren muß, um den herrschenden Nachrichtenwerten zu entsprechen und Medienaufmerksamkeit auf sich zu lenken. Hier gilt es sowohl, das Qualitätssicherungssystem der Wissenschaften als auch das des Journalismus weiterzuentwickeln, um zu verhindern, daß die Windhunde und Überflieger des Forschungsbetriebs — am *peer review*-System der Forschergemeinde vorbei — zu Medienstars avancieren. Sie haben oft auch deshalb ein leichtes Spiel, weil eine Vielzahl von Kommunikationsforschern und Journalistik-Dozenten als eher unkommunikativ gilt — der Spruch von den Kommunikationsexperten, die nicht zu kommunizieren verstehen, macht auch in Amerika die Runde. [5]

Andererseits gibt es aber auch seitens der Journalisten den Versuch, Forschungsergebnisse als einseitig oder unseriös abzustempeln, nur weil sie unbequem sind. Diese Erfahrung haben beispielsweise Linda und Robert Lichter gemacht, die 1984 in Washington ein privates, unabhängiges Forschungsinstitut gründeten, das Center for *Media and Public Affairs*. Es versteht sich als Denkfabrik, die mit wissenschaftlichen Methoden *media monitoring* betreibt, also die aktuelle Medienberichterstattung beobachtet.

Das Institut erfüllt damit ähnliche Funktionen wie die *media watchdogs,* die im vorangegangenen Kapitel vorgestellt wurden, bedient sich dabei jedoch wissenschaftlicher Methoden.

Frau Lichter kennt sehr genau die Schwächen herkömmlicher Medienforschung: Das meiste davon sei für die Öffentlichkeit unverständlich und obendrein das Ergebnis langwieriger und mühseliger Forschungsprozesse. Wenn die Ergebnisse letztendlich publiziert würden, seien sie „so abgestanden wie die Nachrichten von gestern"[6]. Das Forscher-Ehepaar hat dem entgegenzuwirken versucht und immer wieder Arbeiten — so zur Berichterstattung der Medien über Aids und Obdachlosigkeit[7] — vorgelegt, die die kritische Aufmerksamkeit der Medien verdienten, gerade weil sie den Journalisten nachweisen, wie diese stereotypisieren und relevante Fakten zur Beurteilung von Sachverhalten aus der Berichterstattung ausklammern.[8]

Weil die Lichters jedoch mit einer sehr umstrittenen Studie über das Selbstverständnis amerikanischer Journalisten in Fachkreisen bekannt geworden waren, die neben hochinteressanten Thesen auch sehr einseitige Interpretationen enthielt und die amerikanische Medienelite als linkslastig auswies[9], werden sie selbst seither von den Medien gern als „rechtslastig" eingestuft — und das erspart dann die inhaltliche Auseinandersetzung mit ihren Forschungsarbeiten, die an und für sich nötig wäre. Ähnliche Erfahrungen machen in Deutschland immer wieder Forscher aus dem Umfeld von Elisabeth Noelle-Neumanns „Mainzer Schule".

Wirkungen durch die Hintertür

Fraglos liefert gerade die gutausgebaute und hochentwickelte Publizistik- und Kommunikationswissenschaft in den USA Unmengen neuen Wissens, und Wissen ist in der Informationsgesellschaft mehr denn je Macht. Dennoch gibt es bisher so gut wie keine kommunikationswissenschaftliche *Forschungswirkungsforschung*. Wir sind zurückgeworfen auf eigene Beobachtungen und Vermutungen sowie auf die sozialwissenschaftliche Verwendungsforschung, deren Ergebnisse im großen und ganzen auch für die Kommunikations- und Publizistikwissenschaft Gültigkeit haben dürften. [10]

Eine Crux auch des amerikanischen Journalismus ist es, daß er bisher das verfügbare kommunikationswissenschaftliche Wissen kaum direkt nutzt. [11] Die Bereitschaft, Forschungsergebnisse aufzunehmen und sich kritisch mit ihnen auseinanderzusetzen, ist unter Medienpraktikern nicht eben weit verbreitet. Jack McLeod, einer der namhaften amerikanischen Kommunikationsforscher, gibt sich da keinen Illusionen hin: „Das Interesse beschränkt sich strikt auf Publikumsforschung." [12] Während viele Journalisten noch nicht einmal Sickereffekte aus dem Elfenbeinturm konzedieren mögen, haben indes Sozialforscher herausgefunden, daß sozialwissenschaftliches Wissen die Praxis durchaus erreicht — wenn auch auf verschlungenen Pfaden und mit kaum nachvollziehbaren, geschweige denn vorhersehbaren Wirkungen. [13]

Dem Einfluß heutiger Kommunikationswissenschaft entziehen können sich also gerade die amerikanischen Journalisten schon längst nicht mehr. Egal, mit wem sie es zu tun haben, ob mit der eigenen Verlagsleitung, mit Politikern und Wahlkampfstrategen, mit Wirtschaftsführern, Marketing-Experten und PR-Abteilungen von Großunternehmen, mit demoskopischen Instituten oder mit Mediaplanern und Werbefachleuten — sie alle nutzen die Erkenntnisse moderner Markt-, Kommunikations- und Journalismusforschung — und verändern so von außen die journalistische Praxis. [14]

Direkt in die breitere Öffentlichkeit hinein wirkt dagegen auch in den USA die Kommunikationsforschung äußerst selten. [15] Am unmittelbarsten dürfte sich immer noch an der Universität selbst Forschung in Praxis übersetzen — im Rahmen der Lehre, also der Aus- und Weiterbildung. Einschränkend ist zwar daran zu erinnern, daß nicht an allen amerikanischen *journalism schools* auch geforscht wird. Andererseits findet an den forschungsintensiven Hochschulen eher mehr Praxistransfer statt als hierzulande. Denn nicht nur die Studenten wechseln während ihrer Ausbildung häufiger vom Seminarraum in die Praxis und zurück. Auch die Gastdozenten aus den Medienbetrieben werden stärker in das Universitätsleben eingebunden. Und vor allem pflegen die amerikanischen Hochschulen sehr intensiv die Beziehungen zu ihren *alumni* — den ehemaligen Studierenden, die inzwischen „draußen" auf den Karriereleitern herumturnen und nach oben klettern (vgl. auch Kapitel 7).

Filteranlagen gegen den Überfluß

Für diejenigen Praktiker, die in puncto Forschung interessiert und aufnahmebereit sind, stellt sich in den USA allerdings verschärft das Problem, den Überblick zu bewahren und die Informationslawine zu bewältigen. In der Überflußgesellschaft wird auch Wissenschaft im Überfluß produziert.[16] Vieles von dem, was die Kommunikationsforschung an Erkenntnissen und Blüten hervorbringt, ist für die Praxis nutzlos[17], manches noch nicht einmal interessant als Erkenntnisfortschritt für die Wissenschaft selbst. Mit der quantitativen Ausweitung der Journalismus- und Kommunikationsforschung hat die Qualität nicht immer Schritt halten können — und als Folge des rapiden Wachstumsschubs der letzten Jahrzehnte nimmt inzwischen sogar vermutlich die Gefahr zu, daß Qualität unerkannt bleibt, sozusagen in den Publikationsfluten „ertrinkt".

Auch korreliert die Qualität von Forschungsergebnissen oft nicht mit der Fähigkeit der Forscher, ihre Erkenntnisse potentiellen Nutzern zugänglich zu machen. Everette Dennis, der Direktor des *Freedom Forum Media Studies Center* in New York, ist immer wieder überrascht, „wie schrecklich schwer sich manche unserer Kollegen tun, ihre eigene Arbeit publik zu machen. Nicht nur, daß sie keine Sonderdrucke oder Preprints an ihre Forscherkollegen oder an interessierte Medienprofis verschicken. Sie machen ihre Arbeit auch kaum jemals Entscheidungsträgern in der Medienindustrie, Kolumnisten, der Branchenpresse oder anderen denkbaren Multiplikatoren zugänglich, die ihre Arbeit weitertragen und ihr öffentliche Aufmerksamkeit verschaffen könnten"[18].

Um so wichtiger werden Förder- und Filteranlagen, die einerseits relevante Erkenntnisse weitertragen und andererseits dem *information overload,* also der Informationsüberlastung, entgegenwirken. Benötigt werden Einrichtungen, die gezielten Transfer bewirken und die Spreu vom Weizen scheiden. Das Kommunikationsnetz muß punktuell verdichtet werden — sowohl was die disziplinüberschreitende Kommunikation zwischen Wissenschaftlern anlangt als auch den Dialog zwischen Wissenschaft und den Fachwelten der Praxis.

Nun sind — im Vergleich mit den deutschen Sozialwissenschaften — in den amerikanischen Forschungsbetrieb selbst schon einige Anreizmechanismen eingebaut, die in diese Richtung wirken. Der pyramidenförmige Aufbau des amerikanischen Forschungs- und Hochschulwesens erleichtert dem Außenstehenden die Orientierung. Spitzenforschung konzentriert sich auf wenige Institute und Universitäten. Die Notwendigkeit, in erheblich größerem Umfang Drittmittel einwerben zu müssen, zwingt auch diese Elite-Institutionen dazu, sich zu öffnen und die Relevanz bestimmter Forschungen oder Forschungsrichtungen auch Nicht-Wissenschaftlern zu verdeutlichen.

Darüber hinaus gibt es Beispiele für ein sehr intensives Zusammenwirken von Kommunikationswissenschaft und Praxis, aus denen sich etwas lernen läßt. Einige solcher Exempel für gelungenen Transfer seien im folgenden vorgestellt.

Ein Kongreß als Transfer-Supermarkt

Die Jahrestagung der *Association for Education in Journalism and Mass Communication (AEJMC)* in Kansas City im August 1993 bricht alle Rekorde. 1600 Teilnehmer aus aller Welt, zum ganz überwiegenden Teil aber von Hochschulen und aus Medienbetrieben der USA, sind für fünf Tage zusammengeströmt, um sich in insgesamt rund 330 verschiedenen Workshops, Vortragsveranstaltungen und Diskussionsrunden über die neuesten Trends in der Medienbranche, über Forschungsergebnisse und über Lehrerfahrungen auszutauschen. Angekündigt werden die Termine in einem 150 Seiten starken Programmheft.

Der Arbeitsrhythmus ist rigide. Die einzelnen Kongreßveranstaltungen dauern jeweils 90 Minuten. In der Regel haben in denjenigen Runden, die der Präsentation von Forschungsergebnissen vorbehalten sind, vier Wissenschaftler Gelegenheit, ihre Arbeitspapiere vorzustellen. Das macht ganze 15 Minuten pro Nase, wenn noch Zeit für ein kurzes vorbereitetes Statement eines Fachkollegen bleiben soll. Als ich selbst es beim besten Willen nicht schaffte, mich diesem rigiden Zeitplan zu unterwerfen, und fünf zusätzliche Minuten erbat, war man allerdings konziliant. *„How long did it take you to get here?"* ist die joviale Gegenfrage meines Arbeitsgruppenmoderators. Wer aus dem fernen Europa 15 Stunden lang angereist ist, darf auch einmal ein paar Minuten länger referieren.

Wer im Journalismus die Tendenz zu immer mehr *fast food* beklagt, zu kürzeren, substanzloseren

Berichten, die möglichst nicht die 60-Zeilen-Grenze überschreiten sollten, wird zu konstatieren haben, daß sich im Wissenschaftsbetrieb ähnliche Tendenzen der McDonaldisierung breitmachen. Immerhin erhalten so relativ viele Wissenschaftler die Chance, auf solchen Mammutkongressen vorzutragen. Allerdings unterliegen auch bei diesem Tagungsformat die Beiträge dem *peer review,* also der kollegialen Kontrolle und damit einer Vorauswahl — was im Interesse wissenschaftlicher Qualitätssicherung auch wünschenswert ist und erklärt, daß es so gut wie keine ausgesprochenen Flops im Programm gibt.

In das Programm sind freilich auch Plenumsvorträge und Podiumsdiskussionen eingestreut. Zu den Highlights, die größere Zuhörerscharen anziehen, gehören Präsentationen, in denen die Medien- und Marktforscher aus den großen Unternehmen ihre neuesten Trendanalysen und Befunde vorstellen. Weil oft mehrere interessante Veranstaltungen gleichzeitig laufen, liegen alle präsentierten Papiere zum Verkauf aus. Außerdem werden die einzelnen Diskussionsrunden mitgeschnitten; wer will, kann sich von den Veranstaltungen, an denen er nicht teilnehmen konnte oder die er genauer analysieren möchte, noch während des Kongresses für ein paar Dollar ein Audio-Tape kaufen.

Die vier Tage unter der Käseglocke eines Mammuthotels und unter dem Diktat der gigantesken Kongreß-Agenda lassen kaum eine Verschnaufpause zu — schon vor acht beginnen die ersten Frühstückstreffen, und so manches Meeting wird noch abends um 22 Uhr eröffnet. Von einigen kritischen

Geistern wird das Zusammenwirken von Medienindustrie, Medienstiftungen und Ausbildungsstätten bei solchen Anlässen allerdings auch beargwöhnt: Doug Underwood etwa verspürt, wenn er an Präsentationen der großen Medienkonzerne teilnimmt, gelegentlich schon so etwas wie „Druck von seiten der Industrie, lesergesteuerten Journalismus zu lehren"[19].

Wie ertragreich diese durchrationalisierte Form des Transfers und Dialogs dennoch ist, wird einem erst richtig bewußt, wenn man sie mit den Jahresversammlungen wissenschaftlicher Vereinigungen im deutschsprachigen Raum oder aber auch mit der alljährlichen Konferenz der weltumspannenden Fachzunft der Kommunikationswissenschaftler, der *International Communication Association (ICA),* vergleicht.[20]

Die Jahreskongresse von Sozialwissenschaftlern hierzulande sind überschaubarer. Sie kranken aber bislang daran, daß es an straffer Regie und vor allem an hinreichender Vorauslese bei den zu präsentierenden Papers mangelt. Aber auch die Jahrestagungen der *ICA* hinterlassen gemischte Gefühle.[21] Der Adressatenkreis unter den Wissenschaftlern ist sehr viel breiter als bei der *AEJMC;* dafür bleiben aber die Forscher weithin unter sich, und es fehlt das befruchtende *feedback* aus der Praxis. Die Informationsberge und Papierfluten sind noch unüberschaubarer, auch das Programm ufert aus; dem Kongreß fehlt es an thematischer Fokussierung. Das Allzu-Spezialistische und Nur-noch-Esoterische gewinnt die Oberhand. Gewiß, Kommunikation ist alles, und alles ist Kommunikation — und deshalb haben Kommunikationswissenschaftler sicher auch zum Thema „Unterhaltungs-Praktiken in Gesundheits- und Therapiekontexten" (*ICA*-Arbeitsgruppen- Rahmenthema) und zu „Zuneigung und Konflikt unter Neuverheirateten" (*ICA*-Arbeitsgruppen-Beitrag[22]) Bewegendes mitzuteilen. Dennoch wird man es Journalisten kaum verübeln können, wenn sie sich schon beim Durchblättern des Programmhefts ihr Vorurteil bestätigen, daß dort wenig für sie zu holen ist.

Und dann sind da die vielen Daten und Zahlen zur Aids-Berichterstattung, die in zäher und akribischer Kleinarbeit erhoben wurden. Auch sie dürften dem Praktiker grosso modo wenig weiterhelfen — außer daß sie ihm zeigen, wie modeabhängig einerseits auch die Kommunikationswissenschaften bei der Themenwahl sind, und daß andererseits gerade bei Modethemen der Forschungsbetrieb nahezu zwangsläufig den Aktualitäten hinterherhechelt. Bis nach zwei Jahren die ersten Forschungsergebnisse vorliegen, hat in den Medien längst das überübernächste Thema Konjunktur.

Aber vielleicht hält ja an dieser Stelle unser Journalist, der sich zum *ICA*-Kongreß verirrt hat, wenigstens inne und fragt sich mit seinem gesunden Menschenverstand, ob und warum — in der Medizin, in der Kommunikationswissenschaft, in der Politik und im Journalismus — über Aids so viel und vergleichsweise über multiple Sklerose, Alzheimer oder schlichtweg Kopfschmerz so wenig nachgedacht, geforscht bzw. kommuniziert wird.

Dialogorientierte wissenschaftliche Fachzeitschriften

Schon die sehr viel zahlreicheren *trade journals* und Branchendienste, die in den USA für Journalisten, Medienmanager und andere Praktiker gemacht sind, kommen auf der Suche nach Themen gar nicht mehr am Wissenschaftsbetrieb vorbei (vgl. Kapitel 12). In den letzten Jahren ist in den USA jedoch ein neuer Zeitschriften-Typus entstanden, der sich explizit den Forschungstransfer zur Aufgabe gemacht hat und den Dialog zwischen Medienwissenschaft und -praxis pflegt.

Zu nennen ist hier insbesondere das *Media Studies Journal,* eine in ihrer Qualität einzigartige Fachzeitschrift. Sie bildet einen wichtigen Brückenkopf, der Wissenschaft und Praxis miteinander verbindet. Jede Nummer ist als Themenheft konzipiert, vereint auf knappem Raum konzentriert Expertenwissen und wird so sorgfältig redigiert und illustriert, daß das Lesen wissenschaftlicher Texte fast soviel Spaß bereitet wie die morgendliche Lektüre eines „Streiflichts" oder Seite-3-Features der *Süddeutschen Zeitung.* Es ist ein offenes Geheimnis, daß das *Media Studies Journal* auch für die *Bertelsmann Briefe* Pate stand, als für diese traditionsreiche Publikation Anfang der neunziger Jahre ein neues Konzept entwickelt wurde.

Sehr viel weniger anspruchsvoll in der optischen Präsentation, aber kaum minder informativ ist das *Newspaper Research Journal,* das sich ebenfalls zum Ziel gesetzt hat, neben den Medienforschern auch interessierte Praktiker zu erreichen.

Sodann gibt es natürlich die klassischen Fachzeitschriften, die in erster Linie den Wissenschaftlern selbst als Publikationsforen dienen. Dazu gehören *Journalism Quarterly*, *Journal of Communication* und *Public Opinion Quarterly* als besonders renommierte Titel, aber auch eine Vielzahl von stärker spezialisierten oder eher regional bedeutsamen Fachzeitschriften, für die es wohl nur in der „lingua franca" des modernen Wissenschaftsbetriebs und damit eben in den USA einen hinreichend großen Markt gibt: Die Spannweite reicht von *Communication Theory* und *Journalism History* über *The Journal of Mass Media Ethics* bis hin zum *Journalism Educator,* in dem die Journalistik-Dozenten ihre Lehrerfahrungen austauschen.

Innovative Denkfabrik:
das Freedom Forum Media Studies Center

Im Parterre des altehrwürdigen *Journalism Building* der Columbia University hat 1985 das *Gannett Center for Media Studies* Einzug gehalten — ein *think tank,* der insoweit nach dem Vorbild des Institute for Advanced Study in Princeton konstruiert ist, als er einer jährlich wechselnden Gruppe von *fellows* — handverlesenen Publizistikwissenschaftlern und Medienpraktikern — für einen begrenzten Zeitraum phantastische wissenschaftliche Arbeitsmöglichkeiten offeriert. Eingebunden in ein Umfeld, das ideale Arbeitsbedingungen ebenso wie interessante Gesprächspartner verheißt und als „Kulisse" die Kultur- und

Medienmetropole New York bietet, können die *fellows* nachdenken, dazulernen, ihre schöpferische Phantasie entfalten, um ein Buch zu schreiben oder ein größeres Forschungsprojekt zu vollenden. [23]

Innerhalb von wenigen Jahren hat Everette Dennis das Institut, das 1991 in *Freedom Forum Media Studies Center* umbenannt wurde, zu einer in Fachkreisen landes-, ja weltweit beachteten Institution ausgebaut. Das Zentrum treibt nicht nur die Medienforschung voran; es fungiert zugleich als Transfer- und Weiterbildungsinstitution und hilft die auch in den USA noch immer große Kluft zwischen Wissenschaft und Medienpraxis zu überbrücken. Preprints, das bereits erwähnte *Media Studies Journal* und eine eigene Publikationsreihe sorgen ebenso wie Vortrags- und Seminarveranstaltungen dafür, daß die erarbeiteten Ergebnisse alsbald in Fachkreisen zirkulieren.

Daß Dennis nicht nur über viel, ja sehr viel Geld verfügt, sondern es auch in vorbildlicher Weise für die Entwicklung von Journalismus-Infrastrukturen einsetzt, ist sicherlich einer der Glücksfälle für den amerikanischen Mediensektor. [24] Dabei überzeugt nicht zuletzt die gesunde Mischung der Themen, denen sich das Zentrum zuwendet. Gewiß, da findet sich manches, was einfach *trendy* ist und dem man sich derzeit in den USA nicht entziehen kann — etwa die Programme zur Förderung von Minoritäten und Frauen im Journalismus. Aber Dennis gehört auch zu den Kreativen und Unermüdlichen seiner Zunft, die Neues anpacken und sich nicht nur auf bereits ausgetretenen Trampelpfaden bewegen. Dazu gehört etwa das alljährliche *Leadership Institute for Journalism and Mass Communication Education,* ein Workshop, der den Erfahrungsaustausch zwischen Direktoren und Dekanen von *j-schools* vorantreibt.

Das New Yorker Zentrum ist allerdings nicht die einzige Institution, die derlei Austausch und Transfer betreibt: Viele der journalistischen Ausbildungsstätten, aber auch Forschungseinrichtungen wie das *Barone Center for the Press* an der Kennedy School of Government in Harvard, das *Institute for Media Studies* am Woodrow Wilson Center in Washington D.C. oder das neugegründete *Newspaper Management Center* an der Northwestern University in Chicago und das *Knight Center for Specialized Journalism* an der University of Maryland bieten ebenfalls Symposien, Vortragsveranstaltungen oder Kompaktseminare für Medienpraktiker und -wissenschaftler an.[25]

Produktive Beschäftigung mit sich selbst

Darüber hinaus thematisiert sich in Amerika die Kommunikationsforschung in wachsendem Umfang selbst. Derlei Selbstreflexivität ist ein Merkmal ausgereifter, leistungsfähiger Strukturen — auch wenn sich Konrad Adam über solche Tendenzen des Wissenschaftsbetriebs mokiert.[26] Wer Qualitätssicherung des Journalismus betreiben möchte, wird nicht zuletzt das qualitätssichernde Institutionennetzwerk zu durchleuchten haben.

So werden in den USA nahezu selbstverständlich innovative Projekte in der Aus- und Weiterbildung von Begleitforschung eingerahmt, und es werden von den wissenschaftlichen Vereinigungen immer wieder Projektgruppen eingesetzt, die sich um die Zukunft der Ausbildung im Journalismus und in der Massenkommunikation Gedanken machen.[27] Längst wird erfaßt, wie produktiv die einzelnen Universitätsinstitute forschen[28], und zwischen den Lehrenden gibt es — in der eigens dafür vorgesehenen Fachzeitschrift *Journalism Educator* — einen regen Gedanken- und Erfahrungsaustausch zur Didaktik, also über die bestmöglichen Wege, wie sich bestimmtes Wissen, etwa zur Geschichte des Journalismus[29] oder zur Ethik in den Kommunikationsberufen[30], weitervermitteln läßt.

Nicht nur Studierende werden aufgefordert, Lehrveranstaltungen zu bewerten; auch die Dozenten interessieren sich ihrerseits für Möglichkeiten der Evaluation[31], aber auch dafür, wie beispielsweise die studentische Bewertung von Lehrveranstaltungen mit der Benotung von deren Leistungsnachweisen korreliert. So fanden Forscher interessanterweise heraus, daß die Studierenden, die die besseren Leistungen erzielten, in der Regel auch die von ihnen besuchten Kurse besser bewerteten.[32] Bis hin zu den Suchstrategien und Interviewtechniken von Berufungskommissionen, die über die Einstellung von Dozenten zu entscheiden haben, reicht inzwischen das Themenspektrum der Selbstbeforschung.[33]

Brückenbau zwischen Wissenschaft und Praxis

Alle diese Beispiele machen deutlich, woran es bisher in Deutschland hapert: Die Kommunikationsforschung selbst ist im Vergleich zu den USA noch entwicklungsbedürftig — auch als ein Faktor, der qualitätssichernd den Journalismus begleitet. Mehr noch fehlen indes geeignete Kanäle, die den Wissenstransfer in den Journalismus hinein bewerkstelligen; es mangelt an praxisnaher Aufbereitung wissenschaftlicher Erkenntnisse. Aber auch umgekehrt ist wohl die Bereitschaft der Praxis weiterhin geringer als in den USA, sich überhaupt auf das „Abenteuer" Wissenschaft einzulassen. Dabei könnte die Forschung zumindest Navigationshilfe bieten, wenn es darum geht, die kritischen, „qualitätssicherungs-bedürftigen Problemzonen" des Journalismus und der öffentlichen Kommunikation zu verorten.

Andererseits gilt es auch immer wieder, Praktiker auf den Boden der Tatsachen zurückzuholen, die allzu hochgesteckte Erwartungen an die Wissenschaft haben: Auch deren Liste ist in Amerika länger als anderswo. Sie beginnt mit Joseph Pulitzer und endet noch lange nicht mit James S. Pope, dem *managing editor* des *Louisville Courier-Journal*, der 1948 die University of Michigan aufforderte, „ein Komitee einzurichten, das die amerikanischen Tageszeitungen kritisiert" — in der festen Überzeugung, daß es „jemanden geben müsse, der in der neuen Kunst und Wissenschaft, die Leistungen der Presse zu messen, Pioniertaten vollbringt"[34].

16. Zwischen Markt und Staat: Wege zur Finanzierung von Infrastrukturen

„Man kann interessante Spekulationen darüber anstellen, inwieweit die Frage, ob man für Dienstleistungen direkt oder indirekt (über Steuern) bezahlt, den Grad der eventuell auftretenden Enttäuschung beeinflußt. Einerseits sollte, so könnte man vermuten, die direkte Bezahlung die Käufer kritischer und qualitätsbewußter machen, als wenn die Leistung erbracht wird, ohne daß dafür unmittelbar bezahlt werden muß. Andererseits ist man oft schon aufgrund der Tatsache, daß man für etwas bezahlt hat, bereit, sich einzubilden, man müsse dann wohl auch einen angemessenen Gegenwert erhalten haben, so daß man allenfalls mit stillen Selbstvorwürfen reagiert, wenn das Kaufergebnis unbefriedigend bleibt. Vielleicht ist dieser sonderbare psychologische Mechanismus mitverantwortlich dafür, daß durch die öffentliche Hand finanzierte Dienstleistungen soviel häufiger und heftiger angegriffen werden als privatwirtschaftlich gekaufte Dienste."
Albert O. Hirschman, 1984

Ein flächendeckender Überblick über qualitätssichernde Infrastrukturen darf der Gretchenfrage nicht ausweichen: der Frage nach deren Finanzierung. Genauer besehen, stellt sich diese Frage doppelt.

Wenn zu klären ist, wer aus welchen Gründen Infrastrukturen bezahlen sollte, sind die Wirtschafts- und Sozialwissenschaftler gefordert. Schon das Zitat von Albert O. Hirschman läßt erkennen, daß sie mit Hilfe der Theorie der öffentlichen Güter bei der Suche nach geeigneten Finanzierungsmodi von Infrastrukturen Wege weisen können. Es zeigt aber auch, daß die Antworten differenzierter und damit auch komplizierter ausfallen dürften, als das auf Entscheidungshilfe hoffende Praktiker gern hätten.

Soll-Vorstellungen weichen indes häufig vom real Vorfindbaren deutlich ab. Oftmals hilft Anschauungsunterricht, um letztlich glauben zu können, daß nicht alles so sein muß, wie es ist, daß es auch anders gehen könnte. Wer tatsächlich was im Prozeß publizistischer Qualitätssicherung bezahlt — auch in diesem Punkt ist das amerikanische Beispiel überaus lehrreich.

Wissenschaftliche Antworten auf die Gretchenfrage

Weil Infrastrukturen kostspielig sind und — zumindest kurzfristig — keine Rendite versprechen, ist es Aufgabe der öffentlichen Hand, sie zu erstellen und in Schuß zu halten. So jedenfalls hieß es bis vor kurzem ziemlich unisono in der wirtschaftswissenschaftlichen Literatur.[1] Diese Gewißheit ist inzwischen erschüttert.

Beispiele für öffentliche Mißwirtschaft einerseits, erfolgreich privatwirtschaftlich betriebene Autobahnen, Universitäten, Krankenhäuser und Müllabfuhr-Unternehmen andererseits, stellen das Credo von einst in Frage. Solche Exempel machen zumindest deutlich, daß Wettbewerb, wo immer er möglich ist, die Suche nach kunden- und damit bürgerfreundlichen Lösungen belebt. Damit ist aber noch nicht gesagt, daß öffentliche Anbieter in der Konkurrenz mit privaten nicht da und dort die Nase vorn behalten können.

Besonders spannend ist vor diesem Hintergrund die Frage, wer Journalismus-Infrastrukturen finanzieren soll, zumal es dabei eben nicht nur um Geld, sondern auch um Einflußchancen auf die „Vierte Gewalt" geht. Schon deshalb scheiden sich an dieser Stelle die Geister.

Die eine Seite pocht darauf, daß es gerade in der heraufkommenden Informationsgesellschaft eine öffentliche Aufgabe ist, die infrastrukturellen Voraussetzungen für einen funktionsfähigen Journalismus zu schaffen. Die andere Seite möchte dagegen den Einfluß politischer und staatlicher Instanzen auf den Prozeß öffentlicher Meinungsbildung zurückgedrängt sehen.

Das Dilemma jedweder Medienpolitik, auch einer medienbezogenen Infrastrukturpolitik, hat Langenbucher auf den Punkt gebracht. Er schreibt, daß jeder Versuch, Qualität „z. B. durch gesetzliche Maßnahmen zu erzwingen, durch wirtschaftliche Unterstützung zu fördern oder sonstwie einzuklagen", auch dazu führt, deren „Voraussetzungen — eben die Freiheit der Kommunikation — einzuschränken"[2].

Eingriffe gefährden Pressefreiheit

Selbst wohlwollende Intentionen werden deshalb schnell von Medienbetrieben und Journalisten als Eingriffe empfunden, die die Pressefreiheit gefährden und die Wettbewerbsbedingungen verzerren. Die Medien selbst wachen mit Argusaugen darüber, daß ihre Autonomieräume nicht durch staatliche Interventionen eingeschränkt werden. Wer sich beispielsweise an den Diskussionsverlauf um das Presserechtsrahmengesetz oder — wie kürzlich — um das Gegendarstellungsrecht im Saarland erinnert, wird verstehen, weshalb Politiker es sich heute zweimal überlegen, bevor sie sich für Programme engagieren, die die Mediengewaltigen als Attacke auf ihre Autonomie werten könnten.

Gerade im Journalismus und bei den Medien ist eine freiheitliche Gesellschaft allerdings auch darauf angewiesen, daß staatlicherseits allenfalls für einen Ordnungsrahmen gesorgt wird. Nirgendwo sonst macht das liberale Konzept vom Nachtwächterstaat mehr Sinn als im Medienbereich, wo es gilt, im Interesse der Pressefreiheit staatliche Einflußnahme auf das absolut unverzichtbare Minimum zu reduzieren.

Wer dennoch für eine Finanzierung von Journalismus-Infrastrukturen aus öffentlichen Kassen plädiert, hat mithin das Problem, ein „Sicherungssystem" gegen staatliche und damit politische Einflußnahme entwickeln zu müssen: Durch institutionelle Vorkehrungen ist dafür zu sorgen, daß mit der Finanzierung von Infrastrukturen nicht auch deren Funktionalisierung durch die jeweils Regierenden einhergeht. Wie schwierig es ist, dies dauerhaft zu gewährleisten, läßt sich am Schicksal öffentlich-rechtlicher Rundfunkanstalten ebenso ablesen wie an Versuchen politischer Indienstnahme staatlich alimentierter Universitäten.

Da mögen die Rechtskonstruktionen noch so ausgeklügelt sein — de facto ist es wohl unvermeidlich, daß diejenigen, die die Ressourcen zuteilen, auch Einfluß auf deren Verwendung gewinnen. „Wer zahlt, schafft an", heißt es im Volksmund, und die Erfahrung lehrt in der Tat, daß die Politik instrumentalisiert, was sie instrumentalisieren kann — vom Rundfunk[3] bis hin zu den Instituten der Journalistenaus- und -weiterbildung. Sind diese an Universitäten angesiedelt, so „läuft" das letztlich über Berufungspolitik. So ist es wohl nicht nur purer Zufall, daß die eher konservative „Mainzer Schule" der Publizistikwissenschaft, die von Elisabeth Noelle-Neumann und Hans Mathias Kepplinger begründet wurde, in einem Bundesland floriert, das jahrzehntelang von der CDU dominiert war, während etwa am Journalistik-Institut der Universität Dortmund Wissenschaftler das Sagen haben, die der SPD deutlich näher stehen dürften.

Vielleicht hat das Bundesverfassungsgericht mit seiner Entscheidung, die Gebührenfestlegung für öffentlich-rechtliche Rundfunkanstalten künftig unabhängigen Expertenkommissionen anzuvertrauen, einen Weg gewiesen, wie sich politischer Einfluß zurückdrängen läßt. Allzu großer Optimismus mag sich freilich auch hier als vorschnell erweisen, denn die Literaturliste, mit der sich das Versagen von Experten- und Gremienherrschaft belegen ließe, ist nicht minder lang als die zum Markt- und Politikversagen.

Sozialpflichtigkeit des Eigentums

Wer deshalb öffentlichem Engagement im hochsensiblen Medienbereich prinzipiell mißtraut, muß einen Weg finden, um die Infrastruktur-Lücke im Journalismus durch private Initiative zu schließen. Zu befürchten steht da freilich, daß Medienunternehmen den schwarzen Peter auch in Zukunft schnell weiterreichen werden, wenn man sie zur Kasse bittet, um auch die weniger rentablen Teile des Infrastruktur-Netzwerks zu finanzieren.

Da ist es durchaus hilfreich, wenn ausgerechnet ein unverdächtiger Konservativer, der frühere *ORF*-Intendant und Medienberater Helmut Kohls, Gert Bacher, an die Sozialpflichtigkeit der Medien[4] und damit an Art. 15 des Grundgesetzes erinnert. Soll dieser Artikel nicht Makulatur sein, wird man die Medienunternehmen aus ihrer Mitverantwortung für funktionsfähige Infrastrukturen nicht entlassen können.

Gleichwohl ist von kommerziellen Unternehmen realistischerweise nicht zu erwarten, daß sie auch dort umfänglichen Infrastrukturbedarf decken, wo sich dies nicht auf Heller und Pfennig rechnet (vgl. Kapitel 6). Sowohl die Marktkräfte als auch die Politik bedürfen mithin der Ergänzung. Das Dilemma besteht ja gerade darin, daß der Markt bei der Bereitstellung von Infrastrukturen partiell versagt, im Fall der Journalismus-Infrastrukturen aber auch der Staat als Finanzier aus guten Gründen zumindest keine tragende Rolle spielen sollte.

Um im Journalismus eine ausreichende infrastrukturelle Versorgung zu sichern, bedarf es einmal mehr statt des rigiden „Entweder oder" des weicheren „Sowohl als auch". In Bereichen, in denen — aus jeweils unterschiedlichen Gründen — weder der Markt noch die öffentliche Hand in der Lage ist, ein gesellschaftlich wünschenswertes Ausstattungs- und Versorgungsniveau sicherzustellen, entwickeln sich typischerweise Mischsysteme.

Freiraum für Philanthropie

Wo mit Markt- *und* mit Politikversagen zu rechnen ist, bleibt außerdem ein Freiraum für philanthropisches Engagement — und dies ist wohl der Bereich, der in Deutschland und Europa im Vergleich zu den USA noch spürbar entwicklungsfähig ist. Uneigennützige Stiftungen können dazu beitragen, daß in hinreichendem Umfang Journalismus-Infrastrukturen bereitgestellt werden, ohne daß der Journalismus selbst in unerwünschte Abhängigkeiten gerät.

Es ist deshalb wohl eine der wichtigsten und vornehmsten Zukunftsaufgaben privater Philanthropie, gemeinsam mit der Medienindustrie, den Journalistenverbänden und der Politik nach Wegen zu suchen, das Qualitätssicherungssystem des Journalismus zu alimentieren, seine Vielstimmigkeit zu fördern, ihm zu neuen Resonanzböden zu verhelfen und somit journalistische Selbstreflexion, -kontrolle und -steuerung zu ermutigen. All dies gälte es freilich ohne allzu großen Ehrgeiz zu tun, ein solch facettenreiches Netzwerk seinerseits von außen kontrollieren zu wollen. Gerade um die Unabhängigkeit und Vielfalt zu gewährleisten, müssen die qualitätssichernden Institutionen aus vielen öffentlichen und privaten Töpfen gespeist werden.

Soweit die Wegweisungen, wie sie sich — auch unter Rückgriff auf die Theorie der öffentlichen Güter — ergeben. Den Weg selbst bereiten und gehen müssen freilich andere. Bereiten könnte ihn der Staat, indem er durch steuerliche Anreize Stifter ermutigt und vielleicht auch gezielt Stiftungsaktivitäten in jene Bereiche lenkt, in denen ihm selbst die Hände gebunden sind.

Womöglich bedarf aber auch philanthropisches Engagement nicht nur steuerlicher Anreize, wie sie nur der Fiskus setzen kann, sondern auch vermehrt öffentlicher Anerkennung, die wiederum in den hochentwickelten Gesellschaften in erster Linie von den Medien zugeteilt wird.

So wie die Stiftungen den Mediensektor, und hier ganz besonders die qualitätssichernden Infrastrukturen, als lohnendes Arbeits- und Betätigungsfeld entdecken sollten, so sollten die Medien ihrerseits über Stiftungen nicht nur berichten, wenn deren Gelder veruntreut werden[5], sondern — im Sinne eines *journalism of hope* — auch und gerade dann präsent sein, wenn philanthropische Institutionen gesellschaftliche Problemlösungen erarbeiten oder auch „nur", wie es der alte Robert Bosch in die Satzung seiner Stiftung hineingeschrieben hat, „auf die Linderung von allerhand Not und auf die Hebung der sittlichen, gesundheitlichen und geistigen Kräfte des Menschen" hinwirken.[6]

Dazu fehlt in Deutschland noch eine entsprechend entwickelte Stiftungskultur — und es mangelt auch vorerst an politischen Anstrengungen, z. B. durch steuerliche Anreize, eine solche entstehen zu lassen. Nur eine einzige große philanthropische Einrichtung, die *Bertelsmann-Stiftung,* konzentriert sich bisher stark auf die Entwicklung qualitätssichernder Infrastrukturen im Medienbereich.

32 400 Stiftungen:
Philanthropie als Innovations-Faktor

An diesem für unsere Untersuchung zentralen Punkt unterscheidet sich das amerikanische System von den Gesellschaftsordnungen der Alten Welt: Die Staatsquote, also der Anteil des öffentlichen Sektors am Bruttosozialprodukt, ist in den USA traditionell niedrig. Dafür hat sich aber ausgeprägter als in den meisten europäischen Ländern eine Tradition privater Karitas und privaten Mäzenatentums herausgebildet und erhalten. Nicht zuletzt gibt es für Stiftungsaktivitäten größere steuerliche Anreize in den USA — und sie sind gewiß der triftigste ökonomische Grund, weshalb dort die Philanthropie ungleich mehr floriert als in Deutschland.

Doch die Steuerpolitik ist nur ein vordergründiger, seinerseits erklärungsbedürftiger Faktor. Es gilt, tieferliegende kulturelle Muster zu unterscheiden und herauszuarbeiten. Das Fehlen einer mächtigen staatlichen Zentralgewalt, aber auch die religiösen Bindungen, die seit der Zeit der ersten europäischen Siedler stark geblieben sind, dürften dafür wichtige Erklärungsfaktoren sein. Wem es widersprüchlich erscheinen mag, wenn in den USA einerseits jenseitsgerichtete Religiosität nach wie vor stärker das gesellschaftliche Leben prägt, andererseits stifterisches Engagement auffällig oft das Bedürfnis erkennen läßt, sich im Diesseits ein Denkmal zu setzen und damit hienieden unsterblich zu werden, der mag in der protestantischen Ethik, insbesondere im Calvinismus, einen Schlüssel zur Lösung dieses Rätsels finden.

Vielleicht trägt aber auch Entwurzelung, das Fehlen von prägender Tradition und Überlieferung, ihr Scherflein dazu bei, daß sich auch in Form von Mäzenatentum Selbstdarstellungs- und -inszenierungsbedürfnisse stärker äußern. In Europa haben sich uneigennützige Aktivitäten oftmals eher im stillen vollzogen, während die Reichen Amerikas Stifter- und Sponsoren-Engagement seit langem zielstrebig imagebildend einsetzen. Stiftungen wurden zu Zwecken der Öffentlichkeitsarbeit „instrumentalisiert" — ja die gesamte Entwicklung von Public Relations in den USA hat im Grunde wohl hier ihre Wurzeln.

Jedenfalls führt die offizielle Statistik über 32 400 Stiftungen mit einem Gesamtvermögen von mehr als 142 Milliarden Dollar auf. Detailliertere Auskunft erteilt sodann das *Foundation Directory,* ein über 1400 Seiten dicker Wälzer. Es listet 6334 Stiftungen in den USA auf, von denen jede über ein Stiftungsvermögen von mindestens zwei Millionen Dollar oder über jährlich mehr als 200 000 Dollar Fördermittel verfügt.[7] Wie in Deutschland auch sind die meisten Stiftungen im sozial-karitativen, im kulturell-künstlerischen Bereich und/oder in der Wissenschaftsförderung engagiert. Journalismus-Förderung findet in vielen Stiftungen zwar immer wieder statt, sie läuft jedoch meist eher nebenher mit.

Dennoch haben sich Journalismus und Medien als eigenständiger Förderungszweck in den USA zumindest bei einigen Stiftungen früher und stärker herauskristallisiert als in Deutschland.[8] Und so ist es wohl kein Zufall, daß die — für die Qualität des Journalismus so wichtigen — Infrastrukturen in den USA differenzierter sind als in den einzelnen Ländern Europas.

Vor allem sind in den USA die überbetrieblichen Weiterbildungsprogramme für Journalisten in hohem Maße von Drittmitteln, also privaten Sponsoren, abhängig. Zu den Förderern zählen insbesondere die Stiftungen großer Medienunternehmen. Diese üben jedoch keinen direkten Einfluß auf die Auswahl der Teilnehmer und auf die Gestaltung der Curricula und Programmangebote aus. Die Unabhängigkeit der Veranstalter vergrößert sich auch dadurch, daß Spenden häufig nicht als einmalige oder wiederholte Zuschüsse zu den laufenden Betriebskosten gewährt werden, sondern als *endowments.* Das heißt: Mit einer einmaligen — üppig bemessenen —

Spende wird ein Kapitalstock geschaffen, aus dem dann die laufenden Betriebskosten des Programms finanziert werden können.

Drei Marksteine: Pulitzer, Nieman, Luce

Drei Verlegerpersönlichkeiten waren es, die in diesem Jahrhundert mit ihrem philanthropischen Engagement inzwischen schon „historische" Marksteine gesetzt haben:

— Joseph Pulitzer hat als Gründer der *School of Journalism* an der Columbia University und als Stifter der *Pulitzer-Awards* wie kein anderer vor ihm die Professionalisierung des Journalismus vorangetrieben. Er hat der Columbia University seine Stiftung zwar regelrecht aufdrängen müssen; aber bis auf den heutigen Tag setzen seine Ausbildungsstätte und auch seine Preise weltweit dem Journalismus Maßstäbe (vgl. Kapitel 7 und 10).

— Lucius Nieman hat durch sein Vermächtnis an der Harvard University das erste universitäre *midcareer program* ins Leben gerufen und damit den Anstoß gegeben, auf hohem Niveau die Weiterbildung von Journalisten zu institutionalisieren (vgl. Kapitel 8).

— Henry Luce, der Gründer und Verleger des Nachrichtenmagazins *Time,* hat sich ebenfalls in großem Stil mäzenatisch betätigt — jedoch ganz überwiegend in anderen Feldern als den Medien. Immerhin hat er die Arbeit der *Hutchins Commission* finanziert[9] und damit so etwas wie die Magna Charta journalistischer Ethik in den USA mit auf den Weg gebracht: einen Report, der die gesellschaftliche Verantwortung der Presse — insbesondere der Zeitungen gegenüber ihren jeweiligen *communities* — festschreibt und die Medien zu mehr Selbstkontrolle ermahnt. [10] Norman Isaacs hält dieses Dokument noch heute für „den wichtigsten Bewertungsversuch moderner Massenkommunikation und ihrer Verpflichtungen". [11]

Modelle fürs 21. Jahrhundert

Im ausgehenden 20. Jahrhundert tummeln sich bereits so viele Stiftungen im Medienbereich, daß die *Newspaper Association of America Foundation* kürzlich die Initiative ergriff und zirka zwanzig weitere Stiftungen zu einer Konferenz eingeladen hat. Jede dieser *top twenty* des Medienbereichs gibt jährlich mindestens eine Million Dollar aus, um gemeinnützige Zwecke zu fördern. Ziel der Konferenz war es, „nicht nur Informationen auszutauschen, sondern auch effektiver zusammenzuarbeiten und auszuloten, inwieweit sich Aktivitäten poolen lassen", meint Roselind Stark von der *NAA-Foundation,* die das Treffen mitinitiiert hat. [12] Auch hier also nicht nur Vielfalt, sondern Bemühungen um Vernetzung.

Aus diesen zwanzig wiederum ragen zwei Stiftungen heraus, weil sie ihrerseits große Institutionen gegründet haben, die unmittelbar auf den Prozeß publizistischer Qualitätssicherung einwirken:

— Das *Poynter Institute* in Florida (vgl. Kapitel 8) verdankt seine Existenz dem Verleger der *St. Peters-*

burg Times, Nelson Poynter. Um die Unabhängigkeit seines Blattes zu sichern und zugleich journalistische Standards zu heben, hatte er testamentarisch seine Mehrheitsanteile an der Zeitung dem damaligen *Modern Media Institute* übertragen. Dieses Weiterbildungs- und Forschungsinstitut wurde daraufhin ausgebaut und 1983 nach seinem Gründer und Förderer umbenannt.[13]

— Aus der *Gannett Foundation* ist das *Freedom Forum* in Arlington, Virginia, hervorgegangen. Während es sich beim *Poynter Institute* um eine zwar kreative, aber letztlich doch konventionelle Akademie handelt, die einfach solide Weiterbildung betreibt, ist das *Freedom Forum* in wenigen Jahren zu einer Einrichtung geworden, die gänzlich neue Wege geht und es wie keine zweite in Amerika versteht, der Medienindustrie Wege ins 21. Jahrhundert zu weisen.

Das *Freedom Forum* krönt das Lebenswerk von Al Neuharth, dem Gründer von *USA Today* und späteren Vorstandschef des *Gannett*-Konzerns. Sein Verdienst ist es, in einem Kraftakt die *Gannett Foundation* zunächst restrukturiert und dann vom Konzern losgelöst zu haben, und er war es auch, der der Stiftung selbst seinen Stempel aufgeprägt hat.[14]

Die Stiftung geht auf das Vermächtnis des Unternehmensgründers, des Verlegers Frank Gannett, zurück. Er hatte sie 1935 gegründet; sie sollte die Presse- und Meinungsfreiheit erhalten helfen und vor allem den *communities* ein wenig von dem Geld zurückgeben, das er dort zuvor mit seinen Zeitungen verdient hatte.[15] Dies wiederum bedeutete, daß die Stiftungsgelder weithin im Gießkannenprinzip verteilt wurden — was Neuharth so lange nicht störte, als er selbst Vorstandchef bei *Gannett* war.

Aufs Altenteil übergewechselt, wollte er dagegen als Stiftungs-*chairman* nicht nur Almosen verteilen. Sein Gestaltungswille war ungebrochen. Um etwas bewegen zu können, veräußerte er kurzerhand die zehn Prozent Anteile, die die Stiftung bis dato am Aktienkapital des *Gannett*-Konzerns hielt, für 670 Millionen Dollar an diesen zurück.[16] Ausgelöst hatte diese Transaktion auch der Umstand, daß *Gannett* seit Jahren nur eine schmale Dividende ausgeschüttet hatte und sich so das Stiftungskapital nur um durchschnittlich drei Prozent verzinste. Die Stiftung war indes aus steuerrechtlichen Gründen verpflichtet, jährlich Projekte in einem Fördervolumen von fünf Prozent ihres Stiftungskapitals zu fördern. Dies hatte zu einem schrittweisen Verzehr des Stiftungsvermögens geführt.[17] In den Jahren, als Neuharth Vorstandsvorsitzender bei *Gannett* war, hatte die Stiftung so ihre Anteile an dem Medienkonzern von ursprünglich zwanzig auf gute zehn Prozent reduzieren müssen.[18] Einem weiteren Erosionsprozeß wollte Neuharth später durch den Verkauf des Aktienpaketes Einhalt gebieten.

So entstand 1991 *The Freedom Forum*. Mit einem Vermögen von inzwischen 715 Millionen Dollar handelt es sich um die größte amerikanische Stiftung im Medienbereich.[19] Der Stiftungszweck ist mit der Formel „*Free press, free speech, free spirit*" umrissen. Neben dem Hauptquartier in Arlington, Virginia, unterhält die Stiftung zwei Forschungs- und Transferzentren, das *Freedom Forum Media Studies Center* an der Columbia University in New York und das *First Amendment Center* an der Vanderbilt University in Nashville/Tennessee. Um zu unterstreichen, daß das *Freedom Forum* in globalen Dimensionen denkt und agiert, wurde inzwischen auch ein europäisches Büro in Zürich eingerichtet, das sich vor allem um Osteuropa kümmert. Eine asiatische Dependance in Hongkong ist ebenfalls geplant. Im Bau befindlich ist das *Newseum* — ein Museum, mit dem man die Geschichte des Journalismus nachzeichnen und das Bewußtsein wachhalten möchte, welch kostbare Errungenschaften Presse- und Redefreiheit sind.

Das *Freedom Forum* engagiert sich in der Journalistenausbildung, vor allem in der Förderung von Minoritäten. Es legt eigene Forschungsprogramme auf und unterstützt Institute mit Drittmitteln. Und natürlich verleiht es auch Preise — zum Beispiel die *Medal for Distinguished Achievement in Journalism Education Administration,* mit der nicht die Lehrerfolge von Journalistik-Dozenten, sondern herausragende administrative Leistungen im Bereich der Medienausbildung gewürdigt werden. Die Stiftung vergibt ferner einen *Free Spirit Award.* 1992 erhielt ihn Terry Anderson, der Reporter, der im Frühjahr 1985 in Beirut gekidnappt und dann fast sieben Jahre lang von schiitischen Muslimen festgehalten worden war. Al Neuharth drückte ihm bei einem Galadinner einen Scheck über 245 500 Dollar in die Hand — hundert Dollar für jeden Tag seines Geisel-Daseins.

Gelegentliche spektakuläre Aktionen des *Freedom Forum*-Vorstands erinnern eher an Greenpeace als an herkömmliche Stiftungsarbeit. So wurde, um die

Präsenz in Osteuropa zu unterstreichen und dort mehr Pressefreiheit zu ermutigen, das gesamte Kuratorium nach Moskau eingeflogen. In Gegenwart der hohen Damen und Herren wurde dann auf dem Roten Platz eine Plakatwand mit der Aufschrift *„Freedom Works"* enthüllt — kameragerecht in russischer und englischer Sprache und symbolisch an jener Stelle, wo über 75 Jahre hinweg ein überdimensioniertes Lenin-Porträt die Volksgenossen grüßte. [20]

Nicht zuletzt ist also die Öffentlichkeitsarbeit hochprofessionell, die das *Freedom Forum* leistet — mag sie in diesem Fall auch mehr auf die Amerikaner zu Hause als auf die Moskowiter gezielt haben und überhaupt für den europäischen Geschmack manchmal ein wenig zu schrill und zu laut daherkommen. Das hat wohl auch damit zu tun, daß Al Neuharth, der Vorsitzende des Stiftungsrats und noch immer die treibende Kraft, zeitlebens der beste PR-Mann seiner selbst gewesen ist. Er läßt keinen Zweifel daran, daß öffentliche Wirkung „integraler Bestandteil" seiner Stiftungsarbeit ist[21], und verweist bei passender Gelegenheit sogar in seiner Kolumne, die er nach wie vor für *USA Today* schreibt, auf die Arbeit des *Freedom Forum*. So berichtete er zum Beispiel höchstdaselbst über ein Symposium seiner Stiftung in Toronto, das den kanadisch-amerikanischen Beziehungen gewidmet war. [22]

Weil das Profil des *Freedom Forum* in sich stimmig ist, ist es auch relativ leicht, gute Öffentlichkeitsarbeit zu betreiben — was in den Branchengazetten auch sehr extensiv geschieht. Nicht nur deren redaktionelle Teile werden regelmäßig „bedient", die Stiftung ist erkennbar auch zu einem Großkunden im Anzeigengeschäft dieser Blätter avanciert. Damit wird indirekt auch ein Finanzierungsbeitrag geleistet, der das Überleben solch wichtiger zunftinterner Multiplikatoren sichern hilft. Andererseits entstehen dadurch auch neue Abhängigkeiten: Die Anzeigen-Großaufträge in Branchenblättern wie *Editor & Publisher, Columbia Journalism Review, American Journalism Review* und *The Quill* könnten in einem so marktengen Bereich durchaus dazu beitragen, Kritik von dieser Seite verstummen zu lassen, meint John K. Hartman von der Central Michigan University.[23]

Daß Neuharth und seine Stiftung nicht nur mit ihren Wohltaten Schlagzeilen machten, hat er dennoch nicht verhindern können. Als die Steuerbehörden das Ausgabeverhalten des *Freedom Forum* unter die Lupe nahmen, stießen sie auf ein Geschäftsgebaren, das den Beamten zu großspurig erschien und zumindest erkennen ließ, daß die Stiftungsoberen auch sich selbst recht großzügig bedienten.

Der Vorwurf des *lavish spending* wurde dann jedoch nicht von den Medienzeitschriften zuerst ans Licht der Öffentlichkeit gebracht, sondern vom *Wall Street Journal,* der *Washington Post* und vom *Chronicle of Philanthropy.* Erst später griffen die Branchenblätter *NewsInc.* und *Editor & Publisher* die Story auf[24]; letzterer berichtete dann aber immerhin süffisant über die vergeblichen Bemühungen des *Chronicle,* vom *Freedom Forum* eine Stellungnahme zu den Vorwürfen zu erhalten. Dessen Chefredakteur Stacey Palmer kommentierte hintersinnig: „Es ist nicht ohne Ironie, daß eine Stiftung, die ihre Förderprogramme der Presse- und Redefreiheit widmet, sich weigert, eine Anfrage zu ihrem eigenen Ausgabeverhalten zu beantworten, und stattdessen eine Anzeige für 5000 Dollar schaltet."[25]

Matching Funds, Risikobereitschaft, Evaluation

Die meisten Stiftungen großer amerikanischer Verlagshäuser haben kein so klares Profil wie das *Freedom Forum,* das sich ausschließlich zugunsten der Pressefreiheit und der publizistischen Qualitätssicherung engagiert. Auch in den USA verzetteln sich viele Stifter und fördern da und dort eine Initiative innerhalb ihres Verbreitungsgebietes, ohne daß klare Akzente erkennbar würden. Immerhin tragen viele Medienbetriebe in den USA über die ihnen nahestehenden Stiftungen finanziell zum Ausbau der Journalismus-Infrastrukturen etwas bei.

Oft handelt es sich dabei sogar nicht nur um Anstoßfinanzierungen, sondern um regelmäßig wiederkehrende Zuschüsse, weil von vornherein nicht zu erwarten ist, daß nach den ersten erfolgreichen fünf Jahren die Finanzierung des laufenden Betriebs dem Steuerzahler aufgehalst werden kann, wie das hierzulande Stiftungen gern versuchen.

Um so häufiger wird stattdessen in den USA eine Politik des *matching funds* betrieben: Um die Hebelwirkung der eigenen Stiftungsdollars zu verstärken, bewilligen viele Förderinstitutionen Gelder unter der Bedingung, daß es dem Antragsteller gelingt, von anderer Seite weitere Gelder für dasselbe Projekt einzutreiben.

Unter den US-Stiftungen scheint auch eine Eigenschaft weiter verbreitet als in Deutschland, die man generell den Amerikanern im Wirtschaftsleben nachsagt: Risikobereitschaft. Daß gelegentlich Projekte scheitern, gehört gerade im Grenzbereich zwischen Markt und Politik, wo oft klare, kurzfristig meßbare Erfolgsindikatoren fehlen, zum Geschäft. Und weil man Mißerfolge in Amerika leichter wegsteckt, ist auch die Bereitschaft, neue Wege zu erproben, größer. Auch das dürfte ein Faktor sein, der die blühende Vielfalt der Journalismus-Infrastrukturen in den USA erklären hilft.

Gelegentliche Fehlschläge brauchen nicht verheimlicht zu werden. Im Gegenteil: Auch aus ihnen läßt sich etwas lernen. So hat etwa der *Twentieth Century Fund* nicht nur über die ersten Jahre hinweg den *National News Council* (vgl. Kapitel 9) großzügig gesponsert, sondern nach dessen Scheitern auch eine Studie in Auftrag gegeben, in der das kurze Leben und schließlich die Todesursachen dieser Institution sorgfältig analysiert wurden.[26] Mit solcher Ex-post-Evaluation ist der Gesellschaft jedenfalls besser gedient als mit Versuchen, die Erfolgschancen von Stiftungsprojekten bereits ex ante vollständig zu erfassen. Denn dies verleitet dazu, sich nur noch auf die „bombensicheren", deshalb in der Regel aber auch wenig innovativen Vorhaben einzulassen, deren Erfolg sich kurzfristig quantifizieren läßt.

Umgekehrt haben in den USA die meisten Institutionen, die auf Zuwendungen angewiesen sind,

Spezialisten fürs *fundraising,* die sich überwiegend damit befassen, Wohltätern Geld abzuluchsen und möglichst viele Stiftungsdollars für die eigenen Programme einzuwerben. Und es gibt auch kleine gemeinnützige Institutionen wie den *Fund for Investigative Journalism* in Washington, bei genauerem Hinsehen ein Einmannbetrieb, dessen „Direktor" Jim Hanrahan es gelingt, Spendengelder zusammenzukratzen, um dann selbst mit Zuwendungen freie Journalisten bei umfassenderen Recherchen unterstützen zu können; meist mit ein paar hundert — ab und zu auch mal mit ein paar tausend Dollar.[27]

So paradox dies klingen mag: Sinnvoll Geld auszugeben im schmalen und doch unerschöpflichen Korridor zwischen Markt und Staat, gehört zu den schwierigeren Aufgaben in hochentwickelten Gesellschaften. Und so blüht auch hier inzwischen ein Markt für *consultants,* die Geldgeber und Bedürftige zusammenbringen — und dabei meist selbst nicht schlecht von derlei Beratungsgeschäft leben.

Auch ihre Aufgabe ist indes nicht einfach. So lange die Stifter selbst leben, haben diese oft — im Doppelsinn des Wortes — eigenwillige Vorstellungen. Das kann überaus anregend und innovativ sein; manchmal stehen sie sich jedoch eher im Weg und erwarten von ihrem Umfeld doch, gerade weil sie ja Gutes tun möchten, meist ebenfalls selbstlosen, dafür aber 150-prozentigen Einsatz. Zumal wenn es sich um ältere Herrschaften handelt, die als Unternehmer Herausragendes geleistet haben, betrachten sie, bevor sie sich ganz aufs Altenteil zurückziehen, die Stiftung als Spielwiese. Sie soll ihrem Leben Sinn geben, befriedigt aber oftmals weiterhin primär ihre — meist ausgeprägten — Machtinstinkte und -bedürfnisse. Mitunter bessern sich die Verhältnisse erst, wenn die Stiftungsgeschäfte unwiderruflich in professionelles Management übergegangen sind.

Auch sonst soll hier keine heile Welt vorgegaukelt werden: So wichtig Stiftungen gerade für die publizistische Qualitätssicherung und als Finanziers von Journalismus-Infrastrukturen sind und so sehr sie ihre Offenheit und ihren Forumscharakter betonen mögen — es sind doch meist parteiliche Institutionen, die zumindest nicht gegen die Interessen ihrer (meist großindustriellen) Geldgeber verstoßen. Kapitalisten wie der alte Robert Bosch, der als Industrieller überaus erfolgreich war und sich dennoch einen so wachen Sinn für die Ungerechtigkeiten dieser Welt bewahrte, daß er auch offen für „linkes" Ideengut blieb und zu seinem privaten Freundeskreis eine Clara Zetkin zählen konnte[28] (nach der inzwischen in Berlin-Mitte noch nicht einmal mehr eine Straße benannt bleiben darf . . .) — solche Kapitalisten sind eben eine Rarität.

John D. Rockefeller — wahrlich kein Robert Bosch, aber wie viele andere amerikanische *robber barons* darauf bedacht, durch philanthropische Aktivitäten unsterblich zu werden und den in der Öffentlichkeit entstandenen Eindruck zu korrigieren, er verdanke seinen Reichtum nur Ausbeutung und Raffgier — hat eine weitere Schwierigkeit des Stiftens bereits klar erkannt. Als er im vorigen Jahrhun-

dert seinen ersten Stiftungsgeschäftsführer enga-
gierte, soll er ihn vorgewarnt haben: „Und seien Sie
darauf gefaßt, was Sie von nun an nie mehr haben
werden: ein mieses Mittagessen und ein aufrichtiges,
ehrliches Gespräch."[29]

Ausblick

17. Modell für Europa? Zur Übertragbarkeit amerikanischer Infrastrukturen

„Richten wir unseren Blick auf Amerika, nicht um die Einrichtungen, die es für sich schuf, sklavisch nachzuahmen, sondern um diejenigen besser zu verstehen, die uns gemäß sind, nicht so sehr um Vorbilder als um Einsichten zu gewinnen . . ."
Alexis de Tocqueville

Mit dem Urteil, die Infrastrukturen des Journalismus seien in Amerika rundweg „besser" als in Deutschland oder Europa, sollten wir auch gegen Ende dieser Erkundungsreise vorsichtig sein. Es handelt sich eher um ein Problem von *economies of scale,* also von Größenordnungs-Vorteilen: Der amerikanische Medienmarkt ist ungleich viel größer; damit einher geht, daß sich differenziertere Infrastrukturen herausbilden konnten. Solche *economies of scale* gibt es also nicht nur im Bereich privater Unternehmen — abzulesen am unaufhaltsamen Vormarsch der Konzernketten — und von Märkten, sondern auch bei der Entstehung und der Erstellung von Infrastrukturen, ohne die Qualitätsprodukte gar nicht herstellbar wären. Der I-Faktor kann sich erst voll entfalten, wenn ein großer, zusammengehöriger Markt vorhanden ist, der eine hinreichende Differenzierung des infrastrukturellen Netzwerkes erlaubt.

Diese *economies of scale* sollten die Architekten eines künftigen europäischen Qualitätssicherungssystems für den Journalismus im Auge behalten. Der europäische Einigungsprozeß bietet eine große Chance, bei der Qualitätssicherung im Journalismus einen Schritt voranzukommen und die dafür nötigen Infrastrukturen zu entwickeln. Gerade im Blick auf das Zusammenwachsen Europas zu einem Markt, der noch größer und wohl auch kulturell noch vielfältiger ist als der amerikanische, lohnt es sich, die dortigen Gegebenheiten näher anzusehen. Sie können zu einem gezielteren Ausbau von Infrastrukturen in Europa animieren — wobei aber das Kunststück eher darin bestehen dürfte, die unterschiedlich gewachsenen und gereiften Infrastrukturen, die die Journalismus-Kulturen Europas prägen, behutsam weiterzuentwickeln und sie zu vernetzen.

Voneinander lernen

Schon ein verstärkter europaweiter und transatlantischer Austausch von Ideen und Erfahrungen zwischen denjenigen, die an den verschiedenen Knotenpunkten des Infrastruktur-Netzwerkes professionell oder semiprofessionell mit journalistischer Qualitätssicherung befaßt sind, würde uns ein beträchtliches Stück voranbringen können.[1] Es geht weder darum, das hier skizzierte „amerikanische Modell" in toto nach Europa zu exportieren, noch sollten die qualitätssichernden Institutionen und Initiativen europaweit harmonisiert oder gar vereinheitlicht werden. In ihrer Vielfalt sollten sie erhalten bleiben, aber sich auch durch ein wechselseitiges Voneinander-Lernen weiterentwickeln. Wenn sie sich schließlich doch partiell angleichen, so sollte dies nicht das Ergebnis politisch-administrativer Regelungsversuche sein, die nur allzuleicht die Pressefreiheit tangieren, ja sogar strangulieren könnten. Vielmehr ist darauf zu bauen, daß sich die Infrastrukturen längerfristig im Zuge fortschreitender Professionalisierung des Journalismus von ganz alleine angleichen — eben durch wechselseitige Lernprozesse, die es allenfalls durch verstärkten Informationstransfer und Gedankenaustausch zu erleichtern und zu fördern gilt. Um das gebrauchte Bild zu variieren: Es handelt sich eher um eine gärtnerische als um eine architektonische Aufgabe, die zu bewältigen ist.

Dazu müssen wir aber erst einmal über die eigene Kirchturmspitze hinausblicken: Wer von den deutschen Medienexperten weiß schon, welche Rolle Ombudsleute in spanischen, schwedischen oder neuerdings auch in russischen Medienbetrieben spielen; was die italienische Journalistenkammer zur publizistischen Qualitätssicherung beizutragen mag; welche europäischen Journalistenprogramme es in Frankreich und den Niederlanden gibt und was sich von Fortbildungsangeboten in Dänemark lernen ließe? Erst wenn wir diese Kenntnisse haben, lassen sich qualitätssichernde Aktivitäten europaweit vernetzen. Davon wiederum sind Synergieeffekte zu erwarten, die die Effektivität bisher vereinzelter Aktionen und Initiativen steigern können.

Bisher droht das institutionalisierte Brüsseler Europa diese Chancen eher zu verschlafen: Vielfältige Indizien dafür hat jüngst Klaus Schönbach zusammengetragen.[2]

Eine europaweite Vernetzung von Journalismus-Infrastrukturen würde fraglos auf den Journalismus selbst zurückwirken. Gerade ein gestärkter Journalismus, der seine Kontrollfunktionen auch auf europäischer Ebene wirksam wahrnimmt, könnte ein Scherflein dazu beitragen, das europäische Bauwerk zu stabilisieren, das, von innen betrachtet, ja oftmals eher an ein Kartenhaus als an eine Festung erinnert. Ein kritischer europäischer Journalismus, der differenziert statt stereotypisiert und der zugleich die „Eurokratie" wirksamer kontrolliert, könnte auch uns, den Bürgern, die Angst vor zuviel in Brüssel konzentrierter Machtfülle nehmen. Diese Angst, mit der nicht nur bayerische Politiker ihr Süppchen kochen und die ja auch dazu geführt hat, daß die Maastricht-Verträge in Karlsruhe „nachverhandelt" wurden, sitzt immerhin so tief, daß sie zu einer ernsten Gefahr für die weitere europäische Integration zu werden droht.

Als Hemmnis für den Informationsfluß und den Gedankenaustausch selbst unter Experten erwähnungsbedürftig sind die Sprachbarrieren. Sie behindern weiterhin in Europa auf absehbare Zeit noch die Vernetzung von Journalismus-Infrastrukturen.

Auch die Finanzierungsbarrieren sind zumindest ganz andere als in den USA: Gerade weil die Stiftungen in der Alten Welt — bei aller Unterschiedlichkeit der nationalen philanthropischen „Kulturen" innerhalb Europas — weniger zahlreich und finanzkräftig sind als in Amerika, wird das europäische Infrastruktur-Netzwerk sich nur unter Beteiligung auch öffentlicher Finanziers enger knüpfen lassen.

Gelder philanthropischer Institutionen dürften indes auf europäischer Ebene leichter als auf nationaler Ebene für Zwecke publizistischer Qualitätssicherung mobilisierbar sein. Jedenfalls haben es sich die meisten großen Stiftungen zur Aufgabe gemacht, in der ein oder anderen Weise zur internationalen Kooperation und Verständigung oder zum Zusammenwachsen Europas etwas beizutragen. Wie könnte dies Ziel besser erreicht werden als durch eine engere Verknüpfung von Journalisten und Journalismus-Infrastrukturen auf europäischer Ebene? Das Hineinwachsen in den europäischen Medienmarkt eröffnet somit eine — vielleicht einmalige — Chance der Infrastrukturentwicklung.

Spannungsfeld zwischen Professionalität und Vielfalt

Ob sich allerdings die integrierende Kraft professioneller Normen im Journalismus letztlich als stärker erweist als die gewiß zentrifugalen Kräfte multikultureller Vielfalt, bleibt selbst am amerikanischen Beispiel noch abzuwarten. Falls Amerika den „Beweis" zu erbringen vermag, daß die Multi-Kulti-Integration im Medienbereich gelingt, so wäre indes auch dies noch kein hinreichendes Indiz dafür, daß ein ähnliches Kunststück (oder — angesichts der differierenden kulturellen Bindungen und der stärker nachwirkenden Traditionen — wohl ehrlicher: ein vergleichbarer Kraftakt) auch in Europa gelingen kann.

Jedenfalls gibt es zwischen Professionalität und kultureller Vielfalt ein Spannungsfeld, auf das Theodore Glasser von der Stanford University hinweist: „So, wie Professionalität weithin verstanden wird, ist damit etwas gemeint, was eher das Gegenteil von Vielfalt ist. Während es Ziel der Bemühungen um *diversity* ist, Unterschiede in der Erfahrung und damit auch Differenzen des Wissens zu festigen, ist es und war es immer das Ziel einer professionellen Ausbildung — von der Wirkung als auch vom Zuschnitt her —, Wissensbestände zu vereinen und Unterschiede in der Erfahrung zu bemänteln. Professionalisierung impliziert Standardisierung und Homogenität; sie steht nicht für das, was es an Unterschieden zwischen Journalisten gibt, sondern für das, was Journalisten gemeinsam haben. Professionalität entpersönlicht Erfahrung; sie verleugnet kulturelle Differenzen effektiv ... indem sie uns glauben macht, daß gut ausgebildete und geübte Profis sich über ihre jeweiligen persönlichen Befindlichkeiten hinwegsetzen können — und das auch können sollen.“[3]

Es wird jedenfalls diesseits wie jenseits des Atlantiks nicht ganz leicht sein, den rechten Mittelweg zu finden. Publizistische Qualität sichern wollen heißt einerseits auch innerhalb des Journalismus kulturelle Vielfalt sichern und andererseits doch Normen der

Professionalität Geltung zu verschaffen, die zwangsläufig einen vereinheitlichenden Effekt zeitigen. Wir
sind damit erneut auf einen zentralen Zielkonflikt
der Qualitätssicherung gestoßen — und auf das magische Vieleck zurückverwiesen (vgl. Kapitel 5).

18. Zeit zum Handeln: Agenda Setting
für publizistische Qualitätssicherung

*„An able, disinterested, public spirited press, with trained
intelligence to know the right and courage to do it, can
preserve that public virtue without which popular
government is a sham and a mockery. A cinical, mercenary,
demagogic press will produce in time a people as base as
itself. The power to mould the future of the Republic will be
in the hands of the journalist of future generations."*
Joseph Pulitzer, 1904

*„Die Struktur ist immer das, was verkrustet ist und
aufgebrochen werden muß; die Infrastruktur hingegen ist
bloß unzureichend und muß ausgebaut werden."*
Johannes Gross, 1990

Die Kernthesen dieses Buches sollen zum Schluß
noch einmal rekapituliert werden:

(1) Es ist besser, in publizistische Qualität zu investieren, statt Journalisten und Medien zu reglementieren.

(2) Dabei läßt sich publizistische Qualitätssicherung nicht mehr ausschließlich als Aufgabe einzelner
Journalisten oder Redaktionen definieren. Es gilt,
den in der bisherigen Fach- und Zunftdiskussion
eher unterschätzten und damit auch unterbelichteten

Infrastruktur-Faktor (I-Faktor) im Prozeß der Qualitätssicherung stärker hervorzuheben.

(3) Journalismus-Infrastrukturen bilden ein Netzwerk oder System. Die einzelnen Teilsysteme interagieren miteinander, und deshalb greifen Analysen zu kurz, die sich nur einem einzelnen Teilsystem zuwenden.

(4) Mit Hilfe der Theorie öffentlicher Güter läßt sich die Doppelgesichtigkeit des Journalismus als kommerzielle Tätigkeit und als öffentliche Aufgabe besser verstehen: Medienprodukte im Bereich des Informationsjournalismus sind zumeist *meritorische Güter.*

(5) Neben dem I-Faktor gibt es eine Infrastrukturfalle — soll heißen, zum einen Versorgungsprobleme mit Infrastrukturen, aber auch Schwierigkeiten, den Infrastrukturbedarf zu messen. Unter Rekurs auf die Theorie der öffentlichen Güter wurden Erklärungen gefunden, warum weder der Markt noch die öffentliche Hand hinreichend Infrastrukturen bereitstellen, aber auch Überlegungen entwickelt, wie sich letztere unter Einbezug philanthropischer Institutionen weiterentwickeln und stärker vernetzen lassen.

(6) Die Tatsache, daß es in den USA ein außerordentlich vielschichtiges, hochdifferenziertes Infrastruktur-Netzwerk gibt, dürfte sich zum einen aus der Marktgröße und damit aus Größenordnungsvorteilen *(economies of scale)* erklären; zum anderen trägt der Umstand, daß es in Amerika — sozusagen „jenseits von Markt und Staat"[1] — einen hochentwickelten Philanthropie-Sektor gibt, mit zu diesem

hohen Entwicklungsstand von Journalismus-Infrastrukturen bei.

Um all dies nicht einfach abstrakt zu behaupten, sondern möglichst anschaulich zu belegen, wurden im Kernteil der Untersuchung die wichtigsten Knotenpunkte des amerikanischen Infrastruktur-Netzwerks vorgestellt, also jene Institutionen und Initiativen, die — ergänzend zu individuellen und innerredaktionellen Bemühungen um journalistische Qualität — zunftintern, aber auch „von außen" qualitätssichernd auf Journalismus Einfluß nehmen.

Das Netzwerk von Journalismus-Infrastrukturen in den USA ist besonders gut ausgebaut und differenziert. Ein Ergebnis der Analyse könnte daher zugespitzt lauten, daß — entgegen landläufiger Mythen — nicht der Journalismus in den USA grundlegend anders ist als in Deutschland, sondern eher die Infrastrukturen, die ihn stützen, flankieren, überhaupt erst ermöglichen.

Gezeigt werden konnte jedenfalls, daß hochentwickelte, funktionierende Infrastrukturen auch im Journalismus eine wichtige, ja unabdingbare Voraussetzung sind, um qualitativ hochwertige Medienberichterstattung anbieten zu können. Somit braucht es nicht zu verwundern, daß sich — einhergehend mit dem enormen Wachstumsschub, der die Medienwirtschaft in den letzten Jahren prägte — auch die Infrastrukturen rasant vermehrt und vervielfältigt haben.

Sie sind aber andererseits weder in den USA noch auf dem alten Kontinent in demselben Tempo mitgewachsen. Zumindest auf den Journalismus bezogen, läßt sich das ironisch gemeinte Zitat des Spötters Johannes Gross deshalb ins Affirmative wenden: Es herrscht tatsächlich Mangel und gibt Ausbaubedarf bei den Infrastrukturen — was freilich nicht heißen soll, daß nicht auch Institutionen und Initiativen des Infrastruktur-Systems strukturell verkrusten und sogar „leerlaufen" können.

Qualitätssicherung der Qualitätssicherung

Natürlich bleibt nach einem solchen Problemaufriß noch viel Forschungsarbeit zu tun. Vor allem wären Ansätze zu entwickeln, wie sich die Wirkungen einzelner Teilsysteme des Infrastruktur-Netzwerkes messen oder wenigstens klarer einschätzen lassen. Es wird Zeit, daß wir uns auch in Europa — zumindest in zentralen Feldern wie der Journalistenausbildung — stärker und systematischer mit der *Qualitätssicherung der Qualitätssicherung* befassen.

Dabei ist allerdings schon jetzt vor vorschnellen Schlußfolgerungen zu warnen: Nicht alle Effekte und Wirkungen qualitätssichernder Institutionen und Initiativen werden sich umstandslos quantitativ erfassen und damit empirisch „nachweisen" lassen. Aus einer langen Tradition der Medienwirkungsforschung wissen wir, daß die Forschung selbst jahrzehntelang widersprüchliche Befunde geliefert hat. Wobei den Medien, je nach Forschungskonjunktur, zunächst unmittelbare Wirkungen zugesprochen, dann praktisch jedwede Wirkungen aberkannt wurden. Inzwischen ist als Forschungsstand zu vermelden, daß Medien wirkungsvoll und mächtig sind, allerdings eben sehr differenzierte Medienwirkungen unterschieden werden müssen.[2]

Ein amerikanischer Versuch, den Wirkungsweisen einzelner Infrastrukturen nachzuspüren, gelangt zu folgendem niederschmetterndem Resultat: „Die Ergebnisse dieser Studie stützen nicht die These, daß Zeitungs-Ombudsleute die Sichtweisen von Journalisten bezüglich kontroverser Recherchemethoden beeinflussen. Es ist indes wichtig, daß diese Studie zur Gesamtheit jener Forschungsarbeiten zählt, die — ohne Erfolg — signifikante Wirkungen von Mechanismen zu erfassen suchten, die die Medien zur Rechenschaft ziehen. Presseräte zum Beispiel scheinen journalistisches Verhalten in keinerlei grundlegender Weise zu beeinflussen. Ebenso scheinen die Vorgaben journalistischer Ethik-Kodices in keinerlei Verbindung zu den ethischen Ansichten von Journalisten zu stehen."[3]

Solche Ergebnisse decken sich zwar mit der gängigen Einschätzung der Wirksamkeit von Infrastrukturen von seiten vieler Journalisten. So meint etwa Deane Wylie, einer der leitenden Kommentarschreiber der *Los Angeles Times:* „Wir zollen all diesen Institutionen wenig Aufmerksamkeit. Gerade die großen Zeitungen haben sich immer wieder entschieden jedweder Außenkontrolle widersetzt."[4] Seine Kollegin Mary R. Heffron spricht vom *slight embarassment factor* — vom kaum spürbaren Schameffekt, der sich mit Medienkritik in der Branchenpresse erzielen lasse und der obendrein kurzlebig sei.[5]

Die Frage bleibt dennoch, ob in diesem Fall nicht sowohl die Wahrnehmung einzelner Journalisten als auch die bisherigen Forschungsmethoden der Empiriker zu kurz greifen. Wenn Effekte nicht offenkundig und für jedermann sichtbar bzw. für den Empiriker meßbar zutage treten, heißt das ja noch nicht, daß es sie nicht gibt. Wenn Forscher keine Wirkungen von Journalismus-Infrastrukturen festzustellen vermögen, so kann dies auch ein Indiz dafür sein, daß ihre Untersuchungsmethoden schwach waren.[6]

Selbstthematisierung der Medien

Andererseits ist sicher nicht daran zu zweifeln, daß sich der Wirkungsgrad der meisten qualitätssichernden Initiativen und Institutionen erheblich steigern ließe. Womöglich kommt es noch nicht einmal so sehr darauf an, „mehr" Infrastrukturen neu aufzubauen, sondern die vorhandenen enger miteinander zu verknüpfen. Hier gilt es allerdings einen Teufelskreis zu durchbrechen, denn um wirksamer sein zu können, müßten diese Institutionen im öffentlichen Bewußtsein und vor allem im Bewußtsein der Journalisten selbst stärker in Erscheinung treten. Dies wiederum würde gelingen, wenn die qualitätssichernden Institutionen wirksamer wären.

Das Unbehagen an den Medien, an ihrer Macht und an der Nonchalance, mit der sie diese handhaben, wächst allerdings in der Gesellschaft. Gelingt es nicht, Medienverdrossenheit zu kanalisieren und in einen *investiven* Schub zugunsten publizistischer Qualitätssicherung und damit auch von Journalismus-Infrastrukturen zu verwandeln, steht zu befürchten, daß politische Kräfte Auftrieb erhalten, die nach dem Maulkorb, nach Repressalien und nach dem Kadi rufen. In Amerika waren es nicht zuletzt die überhandnehmenden und kostspieligen Rechtsstreitigkeiten, in die sich die Presse verwickelte und die schließlich die Medienverantwortlichen nach billigeren und wünschenswerteren Formen Ausschau halten ließen, wie sich Medien zur Rechenschaft ziehen lassen.[7]

Die Medien, als *agenda setter* in allen demokratischen Gesellschaften mächtig und unentbehrlich geworden, müßten dazu allerdings auch in Deutschland vermehrt sich selbst thematisieren. Sie müßten öfter den Mut haben, ihr eigenes Gebaren oder auch das der Konkurrenz in Frage zu stellen.

An Stoff für eine solche Thematisierung mangelt es wahrlich nicht. Wie Journalisten Information manipulieren und von Informanten manipuliert werden, welche Themen warum hochgepuscht und welche unter der Decke gehalten werden, wie korrupt und korrumpierbar die „schwarzen Schafe" des Journalismus sein können und welche Wirkungen Medienberichterstattung zu erzielen vermag: All dies sind in der heraufkommenden Informationsgesellschaft wahrlich Themen von hoher politischer Brisanz und auch von beträchtlichem Unterhaltungswert. Sie müßten nur hinreichend journalistisch angepackt werden. Dem Medienjournalismus kommt also vor allem im Prozeß der korrektiven journalistischen Qualitätssicherung eine Schlüsselstellung zu.

Eine weitere Frage ist, ob es Akteure und *Promoter* — wie etwa bei der ökologischen Frage den Club of Rome oder Organisationen wie Greenpeace und Robin Wood — geben wird, denen es von außen gelingen kann, mit provokanten Analysen und kreativen Einfällen die Medien dazu zu bewegen, sich selbst auf die öffentliche Agenda zu setzen. Weil derlei Kampagnen letztendlich von der Kunst der Zuspitzung und Übertreibung leben, haben solche Bewegungen allerdings notgedrungen den Hauch des Unseriösen.

Kann es also überhaupt gelingen, das Qualitätsbewußtsein im Journalismus zu schärfen und auf den I-Faktor als Determinante journalistischer Qualität aufmerksam zu machen? Können die Medien sich am eigenen Schopf aus dem Sumpf ziehen, indem sie endlich in eigener Sache das tun, was sie ohnehin am besten können: Alarmstimmung verbreiten? Oder sind solche Thematisierungsstrategien schon deshalb zum Scheitern verurteilt, weil sie sich zwangsläufig schriller Methoden bedienen müßten, die in diesem Fall mehr noch als anderswo das eigene Anliegen in Frage stellen würden?

Ich weiß auf diese Fragen selbst keine definitive Antwort.[8] Einerseits läßt sich nicht abstreiten, daß soziale Bewegungen mit spektakulären Aktivitäten nicht nur beträchtliche Eigendynamik, sondern auch ein hohes gesellschaftsveränderndes Potential entfalten können. Wenn es gelänge, im Kampf gegen Informationsmüll und geistige Umweltverschmutzung in den nächsten zwanzig Jahren auch nur annähernd so viel zu erreichen, wie in den vergangenen zehn Jahren im Umweltschutz erreicht worden ist, so gingen die Journalismus-Infrastrukturen einer wahren Blütezeit entgegen.

Plädoyer für behutsamen Wandel

Andererseits ist mit einem kurz aufflackernden Strohfeuer öffentlicher Aufmerksamkeit niemandem gedient. Wer sich für einen Ausbau von Journalismus-Infrastrukturen engagiert, sollte — auch das lehrt das amerikanische Beispiel — eher auf einen behutsamen Wandel hinarbeiten, als auf Aktivismus setzen. Er sollte nicht zuletzt auch die Tücken kennen, die mit einer forcierten Bereitstellung von Infrastrukturen verbunden sein können. Dazu Albert O. Hirschman, einer der großen alten Männer der Nationalökonomie und der Politikwissenschaft: „Daß das Enttäuschungspotential von Dienstleistungen besonders hoch sein kann, erscheint noch überzeugender in Zeiten, in denen mit großem Aufwand versucht wird, das Angebot an Dienstleistungen rasch auszuweiten ... Es ist unter diesen Umständen wahrscheinlich, daß die Durchschnittsqualität der Leistungen stark sinkt. Dieses liegt teilweise daran, daß es schwierig ist, alle für Leistungen hoher Qualität notwendigen Bedingungen gleichzeitig zu schaffen — neue Schulgebäude lassen sich schneller bauen als neue Lehrer ausbilden, oder umgekehrt. Gerade dann also, wenn eine Gesellschaft einen entschiedenen Vorstoß unternimmt, um das Angebot an bestimmten Dienstleistungen zu erweitern, sinkt deren

Qualität, und das natürlich zum Unwillen der bisherigen wie der neuen Konsumenten . . . Zweitens gibt es für bestimmte Kategorien von Dienstleistungen zwar einen erheblichen Bedarf, doch es gibt noch nicht genügend Wissen darüber, auf welche Weise dieser Bedarf sich nun befriedigen läßt . . .“[9]

Insofern sollten die Erfahrungen beim Ausbau des Bildungs- und Hochschulwesens nach dem Sputnik-Schock und der von Dahrendorf und Picht proklamierten „Bildungskatastrophe“ uns eher eine Lehre sein, wie man den Ausbau qualitätssichernder Infrastrukturen des Mediensystems besser *nicht* betreiben sollte.

Nur: Wird es gelingen, ohne Kassandrarufe überhaupt etwas zu bewegen? An diesem Punkt erfüllt das amerikanische Beispiel mit Hoffnung. Auf die dortigen Verhältnisse bezogen, bilanziert der Direktor des *Freedom Forum Media Studies Center* in New York, Everette Dennis: „Es gibt Grund für vorsichtigen Optimismus, was die allmähliche Entwicklung von Rückkopplungsmechanismen anlangt. Das Inventar von Modellen, wie sich Medien zur Rechenschaft ziehen lassen, ist für denjenigen, dem an einem effektiven und responsiven Mediensystem etwas liegt, nicht unbefriedigend.“[10]

In den USA sind längerfristig und behutsam Fortschritte gemacht worden, und das war in diesem Fall wohl auch sachdienlich. Gelänge Ähnliches auch hierzulande, so könnte die Wissenschaft gewiß ihr Scherflein dazu beitragen, qualitätssichernde Infrastrukturen systematischer zu entwickeln, als das bisher der Fall war — etwa durch Bedarfsschätzungen, aber auch durch Unterstützung bei der Planung, Implementation und Evaluierung von Infrastruktureinrichtungen. Wissenschaft kann und sollte nicht zuletzt nach rationalen Kriterien Vorschläge für die Finanzierung und damit der Lastenverteilung von Infrastrukturen entwickeln, und zwar sowohl für Investitionen als auch für die laufenden Kosten. Nicht nur auf europäischer Ebene brauchen wir solche Überlegungen, sondern sicherlich weiterhin vor allem auf nationalem und verstärkt auf regionalem Level.

Wahrscheinlich gilt es dann beim Ausbau des Infrastruktur-Systems, da und dort ernste vorübergehende Wachstumsschmerzen in Kauf zu nehmen[11], selbst wenn dieser Ausbau ohne alarmierte Aufgeregtheit und Ruckzuck-Programme gelingen sollte. Vor allem wird aber — nach der Devise *small is beautiful* — darauf zu achten sein, daß Qualitätssicherung weiterhin von einer dezentralen Vielzahl von Institutionen und Initiativen geleistet wird und nicht allzu direkt in die Abhängigkeit übermächtiger medialer Großorganisationen gerät, wo sie dann nicht mehr sein könnten als der jeweilige Schwanz, mit dem der Hund wedelt.

Publizistische Qualitätssicherung sollte, so Richard Schwarzlose von der *Medill School of Journalism* der Northwestern University, zuvörderst ein „Prozeß permanenter Interaktion und Diskussion" der Medienschaffenden untereinander sein[12], also ein selbstreflexiver Diskurs, ein vielstimmiges Gespräch der Nachdenklichen in der Branche.

Diesen Prozeß gilt es zu ermutigen, zu fördern und damit auch — zumindest punktuell — zu institutionalisieren. Wie dies geschehen kann, dafür sind die USA ein besonders anregendes Beispiel, wenngleich auch dort noch viel zu tun bleibt, um das Netzwerk qualitätssichernder Infrastrukturen weiterzuentwickeln.

Anmerkungen

1. Einleitung

[1] Vgl. z. B. Bermes 1989.
[2] Vgl. Saxer 1976, S. 232.
[3] Ruß-Mohl 1992.

2. Wider die Mythen vom amerikanischen Journalismus

[1] Uthmann 1992, S. 7.
[2] Uthmann 1992, S. 267.
[3] Kotzwinkle 1990. Die „Marktlücke" ist inzwischen auch in der Alten Welt entdeckt (vgl. z. B. die in Deutschland erscheinende *Neue Spezial*).
[4] Vgl. Cleghorn 1993.
[5] Einige Zahlen hierzu finden sich bei: Garneau 1993.
[6] Weaver/Wilhoit 1992, S. 7; vgl. detaillierter auch Kapitel 3 in diesem Buch.
[7] Vgl. Seaton 1993; Bare 1992; vgl. ferner Lambeth 1992, S. 162 ff.; Stepp 1992.
[8] Vgl. zum unterschiedlichen Selbstverständnis amerikanischer, britischer, deutscher und italienischer Journalisten die gediegene komparative Studie von Donsbach/Klett 1993.
[9] Vgl. zu diesem Komplex: Hentoff 1992; Asante 1992; Hughes 1994; als Versuch, Parallelen zwischen Deutschland und den USA zu ziehen: Zimmer 1993.
[10] Vgl. auch Overby 1993, S. 44.
[11] Zit. n. *Editor & Publisher* v. 27. 4. 1991, S. 6. Osborne verwies auf eine Studie „Free Expression and the American Public", die im Auftrag der ASNE unter Leitung von Robert O. Wyatt an der Middle Tennessee State University erarbeitet worden ist (vgl. auch Garneau 1991).

12 Zit. n. Fox 1990, S. 42; weitere einschlägige Umfrageergebnisse finden sich bei: Altschull 1990, S. 37 m.w.N.; Kothé 1989, S. 13 f. m.w.N.

13 Vgl. zuletzt Donsbach 1993, S. 286 ff.; vgl. auch Müller-Vogg 1991, S. 267.

14 Vgl. Lambeth 1986, S. 116. Den Begriff des *muckraking* hat Theodore Roosevelt in Umlauf gebracht, als er sich mit den investigativen Journalisten seiner Generation kritisch auseinandersetzte (vgl. Roosevelt 1906 sowie die Erläuterungen von Goldstein 1989, S. 53 f.).

15 Schudson 1992. In diesem Sinne auch Paul C. Martin: „Quatsch des Jahres: Behauptung des Dresdner Medien-Professors Wolfgang Donsbach, daß der US-Journalist recherchiert, der deutsche hingegen interpretiert. Die meisten Ami-Recherchen, die ich lese, enden mit dem Satz: ‚He didn't answer phone calls.‘" Was um der Pointe willen zitiert sei, aber auch als Beispiel dafür, wie abenteuerlich Journalisten kommunikationswissenschaftliche Forschungsergebnisse gelegentlich zuspitzen und verdrehen, um sie dann möglichst pauschal zum Unsinn erklären zu können (vgl. Martin 1994).

16 Vgl. Ruß-Mohl 1992, S. 121 ff. m.w.N.

17 So bereits Schudson 1978, S. 193; Weaver/Wilhoit 1986, S. 112 ff.; Doyle 1989; vgl. auch zu den „Konjunkturen" des investigativen Journalismus in den USA: Glasser/Ettema 1989, S. 4 ff.; Rust 1986, S. 60 m. w. N.

18 Hertsgaard 1988.

19 Zit. n. Shaw 1992, S. A 20.

20 Willis 1992, S. 12.

21 Vgl. in bezug auf den Journalismus Kap. 3, 7 und 8 in diesem Band, hinsichtlich der Professionalisierung von Öffentlichkeitsarbeit: Ruß-Mohl 1992, S. 127 ff.

22 Meyer 1973; vgl. auch Noelle-Neumann 1978.

23 Vgl. z. B. Boventer 1982 und 1984, S. 355 ff.

24 Schneider et al. 1993, S. 28.

25 Vgl. auch Boventer 1984, S. 364.

26 Weischenberg 1987, S. 33; sehr viel differenzierter allerdings Weischenberg 1990b.

27 Löffelholz 1991, S. 13.

28 Vgl. dazu auch im folgenden Kapitel 7.

29 Vgl. Pease 1991, S. 2; Dennis 1986, S. 95; vgl. auch Kapitel 3 in diesem Band.

30 Statt dessen ein paar Literaturhinweise: Schulz 1976; Watzlawik 1985; Bentele 1988 und 1994.

31 Vgl. zu diesem Komplex auch Baerns 1991, Vorwort zur 2. Auflage; ferner Barth/Donsbach 1992, Ruß-Mohl 1994a.
32 Vgl. Tunstall 1991, S. 166.

3. „Der amerikanische Journalist" — Zur Soziologie eines Berufsstands

1 Mencken o. J., S. 224 f.
2 Die Funktion ist, genaugenommen, nicht ins Deutsche übersetzbar. Am ehesten dürfte sie noch dem Nachrichtenchef entsprechen. Zugleich ist der managing editor einer amerikanischen Zeitung eben auch der wichtigste Redaktionsmanager, also eine Art Chef vom Dienst; dafür hat er aber — anders als sein deutsches Pendant — keinerlei Mitverantwortung für die editorial pages, also die Kommentarseiten.
3 Donsbach/Klett 1993 und Donsbach 1993; Schneider et al. 1993.
4 Vgl. Weaver/Wilhoit 1992; bei den vorangegangenen Studien handelt es sich um Johnstone et al. 1976 und Weaver/Wilhoit 1986.
5 Weaver/Wilhoit 1992, S. 3. Ganz andere Zahlen, nämlich 204 000 amerikanische editors and reporters und 157 000 pr-specialists, nennt die offizielle Statistik (vgl. Bureau of the Census 1993, Tabelle Nr. 644, S. 405). Hier stoßen wir auf das auch aus der deutschen Fachdiskussion vertraute Problem unterschiedlicher Zählweisen. Dazu folgende ergänzende Information von David Weaver: „. . . the Census Bureau asks people what their job title is, so anyone who is an editor or reporter for any kind of specialized newsletter or non-news magazine or radio/TV program (sports, music, travel, etc.) can say that they are a reporter or editor. But our sample is based first on a random sample of mainstream general-interest news media (daily and weekly newspapers, news magazines, TV and radio stations, and wire service bureaus) so naturally our figure is more conservative than the Census Bureau's" (Fax-Brief von David Weaver an den Verfasser vom 29. 4. 1994). Im Kontext unserer Diskussion dürften damit die Daten von Weaver/Wilhoit die verläßlichere Ausgangsbasis abgeben.
6 Weaver/Wilhoit 1992, S. 4; vgl. auch Pease 1992a, S. 8.
7 Weaver/Wilhoit 1986, S. 21.
8 Schneider et al. 1993, S. 14. Auch wenn inzwischen erste gesamtdeutsche Kommunikatorstudien vorliegen, werden im folgenden vorzugsweise westdeutsche Vergleichsdaten herangezogen. In den neuen Bundesländern haben wir es vorerst noch mit einer durch den histori-

schen Umbruch bedingten Sondersituation zu tun; ein Vergleich der Professionalisierung und der professionellen Einstellungen zwischen amerikanischen und ostdeutschen Journalisten macht deshalb — im Blick auf die Fragestellung der vorliegenden Studie — keinen Sinn.

9 Aufgeschlüsselt zwischen Publizistik-, Zeitungs- und Kommunikationswissenschaften einerseits und Journalistik andererseits, sind es in Deutschland 19 bzw. 3 Prozent (Schneider et al. 1993, S. 15 f.).

10 Weaver/Wilhoit 1992, S. 10. Vgl. auch Peck 1991.

11 Schneider et al. 1993, S. 19.

12 Vgl. Weaver/Wilhoit 1992, S. 8 ff.; zur Entlohnung von Journalisten auch Mencher 1981.

13 Wald 1987. Auch hier ist — angesichts der unterschiedlichen sozialen Sicherungssysteme und ihrer Finanzierungsmodi — vor einem direkten Gehaltsvergleich zu warnen. Gleiche Kaufkraft unterstellt, wären jedenfalls weder die Brutto- noch die Nettogehälter, wie sie in Gehaltsnachweisen aufscheinen, die Ausgangsbasis für einen solchen Vergleich; vielmehr gälte es, die jeweiligen Arbeitgeberanteile zur sozialen Sicherung in die Berechnungen miteinzubeziehen.

14 Vgl. Ruß-Mohl 1992, S. 26 ff. und 146 ff. m.w.N.; Stamm/Underwood 1992.

15 Weaver/Wilhoit 1992, S. 11.

16 Weaver/Wilhoit 1992, S. 12.

17 Auletta 1992.

18 Weaver/Wilhoit 1992, S. 13.

19 Donsbach/Klett 1993, S. 65 f.

20 Zusammengefaßt in Lichter et al. 1986; weitere Daten auch bei Evans 1987, S. 25 ff. Als schärfster methodischer Kritiker an vorangegangenen einschlägigen Veröffentlichungen von Lichter et al. ist Gans 1985 hervorgetreten. Die parallele Diskussion in Deutschland haben vor allem Elisabeth Noelle-Neumann, Hans-Mathias Kepplinger, Renate Köcher und Wolfgang Donsbach ausgelöst.

21 Vgl. auch Adam 1994.

22 Weaver/Wilhoit 1992, S. 12.

23 Weaver/Wilhoit 1992, S. 7.

24 Vgl. Ruß-Mohl 1992, insbesondere Kapitel 2 und 5 bis 8.

25 Stepp 1991, S. 24; Stamm/Underwood 1992 und Underwood 1993.

26 Overholser beschreibt auch, wie sich die beiden einander bekriegenden Parteien gegenseitig charakterisieren: „Arrogant editors who think they know everything yet are hopelessly out of touch with their readers" versus „finger to the wind marketers" (zitiert nach: Hoyt 1992, S. 43).

27 Übersetzung des Verfassers. Das Originalzitat lautet: „Many editors believe journalists drifted away from readers — became more affluent, enjoyed increasing prestige, got out of touch with everyday concerns" (Stepp 1991, S. 22; vgl. auch Doyle 1989; Caughey 1989).

28 Journalism under Fire, Titelgeschichte in: Time Nr. 50 v. 12. 12. 1983, 1983, S. 46; vgl. auch Underwood 1993a.

29 Schneider et al. 1993, S. 18.

30 McAneny 1992; zu dramatischen Glaubwürdigkeits- und Vertrauensverlusten war es allerdings in den siebziger Jahren gekommen. Vgl. auch die Titelgeschichte „Journalism under Fire" in: Time v. 12. 12. 1983.

31 Allensbacher Berichte 1993; Emnid 1991.

32 In den alten Bundesländern rangierten Journalisten auch noch vor den Post- und Finanzbeamten, während diese 1991 in den neuen Bundesländern höheres Ansehen genossen als die schreibende Zunft (vgl. Emnid 1991).

33 Schneider et al. 1993, S. 11; detailliertere Daten finden sich bei Belden 1992.

34 Zit.n. Mills 1990, S. 48 m. w. N.

35 Gallagher 1992, S. 11; vgl. auch Creedon 1989; Beasley/Theus 1988.

36 Schneider et al. 1993, S. 11.

37 Reynolds 1989; Gallagher 1992, S. 11; vgl. auch mehrere Beiträge in Creedon 1989.

38 Zit. n. Fitzpatrick 1992, S. 56.

39 Gallagher 1992, S. 11 f. m. w. N.; vgl. auch: Beasley/Theus 1988.

40 Steiner 1992.

41 Übersetzung des Verfassers. Das Originalzitat lautet: „The hiring of women and their advancement up to decision-making ranks far outstripped that of minorities" (Wilson II/Gutiérrez 1985, S. 160).

42 Das Minority Editorial Training Program (METPRO) der Times-Mirror-Gruppe ist ein zweijähriges Ausbildungsprogramm, das in seiner curricularen Struktur der Journalistenausbildung ähnelt, wie sie in Deutschland etwa die privaten Journalistenschulen der Springer AG oder der WAZ-Gruppe anbieten: Mehrwöchige Kursprogramme wechseln sich ab mit Stagen in Redaktionen. Das zweijährige Programm zielt jedoch auf mehr ethnische Vielfalt in den Redaktionen und richtet sich daher ausschließlich an Amerikaner afrikanischer, asiatischer, lateinamerikanischer oder indianischer Herkunft.

43 Rawitch 1993.

44 Kerner Commission 1968; vgl. auch: Corcoran 1992, S. 38; Pease 1992, S. 1; Dodson 1993.

45 Vgl. als Überblick: Waller 1993, S. 33 ff.

46 Letztere Position vertreten auch prononciert Allen Neuharth, der frühere Vorstandschef von Gannett, sowie die Präsidentin der Newspaper Association of America, Cathy Black. Vgl. Task Force on Minorities 1989; Bauer 1991; Corcoran 1992; Gespräch des Verfassers mit Cathy Black vom 7. 9. 1993 in Reston, VA.

47 Hilliard 1993.

48 Vgl. Foote 1993 sowie Gersh 1993.

49 Vgl. die Übersicht in: Shepard 1993, S. 22; weitere detaillierte statistische Daten finden sich bei Belden 1992.

50 Gersh 1993.

51 Sederberg 1990.

52 Garneau 1993b.

53 Gersh 1993.

54 Statement von Félix Gutiérrez im Rahmen der Podiumsdiskussion „Social Justice in the 1990s: Print Media Recruit Minorities", Jahrestagung der Association for Education in Journalism and Mass Communication in Kansas City v. 11.—14. 8. 1993. Vgl. auch: Wilson II/Gutiérrez 1985; Corcoran 1993, S. 41; Pease 1992a; Wilson 1993.

55 Zit. n. Peck 1991, S. 27; vgl. auch Pease 1992; Shepard 1993; Grangenois 1993 sowie — mit Erfahrungsberichten aus der Sicht farbiger Journalisten — Nelson 1987.

56 Phillips 1991, S. 31.

57 Juarez Robles 1993, S. 19.

58 Gespräch des Verfassers mit Phillips Davison v. 8. 4. 1989.

59 Mills 1988.

60 Paine 1990, S. 26.

61 Glasser 1992, S. 135. Auf den „Unterschied, den Frauen in den Redaktionen machen", verweist dagegen u. a. eine neue Journalistenbefragung (Marzolf 1993).

62 Dennis 1988, S. 6.

63 Vgl. Pease 1992a, S. 7.

64 Übersetzung des Verfassers. Die Originalzitate lauten: „I believe that one of the core problems of The Daily Planet is that its living system has now been made unchangeable by the very people who operate within it, even though they say they want to change it" (Argyris 1974, S. 241); „one could predict that newspapers will vigorously resist the behavior they would require of others" (Argyris 1974, S. 237).

4. Marktorientierung und öffentlicher Auftrag

1 Umfrage der Roper Organization vom August 1992, zit. n. presstime, March 1993, S. 19.
2 Vgl. als historischen Überblick: Marzolf 1991.
3 Übersetzung des Verfassers. Das Originalzitat lautet: „A newspaper is a private enterprise, owing nothing to the public, which grants it no franchise. It is therefore affected with no public interest. It is emphatically the property of its owner, who is selling a manufactured product at his own risk." (Zit n. Shaw 1984, S. 9).
4 Vgl. Marzolf 1991, S. 42 ff.; die aktuelle wissenschaftliche Kontroverse um Regulierung und Deregulierung in der Kommunikationspolitik wird auf hohem theoretischen Niveau nachgezeichnet von Entman/Wildman 1992.
5 Vgl. Walzer 1993; Etzioni et al. 1994; Adam 1994.
6 Umfrage der Roper Organization vom August 1992, zit. n. presstime, March 1993, S. 19.
7 Vgl. als Überblick Ruß-Mohl 1992, Kapitel 2.
8 Weaver/Wilhoit 1992, S. 11; vgl. auch Underwood 1993, S. 119.
9 Gespräch des Verfassers mit Richard Schwarzlose v. 20. 8. 1993 in Evanston, IL.
10 Majone 1988, S. 158 ff.
11 Statement beim Workshop „Journalism Education and the Industry: Can We Talk?", Jahrestagung der Association for Education in Journalism and Mass Communication in Kansas City v. 11.—14. 8. 1993; vgl. auch Bare 1992.
12 Statement beim Workshop „Journalism Education and the Industry: Can We Talk?", Jahrestagung der Association for Education in Journalism and Mass Communication in Kansas City v. 11.—14. 8. 1993.
13 Gespräch mit Doug Underwood in Kansas City v. 12. 8. 1993.
14 Stein 1992a.
15 Stepp 1992.
16 Statement im Rahmen des Workshops „Understanding Communities and Reviving Newspapers: Profitability, Public Service and the Civic Ethic", Jahrestagung der Association for Education in Journalism and Mass Communication in Kansas City v. 11.—14. 8. 1993.
17 Schaefer-Dieterle 1993.
18 Vgl. dazu: Beck 1993, S. 9 ff.
19 Vgl. auch Weischenberg 1992, S. 170.
20 „. . . there are benefits from an informed citizenry, such that each member of society gains when others become better informed . . ." (Entman/Wildman 1992, S. 13).

21 Langenbucher 1984, S. 23.

22 Auch dieses Konzept stößt freilich an seine Grenzen, nämlich die Auf-
nahmebereitschaft und -fähigkeit des Konsumenten und Staatsbür-
gers. Darauf verweisen Entman/Wildman (1992, S. 11): „Because
time and cognitive capacities are limited, consumption may not increase when the media supply more information or make it more rea-
dily available . . . If media gatekeepers provided more information, it
would increase the burdens of information processing on individuals.
The result of greater information supply could even be a reduction in
the consumption of ideas rather than an increase, as people, feeling
overwhelmed, turned to other pursuits."

23 Das gilt — zumindest langfristig — auch noch nach dem BVErfG-
Urteil vom Februar 1994, das die Gebührenfestsetzung auf eine unabhängige Experten-Kommission verlagert hat.

24 Wagner, Hans: Vortrag im Studiengang Journalisten-Weiterbildung
im Rahmen des Seminars „Tabuloser Journalismus, tabulose Gesellschaft? Enttabuisierung durch Medien und Tabuisierung der Medien" an der FU Berlin vom 28. 6. 1993.

25 Plog 1993, S. 13.

26 Das heißt freilich nicht, daß nicht einzelne, die ein besonders großes
Schutzbedürfnis verspüren, sich nicht noch mit einem privaten Wach-
schutz ausstaffieren könnten. Er wird allerdings auch nur begrenzten
zusätzlichen Schutz gewähren — etwa einen Einbrecher abschrecken,
im Falle eines Einbruchs jedoch nicht die polizeilichen Ermittlungen
ersetzen können. Daß es sich bei der Sicherheit primär um ein öffentliches Gut handelt, wird schnell erkennbar, wenn man sich beispielsweise ausmalt, was ein privat finanzierter Wachtrupp wohl gegen die
Invasion einer feindlichen Armee auszurichten vermöchte.
Umgekehrt produziert die öffentliche Hand allerdings viele Güter
und Dienstleistungen, die problemlos auch über den Markt herstellbar wären — sonst gäbe es ja nicht die Diskussion um Privatisierung.
Was in der Gesellschaft privat und was öffentlich produziert wird, ist
nicht zuletzt historisch gewachsen und in einem fortdauernden politischen Prozeß immer wieder neu zu entscheiden.
Die Theorie der öffentlichen Güter kann solche politischen Entscheidungen nicht ersetzen. Sie kann aber Entscheidungshilfe gewähren,
wo die Trennlinie zwischen privater und öffentlicher Produktion gezogen werden sollte (Vgl. Buchanan 1968; Musgrave 1975; Krause-
Junk 1977; als neuere Übersicht: Kirsch 1993).

27 Musgrave 1975, S. 76 ff. Mir scheint dies eine wichtige Präzisierung
gegenüber Theoretikern wie Entman/Wildman und Rühl, die journalistische Information als öffentliches Gut deklariert haben (vgl. Ent-

man/Wildman 1992, S. 13; Rühl 1980, S. 383; zu meritorischen Gütern: Head 1966 und 1969). Bestimmte Ausprägungen des Journalismus wird man indes auch als demeritorisches Gut zu charakterisieren haben — soll heißen, sie schaden dem öffentlichen Interesse.

5. Publizistische Qualitätssicherung im Netzwerk

1 Die Überlegungen in diesem Kapitel folgen — gekürzt — Ruß-Mohl 1992a und 1993. Zur publizistischen Qualitätssicherung ferner grundlegend: McQuail 1991 und 1992; Schatz/Schulz 1992; Schröter 1992; Bammé et al. 1993; Pfeifer 1993; Rager 1993.

2 Vgl. zu den diesbezüglichen Entwicklungen in den USA: Ruß-Mohl 1992, Kapitel 6.

3 Ashby 1974, S. 298 ff.; auf Journalismus bezogen: Rühl 1980, S. 397 f.

4 Vgl. als entschiedenen Vertreter dieser Position: Pfeifer 1993.

5 Vgl. dazu grundlegend: Rühl 1980, insbesondere S. 317 ff.

6 Vgl. mit konkreten amerikanischen Beispielen Ruß-Mohl 1992, S. 24 ff.

7 Auch die Wissenskluft-Theorie ist in diesem Kontext zu erwähnen — allerdings in ihrer fortentwickelten Form, die auch die wachsenden Wissensklüfte zwischen den informierten gesellschaftlichen Eliten thematisiert (vgl. Saxer 1985, insbesondere die Beiträge von Bonfadelli und Schulz).

8 Vgl. Mast 1986.

9 Vgl. Noelle-Neumann 1990, S. 23.

10 Spinner 1985, S. 82 ff.

11 Vgl. als Übersichten Weischenberg 1990; Wilke 1987.

12 Vgl. zur innerredaktionellen Qualitätssicherung Kapitel 7 in Ruß-Mohl 1992.

13 Vgl. als „Standardwerke": Fink 1988, Giles 1988, Lavine/Wackman 1988; zur Weiterentwicklung solcher Ansätze: Lacy et al. 1992; Lacy et al. 1993; im deutschsprachigen Raum: Ruß-Mohl 1992, Kapitel 7 und 8; Mast 1994, Kapitel IX; Reiter/Ruß-Mohl 1994; Ruß-Mohl 1994.

14 Whitney 1986.

15 Vgl. Majone 1993.

16 Vgl. dazu die — gewiß exemplarische — Qualitäts-Definition des Orange County Register, einer kalifornischen Regionalzeitung: „We want to produce a high quality news product, with high quality always defined in terms of satisfying customers. In defining quality we must care more about the people who buy our product than about our peers" (Internes Arbeitspapier, ohne Jahresangabe).

[17] Vgl. als wohl radikalste Kritik an der Rationalität des Expertenurteils und damit auch an der „Herrschaft der Experten": Illich 1979.

[18] Solche Fragen nach der Bewertungs- bzw. Forschungsökonomie sollten wohl öfters gestellt werden — zum Beispiel bei den in Mode gekommenen Delphi-Befragungen unter Medienexperten, die vermutlich zum größeren Teil eher lustlos und damit auch nur sehr bruchstückhaft ihr Expertenwissen den jeweiligen Fragebögen anvertrauen, aber auch bei überperfektionierten Auswahlverfahren, wie sie beispielsweise die Hamburger Henri-Nannen-Journalistenschule praktiziert (vgl. Englerth 1992).

6. Der I-Faktor im Journalismus

[1] Vgl. auch die Definitionen bei: Tuchtfeldt 1970, S. 125 f., Woll 1990, S. 340, sowie in Gabler 1988, S. 2548.

[2] Hinzu kommt die Nadelöhr-Funktion, die im Nachrichtengeschäft die Agenturen wahrnehmen. Weil ohne die Agentur als „Grossisten" nichts „läuft", müssen Botschaften erst einmal diese Instanz passieren, um massenmedial verbreitet zu werden. Der Grossist weiß sich wiederum seiner Kundschaft, einer Vielzahl von professionalisierten Nachrichten-Einzelhändlern, verpflichtet. Um selbst im Wettbewerb mit anderen Agenturen bestehen zu können, muß die angelieferte Nachrichtenware den Qualitätsanforderungen entsprechen, die diese Nachfrager stellen. Insoweit sind auch — qua Wettbewerb — bereits in den mehrstufigen Prozeß der Nachrichtenübermittlung mehrfach produktionsbegleitende Qualitätskontrollen eingebaut.

[3] Vgl. Jochimsen/Simonis 1970.

[4] So profitiert etwa beim — im Journalismus ja ziemlich häufigen — Arbeitsplatzwechsel nach erfolgter Aus- oder Weiterbildung die Konkurrenz von der Bildungsanstrengung. Für eine Regionalzeitung lohnt es sich deshalb nicht, allzuviel in die Ausbildung zu investieren, wenn sie genau weiß, daß der gut ausgebildete Redakteur hinterher vom *Spiegel* abgeworben wird; zynisch zugespitzt, ist es da schon besser, der Volontär wird sofort mit Redakteursaufgaben betraut und überfordert — und bleibt der Zeitung auch später erhalten, gerade weil er nicht so gut ausgebildet ist, daß ihn auch der *Spiegel* brauchen könnte.

[5] Am Beispiel der hochschulgebundenen Journalistenausbildung in Deutschland wäre etwa zu fragen, ob in den Extremfällen völlig überlasteter Universitätsinstitute die von der öffentlichen Hand getätigten Infrastrukturinvestitionen nicht bereits kontraproduktiv geworden sind.

6 Pross 1993, S. 353.
7 Mayntz 1993, S. 43.

7. Professionalisierung durch Ausbildung

1 Diese Bezeichnung bürgert sich in den USA mehr und mehr ein (vgl. Task Force 1989, S. A 21), weil sich auch dort — ähnlich wie im deutschsprachigen Raum — keine klare Trennlinie zwischen Journalistik, Publizistikwissenschaft und Kommunikationswissenschaft ziehen läßt. Sie wird im folgenden ebenso übernommen wie das gängige Kürzel *j-school,* das für *journalism school* oder für *school of journalism and mass communication* steht. Auch dieser Begriff läßt sich nicht wörtlich ins Deutsche übersetzen. Während hierzulande Journalistenschulen private Ausbildungsstätten außerhalb der Universitäten sind, sind *journalism schools* in den USA fast ausnahmslos Hochschulinstitute.

2 Cleghorn 1989. Vgl. auch Weaver/Wilhoit 1986, S. 41; Dennis 1988, S. 3 f.

3 Dennis 1988, S. 3 f.

4 Becker/Kosicki 1993, S. 56.

5 Becker 1991, S. 59.

6 1992 ging sie allerdings um über 8000 zurück (vgl. Becker 1991, S. 51; Becker/Kosicki 1993, S. 57).

7 Gespräch des Verfassers mit dem Direktor der School of Journalism and Mass Communication an der University of Wisconsin, Robert E. Drechsel, in Madison v. 17. 8. 1993. Von der Lehr-„Belastung" her besehen, sind amerikanische Undergraduates folglich mit Nebenfachstudenten in Magisterstudiengängen vergleichbar.

8 Auch an deutschen Hochschulen geht es anders. So ist beispielsweise die Betreuungsrelation an kleineren Journalistik-Studiengängen, etwa in Bamberg, Eichstätt, Dortmund oder Stuttgart-Hohenheim, sehr viel günstiger und zum Teil durchaus auch mit den wenigen besonders gut ausgestatteten amerikanischen Universitäten vergleichbar.

9 Becker 1991, S. 52.

10 Von einem „faktischen Ausbildungsmonopol der schools of journalism" zu sprechen, wie Weischenberg (1987, S. 33) das tut, mag angesichts dieser Zahlen angemessen erscheinen. Ich tendiere dennoch zu mehr Vorsicht — zumal gerade tonangebende Elite-Blätter wie beispielsweise das Wall Street Journal oder die New York Times bei der Personalrekrutierung weniger selbstverständlich auf die j-school-Absolventen zurückgreifen als etwa kleine Regionalzeitungen.

11 Lee Becker bei einem Vortrag an der FU Berlin am 7. 2. 1992.

12 Hart 1990, S. 40.

13 Weischenberg 1990a, S. 35.

14 Becker 1991, S. 59 f.

15 Gespräch des Verfassers mit Richard Schwarzlose in Evanston IL vom 20. 8. 1993.

16 Vgl. zur Geschichte der Journalistenausbildung in den USA: Boylan/ Sims 1988; Dennis 1988, S. 9 ff.; Dennis 1990; Sloan 1990; Rogers/ Chaffee 1992; Weischenberg 1990b.

17 Vgl. Dennis 1988, S. 14.

18 Vgl. mit quantitativen Belegen: Becker/Kosicki 1993, S. 60; Blanchard/Christ 1993, S. 40 m. w. N.

19 Übersetzung des Verfassers. Das Originalzitat lautet: „Thus, the almost universally required course called Introduction to Mass Communications is usually a package tour in which journalism is accorded a two- or three-week stopover somewhere between television, records, radio and public relations, and advertising, all putatively tied together by communications theory" (Ziff 1992, S. 49).

20 Blanchard/Christ 1993, S. 89.

21 Vgl. auch Footlick 1988, S. 73 f.

22 Becker 1991, S. 51.

23 Accrediting Council 1993a.

24 Gespräch des Verfassers mit Robert Giles am 12. 8. 1993 in Kansas City. Vgl. ferner: Ceppos 1992.

25 Accrediting Council 1993, S. 5.

26 Gespräch des Verfassers mit Sharon Dunwoody v. 12. 8. 1993 in Kansas City.

27 Vgl. Mazingo 1991, S. 48; Weischenberg 1990.

28 Gespräch des Verfassers mit Sharon Dunwoody v. 12. 8. 1993 in Kansas City und mit Robert E. Drechsel in Madison v. 17. 8. 1993; vgl. auch Drechsel 1993 — eine Stellungnahme, die erahnen läßt, wie sehr die Vorgaben des Accrediting Council mitunter als einengend empfunden werden. Ferner: Blanchard/Christ 1993, S. 148 ff.

29 Ansätze dazu, wie das — über die in Amerika seit langem übliche Kursevaluierung durch die Studierenden hinaus — geschehen kann, finden sich in einem Papier „External Review Procedures" vom Mai 1993 der School of Journalism and Mass Communication, University of Wisconsin; vgl. ferner: Blanchard/Christ 1993, S. 142 ff.

30 Vgl. zur Handhabung dieser Vorgabe: Morton 1993.

31 Fitzgerald 1992a, S. 17.

32 Ebenso finden sich auch unter den Gründervätern der amerikanischen Publizistik- und Kommunikationswissenschaft beeindruckende Persönlichkeiten, die kaum oder allenfalls am Rande durch eigene journalistische Arbeit hervorgetreten sind, z. B. Wilbur Schramm und Willard G. Bleyer (vgl. Sloan 1990; Boylan/Sims 1988; Rogers/Chaffee 1992).

33 Vgl. Stovall 1990, S. 36 ff.

34 Andererseits machen sich inzwischen ernstzunehmende Fachleute Sorgen, welche Folgen eine zu erwartende Verknappung von akademischen Lehrern, die einen Ph. D. erworben haben, haben könnte (vgl. De Fleur, o. J.). Sue O'Brien, die als altgediente Praktikerin an der University of Colorado at Boulder Journalistik lehrt, ist allerdings pessimistisch, daß aus dieser Knappheit bessere Berufungschancen für Praktiker resultieren könnten: „Inzwischen drängen so viele Journalisten auf die wenigen Dozentenstellen, daß sich auch unter den Praktikern der Wettbewerb eher verschärfen wird" (Statement während der Veranstaltung „Going back: Classroom to Newsroom, Print and Broadcast", Jahrestagung der Association for Education in Journalism and Mass Communication in Kansas City v. 11.—14. 8. 1993).

35 Er fährt dann mit einer sehr persönlichen, aber gleichwohl generalisierbaren Erfahrung fort: „Academics who have reviewed my work, for example, have faulted it for reading too much like ‚an extended feature story‘ and for lacking ‚qualitative and quantitative‘ analysis. I'm the first to admit that there are weaknesses in my work, but I've found it frustrating to have my writing judged as ‚too journalistic to make a contribution‘, as one academic publisher put it" (Underwood 1992); das vom Verfasser übersetzte Originalzitat lautet: „For ex-journalists, the academic publishing game can present a bewildering maze of quantitative methods and social sience jargon and the daunting prospect of running the gauntlet of peer judgement . . . Ex-journalists are, for the most part, hired because their skills and real-world-experience are valued in the training of future journalists. It would seem logical, then, that — to keep them fresh and in touch with the business — they would be encouraged to continue to produce journalism. In fact, however, those who guard the gates of scholarly publishing are often quite hostile to what they consider flabby generalizing of journalistic inquiry" (ebd.).

36 Vgl. Newsweek v. 5. 3. 1990, zit. n. Uthmann 1990.

37 Vgl. Blanchard/Christ 1993, S. 118.

38 Statement während der Veranstaltung „Going back: Classroom to Newsroom, Print and Broadcast", Jahrestagung der Association for Education in Journalism and Mass Communication in Kansas City v. 11.—14. 8. 1993.

39 Vgl. als Überblick die Broschüre „Pioneering Partnerships" (Freedom Forum Media Studies Center, New York 1991).

40 Vgl. presstime, March 1993, S. 45. Vgl. auch Pease 1990.

41 Fitzgerald 1992a, S. 17.

42 The Freedom Forum: Journalism Professors Publishing Program, Broschüre, Arlington VA, o. J.

43 Vgl. die Broschüren des Leadership Institute for Journalism and Mass Communication Education, Freedom Forum Media Studies Center, New York, sowie Editor & Publisher v. 7. 8. 1993, S. 2.

44 Terry 1993, S. 24.

45 Dennis 1988, S. 4. Vgl. auch Dennis 1986a; Blanchard/Christ 1993, S. 60 ff. und S. 114 f. m. w. N., sowie White 1986.

46 Vgl. dazu auch Task Force 1989.

47 Vgl. als empirische Studien, die die Einschätzung der amerikanischen Journalistenausbildung durch Chefredakteure untersucht haben: Arwood 1993; American Society of Newspaper Editors Committee on Education for Journalism 1990.

48 Übersetzung des Verfassers. Das Originalzitat lautet: „. . . a yawning chasm separates journalism schools from the industries they serve. American journalism education, while highly regarded and even lionized in other countries, is beset by problems in its own backyard." (Dennis 1988, S. 3).

49 Irving Kristol, zit. n. Stein 1989, S. 16 f.; vgl. auch Blanchard/Christ 1993, S. 67 f. Gerade in diesem Punkt dürfte allerdings das Gegenargument der Journalistenausbilder triftiger sein, vorwiegend die niedrigen Eingangsgehälter, die im amerikanischen Journalismus gezahlt werden, schreckten qualifizierte Akademiker ab (vgl. Sloan 1990, S. 20).

50 Dennis 1992a, S. 82; vgl. auch: S. G. Riley 1993.

51 Cleghorn 1989; Mazingo 1991, S. 48; Wyatt 1991, S. 12; sinngemäß so auch Art Brisbane, Editor und Vice President des Kansas City Star beim Podiumsgespräch „Redefining Journalism in an Information Age . . . Implications for Education and Industry" der Jahrestagung der Association for Education in Journalism and Mass Communication in Kansas City v. 11.—14. 8. 1993.

52 Dennis 1988, S. 6.

53 Dennis 1989a, S. 3.

54 Mazingo 1991, S. 48.

55 Dennis 1992a, S. 82.

56 Vgl. Dennis 1988, S. 12.

57 Hart 1990, S. 44; vgl. auch Dennis 1992a, S. 79.

58 Hart 1990, S. 44; vgl. auch Terry 1993a sowie zur (schlechten) Bezahlung von Journalistik-Dozenten: Stuart/Dickey 1989.

59 Dennis 1988, S. 3; vgl. auch Dennis 1992a, S. 82.

60 Dennis 1988, S. 6 ff.

61 Becker/Kosicki 1993, S. 56.

62 Fancher 1989. Der garage sale in Amerika entspricht in etwa funktional einem Flohmarkt hierzulande; in der eigenen Garage werden, etwa bei Entrümpelungen oder Haushaltsauflösungen, ohne Zwischenhändler Gebrauchtwaren verkauft.

63 Ebd.

64 Marzolf 1991, S. 59.

65 Vgl. zur amerikanischen Professionalisierungs-Diskussion: Voakes 1993 m. w. N.

66 Auf der individuellen Ebene sind zu nennen die Association for Education in Journalism and Mass Communication und die American Society of Journalism School Educators; institutionell sind die JMC-Institute organisiert in der Association of Schools of Journalism and Mass Communication.

67 Weaver/Wilhoit 1988, S. 4 ff. Das reicht inzwischen bis hin zu Versuchen, empirisch die Unterrichts-Qualität in Kursen zu messen, in denen journalistisches Schreiben vermittelt wird (vgl. Stone 1990, S. 4 ff.).

Die Journalistik-Dozenten sind im übrigen auch erstaunlich gut organisiert. So zählt die Association for Education in Journalism and Mass Communication als wissenschaftliche Vereinigung und Standesvertretung über 3000 Mitglieder (vgl. AEJMC-News, January 1994, S. 4).

8. Weiterbildung: Das Prinzip des Lifelong Learning

1 Vgl. Newton 1993, S. 2 u. S. 12 f.

2 Übersetzung des Verfassers. Das Originalzitat lautet: „The most frequently mentioned in-house training — writing . . . — is listed as a regular training topic by only 3 in 10 respondents. We might cringe at the notion of only 3 in 10 teachers receiving ongoing professional development, or wonder about how Detroit could ever produce re-engineered cars if only 3 of 10 autoworkers knew how to build them. Yet this is happening at the USA's daily and weekly newspapers" (Newton 1993, S. 6).

3 Vgl. Newton 1993, S. 10; Ramsey 1990, S. 75 f.

4 Vgl. Hart 1990, S. 50.

5 Newton 1993, S. 2.

6 Newton 1993, S. 8.

7 Die Übersicht beschränkt sich auf Institutionen, die aufgrund ihrer personellen und finanziellen Ausstattung kontinuierlich und zugleich professionell Weiterbildung betreiben. Ausgeklammert bleiben also all jene — auch in den USA geradezu unüberschaubar vielen — Offerten von Unternehmen, Verbänden und anderen Einrichtungen, deren Hauptaufgabe anderswo liegt und die demzufolge nur sporadisch — oftmals im Rahmen ihrer Public Relations — Seminare für Journalisten anbieten.

8 Vgl. als Bestandsaufnahme von Weiterbildungsangeboten und Fellowships in den USA: Teil IV Fellowships, Grants, And Scholarships in: Journalism Awards 1993; Balk 1989; zur Journalisten-Weiterbildung in Europa: Buchloh/Ruß-Mohl 1993.

9 Nieman Foundation 1987, S. 10.

10 Pressemitteilung des University of Maryland College of Journalism vom August 1993.

11 Gespräch des Verf. mit Bill Kovach v. 16. 6. 1989.

12 Gespräch des Verf. mit Roger May v. 11. 4. 1989.

13 Gespräch des Verf. mit Don Wycliff v. 12. 4. 1989.

14 The New York Times Company Foundation 1987, S. 26.

15 Telefonauskunft von Elizabeth Tibbitts, Nieman Foundation, v. 2. 9. 1993.

16 Übersetzung des Verfassers; das Originalzitat lautet: „Midcareer recognition and training not only help the participating Fellows, but also make a vital contribution to the craft of . . . journalism, to the news business, and to the public they serve. The university community gains a deeper awareness of current public concerns and the processes of reporting and analyzing the news" (Knight Science Writing Fellowships, o. J.).

17 American Press Institute 1989, S. 13.

18 Gespräch des Verfassers mit William Winter v. 8. 9. 1993 in Reston, Va.

19 Gespräch des Verfassers mit William Winter v. 8. 9. 1993 in Reston, Va.

20 The Poynter Institute for Media Studies, 1989 Catalog, S. 3.

21 Übersetzung des Verfassers. Das Originalzitat lautet: „The successful news operations is going to be leaner, better managed, and much more focused on readers, viewers, and their needs and desires. Many of Poynter's new programs for 1993 are designed specifically to help news operations sharpen that focus" (Haiman 1992, S. 2).

22 Telefonauskunft von Joyce Olson, The Poynter Institute, v. 2. 9. 1993.

23 Pollack 1993, S. 39.

[24] Hart 1990, S. 47; vgl. auch Newton 1993, S. 6; Thien 1993, S. 23.
[25] Los Angeles Times 1988.
[26] Vgl. Thien 1993, S. 26 ff.
[27] Zit. n. Thien 1993, S. 28 m. w. N.; ähnliche Initiativen beschreibt auch Pollack 1993.
[28] Gespräch des Verfassers mit Richard Cheverton am 23. 8. 1993 in Santa Ana.
[29] Wolf/Thomason 1986, S. 43 f.
[30] Clark 1988, S. 35.
[31] Newton 1993, S. 8 f.
[32] Laakaniemi 1987, S. 570.
[33] Clark 1988, S. 34.
[34] Laakaniemi 1987, S. 570.
[35] Clark 1988, S. 34.
[36] Vgl. Laakaniemi 1987, S. 570; Wolf/Thomason 1986, S. 44−46.
[37] Wolf/Thomason 1986, S. 46.
[38] Vgl. bereits: Stein 1981, S. 15.
[39] Vgl. Laakaniemi 1987, S. 573; Wolf/Thomason 1986, S. 48.
[40] Statement im Rahmen der Podiumsdiskussion „Going Back: Classroom to Newsroom, Print and Broadcast" bei der Jahrestagung der Association for Education in Journalism and Mass Communication in Kansas City v. 11.−14. 8. 1993.

9. News Councils und Ombudsleute als Feuerwehren

[1] Sehr anschaulich beschrieben bei Isaacs 1986, S. 110 ff. und S. 116 ff. Vgl. auch die Berichterstattung und Kommentierung der New York Times anläßlich der Einrichtung und der Auflösung des National News Council: Shipler 1973; Wicker 1973; Friendly 1984.
[2] Übersetzung des Verfassers. Das Originalzitat lautet: „. . . those from journalism who worked with it, were constantly aware that they had fallen from grace for having had the temerity to embrace a cause that challenged the most sacred cow in journalism's holy credo — its self-proclaimed right to reject any type of examination of its performance. With few exceptions, those in the press shuddered over the heresy" (Isaacs 1986, S. 99).
[3] Übersetzung und Hervorhebung des Verfassers. Das Originalzitat lautet: „From the start, the council had to face vigorous opposition from the larger part of the fraternity, saints and sinners alike. They objected it equally, claiming that its very existence impugned their vir-

tue. The press has always opposed outside interference. In defense of that position, it invokes the First Amendment to the Constitution, which guarantees the freedom of the press . . ." (Brogan 1985, S. 3 f.). Vgl. auch Dennis 1889, S. 189; Isaacs 1986, S. 110 ff.; Lambeth 1986, S. 85 ff.

4 Isaacs 1986, S. 131.

5 Paine 1989.

6 Vgl. — auch zum folgenden — die Statements von Arnold Ismach, University of Oregon, William Blankenburg, University of Wisconsin, und Gary Gilson, Minnesota News Council im Workshop „News Councils: State of the Art", Jahrestagung der Association for Education in Journalism and Mass Communication in Kansas City v. 11.—14. 8. 1993.

7 Vgl. Isaacs 1986, S. 130.

8 Minnesota News Council, o. J.

9 Minnesota News Council, o. J.

10 Statement beim Workshop „News Councils: State of the Art", Jahrestagung der Association for Education in Journalism and Mass Communication in Kansas City v. 11.—14. 8. 1993; vgl. auch Ruß-Mohl 1992, Kapitel 6.

11 Statement von Louise Hermanson beim Workshop „News Councils: State of the Art", Jahrestagung der Association for Education in Journalism and Mass Communication in Kansas City v. 11.—14. 8. 1993.

12 Statement von Gary Gilson beim Workshop „News Councils: State of the Art", Jahrestagung der Association for Education in Journalism and Mass Communication in Kansas City v. 11.—14. 8. 1993; vgl. auch Paine 1989, S. 28.

13 Glasser 1989, S. 186.

14 Übersetzung des Verfassers. Das Originalzitat lautet: „Thus even if its stated objectives appear in decidedly pro-press terms, a press council cannot always count on the support and voluntary cooperation of the press itself. And without that support and cooperation, as the National Press Council learned, there is little left to the legitimacy of a press council" (Glasser 1989, S. 186).

15 Prichard 1993, S. 78, vgl. auch Isaacs 1987; Ettema/Glasser 1987; Mogavero 1980.

16 Bailey 1990, S. 32.

17 Salant 1992, S. 84. Übersetzung des Verfassers. Das Originalzitat lautet: „Their columns are interesting, informative, and lively. Although the temptation must be great, they resist pomposity and superior sermonizing. What is most striking is the variety of approaches and

choice of subject matter among the ombudsman. Sometimes they do no more than quote reader complaints. Some discuss the complaints but pass no judgement on their merits. Art Nauman even ombuds himself and confesses his own error . . . Some explain just how the subject matter complained about happened — tracing its origins and reasons — thus contributing to public understanding of the news process, and its fallability. Some present the defenses, rationalizations and confessions of error of the journalists responsible for the questioned copy.

18 P. Riley 1993.
19 Zit. n. Boventer/Salomon 1990, S. 9.
20 Ettema/Glasser 1987, S. 7.
21 Übersetzung des Verfassers. Das Originalzitat lautet: „A good ombudsman can materially raise his newspaper's standards. A weak or timid one offers little more than cosmetic promotional touches." (Isaacs 1986, S. 136 f.).
22 Fitzgerald 1992.
23 Zit. n. Lambeth 1986, S. 89 f. m. w. N.
24 Ettema/Glasser 1987, S. 4.
25 Hartung et al. 1988, S. 919.
26 Isaacs 1986, S. 135. Vgl. als Überblick über die corrections policies amerikanischer Tageszeitungen: Whitney 1986.
27 Gespräch des Verfassers mit John McPhelan v. 3. 9. 1993 in New York.
28 Übersetzung des Verfassers. Das Originalzitat lautet: „Too many editors and publishers are fearful of offending top management and being unpopular with their staffs, he explained. Too much of journalism is caught up in a ‚tribal culture' whose anthem is: ‚We stand by our story'" (Zit. n. Marzolf 1991, S. 196 m. w. N.).

10. Die inflationäre Vermehrung der Journalistenpreise

1 Vgl. als Übersicht: Journalism Awards 1993.
2 Wie plump solche Eigeninteressen mitunter verfolgt werden, läßt ein Ratgeber-Büchlein für Öffentlichkeitsarbeiter in Unternehmen erahnen, dem folgende Textstelle entnommen ist: „There are other ways that the media can be used to enhance a company's image . . . Pannell Kerr Forster (PKF), a large public accounting firm with a name recognition problem, embarked upon an interesting strategy . . . The idea they agreed upon was to sponsor some sort of competition . . . They

finally decided to sponsor a financial writers contest . . . The overriding reason for sponsoring the program, however, was that it was considered an appropriate way by which PKF could target the people it wanted most to reach: financially oriented business executives and the business press" (Evans 1987, S. 134 f.).

3 Bates 1991; vgl. zur Entstehungsgeschichte der Pulitzer Awards auch die Einleitung in: Fischer 1984—86, Vol. 1.

4 Übersetzung des Verfassers. Das Originalzitat lautet: ,,Despite occasional scandals and more than their share of criticism through the years, the prizes, which have been given annually since 1917 for excellence in newspaper journalism, represent the highest professional honor attainable in the life of any American journalist. And it doesn't stop there. As 1959 Pulitzer Prize winner Mary Lou Werner Forbes jokes, ,It's going to look great in my obituary'" (Rothmyer 1991, S. 1).

5 Übersetzung des Verfassers. Das Originalzitat lautet: ,,Prize-winning stories have at times been genuinely daring and at others have set a standard of excellence that have affected the whole profession. In the 1920s, for example, two Southern newspapers were cited for their fearless reporting on the Klan. The New York Times' 1972 prize for publishing the Pentagon Papers, followed the next year by the Washington Post's prize for its coverage of Watergate, not only exposed government secrets and wrongdoing, but also inspired a whole generation of young journalists to dig below the surface of events" (Rothmyer 1991, S. 9).

6 Übersetzung des Verfassers. Das Originalzitat im Ausschreibungstext lautet: ,,In all cases, preference will be given to work . . . characterized by high quality of writing and reporting" (Plan for the Award of the Pulitzer Prizes, New York: Columbia University, 1991).

7 Auskunft von Claudia Weissberg, Sekretariat des Pulitzer Prize Board, v. 2. 9. 1993.

8 Telefonauskunft des Bundesverbandes Deutscher Zeitungsverleger, Bonn, im November 1993. Zum weiteren Vergleich: Beim Wächterpreis der Tagespresse sind es jährlich 80 bis 85 Bewerbungen; Telefonauskunft der Fiduziarischen Stiftung ,,Freiheit der Presse", Frankfurt, im November 1993.

9 Zit. n. Rothmyer 1991, S. 4 m. w. N.

10 Gespräch des Verfassers mit Glasser v. 26. 8. 1993 in Palo Alto; vgl. auch Rothmyer 1991, S. 9 u. 17.

11 Übersetzung des Verfassers. Das Originalzitat lautet: ,,This is the one day of the year when American newspaper executives suspend their usual objectivity and overplay a self-interest story — if their papers, not their competitors', win Pulitzers" (Bates 1991, S. 3 f.)

[12] Vgl. Editor & Publisher v. 28. 4. 1990 — also zu einem Zeitpunkt, bevor die Rezession auch das Anzeigenaufkommen solcher Fachzeitschriften schrumpfen ließ.

[13] Vgl. auch Underwood 1988, S. 30.

[14] Zaharopoulos/McIntosh 1993.

[15] Übersetzung des Verfassers. Das Originalzitat lautet: „The judging hierarchy has been aptly described as a ‚journalistic priesthood‘ in which members of the board serve as high priests who insist on being tightly cloistered as they wield their power“ (Bates 1991, S. 193).

[16] Bates 1991, S. 194.

[17] Bates 1991, S. 195.

[18] Dedman 1991, S. 42.

[19] Gespräch des Verfassers mit James V. Risser in Palo Alto v. 26. 8. 1993.

[20] Übersetzung des Verfassers. Das Originalzitat lautet: „At a deeper level, Pulitzer Prize-winning stories, taken as a whole, have generally done a poor job — as has journalism in general — of seeing the forest as well as the trees. While often brilliantly reporting on day-to-day events, newspapers have failed to grasp and illuminate many of the sweeping trends and underlying realities of succeeding eras. In the 1930s, to judge by the Pulitzer winners, the most serious issue facing the country was municipal fraud, not the Great Depression or widespread calls for radical economic and political change. In the 1960s, Pulitzers were awarded for coverage of racial riots and their aftermath, but no paper won a prize for a story explaining the rise of black power. In the 1970s and 1980s, there were prizewinning reports on scams of every sort imaginable . . ., but there was no prizewinning series that limned the outlines of the fledgling women's movement or that focused on the rise of the gay movement.“ (Rothmyer 1991, S. 10).

[21] Vgl. Whalen 1993.

[22] Rothmyer 1991, S. 10 ff.

[23] Der Fall ist ausführlicher skizziert in Ruß-Mohl 1992, S. 54 ff. m. w. N.

[24] Wilkins 1991, S. 206.

[25] Rothmyer 1991, S. 7; vgl. auch — als anschauliche Beschreibung der Vorauswahl-Prozedur — Dedman 1991.

[26] Zit. n. Rothmyer 1991, S. 209.

[27] Ausschreibungstext zum Mellett Award 1990. Administriert wird der Preis von der School of Communications der Pennsylvania State University.

[28] Seldes 1929.

²⁹ Ein Auszug sei zitiert: „During the 1980s, for example the big three news networks were taken over by corporations that might have deemed unqualified under earlier standards set by the Federal Communications Commission. ABC went to Capital Cities, a large newspaper chain whose acquisition increases cross-media domination. NBC was taken over by General Electric, which not only has a major stake in the news as a leading defense contractor and maker of nuclear reactors but has a remarkable history of convictions for fraud and antitrust violations. And a big real estate operator, Laurence Tisch, took over CBS and decimated what used to be the best news and documentary operation in the United States . . . The owners of the daily press got their share of special government treatment, too. The daily-news business was already controlled by monopolies in 98 percent of U. S. cities, but in the 1980s the administration further sedated the antitrust laws to permit the biggest newspaper chains to sweep up these local monopolies. In addition, the National Labor Relations Board became stacked with pro-management members, and the media giants went on a ten-year spree of union busting . . .

When reporters tried to penetrate the propaganda barricade at the White House, their own managements blocked their efforts. One example involved coverage of the president himself. The White House wanted to project an image of the tutular leader of the ‚Reagan Revolution' as a shrewdly insightful, compelling visionary of policy, a natural genius in command of his administration. The truth was that, left on his own with reporters, Reagan would have revealed himself to be one of the most ignorant men ever elected president . . . He was subject of alarming fantasies about himself, slept through crucial meetings, and even when awake, was easily confused by his own three-by-five cue cards. What Reagan really was good at was B-movie acting — the cocky toss of the head, the gee-whiz smile of the guy next door, and the John Wayne posture on a horseback . . . After Reagan left office, Michael Deaver, coordinator of White House image making, admitted that ‚Reagan enjoyed the most generous treatment by the press of any president in the postwar era'." (Bagdikian 1992).

³⁰ Übersetzung des Verfassers. Das Originalzitat lautet: „The mechanism by which owners control the news succeeds because it is invisible to the public . . . Self-censorship becomes epidemic. But it is an invisible epicemic, and all the harder to counter because the public never finds out about it. Most censorship remains invisible for an ironic reason. Journalistic ethics among working reporters have risen enough to make it embarrassing if the censoring hand of the corporation leaves telltale fingerprints on the news. A frank statement by an editor

that a story was killed for corporate reasons could end up in one of the country's journalism reviews, or even at another news outlet . . ." (Bagdikian 1992).

31 Übersetzung des Verfassers. Das Originalzitat lautet: „Owners, like their journalists, have egos. And they prefer to avoid negative publicity that could also affect favorability of the medium for advertising. So most owners have learned not to post embarrassing memoranda. Except for a few crude operations, editors no longer tell reporters, ‚The boss wants no more stories like this'. Instead, reporters are given professionally acceptable reasons. These include decisions that could be legitimate editing judgements, like ‚No one is interested in that' or ‚We did that once'." (Bagdikian 1992).

32 Bagdikian 1992; vgl. dazu auch Ruß-Mohl 1992, S. 146 ff.

33 Bagdikian 1992. Auch wer nicht zu Neidkomplexen neigt und klassenkämpferische Parolen eher verabscheut, sollte Bagdikians Argument nicht einfach vom Tisch wischen. Eine Analyse des Columbia Journalism Review, die die Entwicklung der Jahresgehälter der Vorstandsvorsitzenden großer amerikanischer Medienunternehmen mit den Arbeitseinkünften gewöhnlicher Journalisten vergleicht, belegt, daß sich hier eine bedenkliche Schere auftut. So verdiente der Chef des Medienkonzerns Capital Cities/ABC 1982 noch „nur" das 49fache eines durchschnittlichen Reporter-Jahresgehaltes, während er zehn Jahre später bereits 113 solcher Gehälter einsackte. Beim größten amerikanischen Zeitungskonzern Gannett hat sich das Salär des Vorstandsvorsitzenden innerhalb von zehn Jahren nominell verfünffacht; während er 1982 noch 32 Journalistengehälter kassierte, waren es 1992 bereits 95 (Crystal 1993, S. 49) — ein wahrlich durchschlagender Effekt der *greedy eighties,* der sogenannten gierigen achtziger Jahre. Nicht dokumentiert ist bedauerlicherweise die Gehaltsentwicklung bei den Chefredakteuren, doch eine Reihe von Gründen spricht dafür, daß auch sie sich ein beträchtliches Stück weiter von den Durchschnittsgehältern des Fußvolkes in den Redaktionen entfernt haben dürfte.

34 Gespräch des Verfassers mit Carl Jensen in Cotati CA vom 28. 8. 1993.

35 Vgl. Jensen 1993, S. 89 f.

36 Gespräch des Verfassers mit Carl Jensen in Cotati CA vom 28. 8. 1993.

37 Gespräch des Verfassers mit Carl Jensen in Cotati CA vom 28. 8. 1993.

38 Zit. n. Breecher 1990, S. 39.

39 Zit. n. Rothmyer 1991, S. 210.

11. Knotenpunkte im Netzwerk: Die Branchen- und Berufsverbände

1 Bogart 1991, S. 5.
2 Weaver/Wilhoit 1986, S. 106.
3 Brief von David Weaver an den Verfasser vom 26. 4. 1994. Die von Weaver freundlicherweise vorab zur Verfügung gestellten Erhebungsdaten werden veröffentlicht in: Weaver, David H./Wilhoit, G. Cleveland: The American Journalist in the 1990s (erscheint voraussichtlich 1995).
4 Stand 1993, Auskunft von Vorstandsmitglied Sara Stone beim SPJ Advisers Breakfast, Jahrestagung der Association for Education in Journalism and Mass Communication in Kansas City v. 11.–14. 8. 1993.
5 Weaver/Wilhoit 1986, S. 105 f.
6 Den neuesten Befragungsergebnissen von Weaver/Wilhoit zufolge waren 1992 nur noch 7,4 Prozent der Journalisten SPJ-Mitglieder. Bezieht man allerdings die SPJ-eigenen Angaben zum Mitgliederstand auf die Gesamtzahl von 122 000 US-Journalisten, ergibt sich ein Anteil von 10,9 Prozent (Brief von David Weaver an den Verfasser vom 26. 4. 1994; vgl. Fn. 3).
7 Vgl. Case 1993, S. 14.
8 Hammer 1984; vgl. auch Case 1993; Fitzgerald 1990, S. 8.
9 Gespräch des Verfassers mit David Weaver v. 9. 5. 1989 in Bloomington, Indiana.
10 Fitzgerald 1993a.
11 Auskunft von Vorstandsmitglied Sara Stone beim SPJ Advisers Breakfast, Jahrestagung der Association for Education in Journalism and Mass Communication in Kansas City v. 11.–14. 8. 1993.
12 Gespräch des Verfassers mit Lee Stinnett v. 9. 5. 1993 in Reston, Va.
13 Gespräch des Verfassers mit Lee Stinnett v. 9. 5. 1993 in Reston, Va.
14 Ritter 1993.
15 Fitzgerald 1993, S. 21.
16 Case 1993.
17 Poschenrieder 1993, S. 68.
18 Weir/Noyes 1983; Herding 1985; Blees 1989. Das CIR ist primär ein Journalistenbüro, das sich auf investigativen Journalismus spezialisiert hat, allerdings eben auch Infrastruktur-Funktionen erfüllt. Im Jahresbericht heißt es: „Each year, Center reporters produce upwards of 50 indepth stories for magazines, newspapers and television. In addition, our journal *Muckraker* distributes CIR reporting to policy

makers, public-interest groups, libraries, fellow journalists and general readers nationwide and around the world. We are also committed to passing on investigative skills: since 1977, more than 300 journalists from the U. S. and abroad have participated in the Center's unique internship and training programs" (Center for Investigative Reporting, 1993).

19 Blees 1989.
20 Fitzgerald 1992b, S. 7.
21 Weaver/Wilhoit 1986, S. 107. Laut Schneider et al. (1993, S. 18) sind es — unter Berufung auf die neuere Erhebung von Weaver/Wilhoit, zu deren Daten sie Zugriff hatten — 36 Prozent. Aber da haben die Hannoveraner Kollegen vermutlich den feinen Unterschied übersehen, der in den USA zwischen Gewerkschaften und Standesvertretung gemacht wird, und die Mitglieder der berufsständischen Vereinigungen mit dazugezählt.
22 Schneider et al. 1993, S. 18.
23 Gespräch des Verfassers mit Cathleen Black vom 7. 9. 1993 in Reston, Va.
24 Daß dieser Interessenausgleich nicht immer gelingt, wurde deutlich, als Anfang der neunziger Jahre einerseits das Wall Street Journal, andererseits aber auch viele kleinere Verlage ihre Mitgliedschaft in der NAA aufkündigten.
25 Gespräch des Verfassers mit Cathleen Black vom 7. 9. 1993 in Reston, Va.
26 Newspaper Association of America 1992, S. 6 – 13.
27 Übersetzung des Verfassers. Das Originalzitat lautet: „Continuity is reflected in the fact that our underlying mission remains unchanged: ‚To advance the cause of a free press and to ensure that newspapers have the economic strength essential to serve the American people'." (Newspaper Association of America 1992, S. 2).
28 Ebd.
29 Übersetzung des Verfassers. Das Originalzitat lautet: „As a customer, you have the right to expect a high level of service and responsiveness from NAA. You deserve — and will receive — high-quality, affordable programs and services that bring added value to your entire organization . . . If a service doesn't meet the needs of our customers, it doesn't deserve a place in our stremlined organization . . . It's also our goal to make the financing of NAA services as equitable as possible. If a service benefits all members, then the full membership pays for that service through dues. If a service benefits a subset of NAA's membership, then those members — small, medium and large — pay only their fair share" (ebd.).

³⁰ Gespräch des Verfassers mit Cathleen Black vom 7. 9. 1993 in Reston, Va.

³¹ Fitzgerald 1992c, S. 9.

³² Garneau 1993a, S. 11.

12. Medienjournalismus (1):
Die Fachpresse als Resonanzboden

¹ Vgl. zum folgenden — insbesondere zu den Auflagenangaben — auch: Purdue 1994.

² Brief von David Weaver an den Verfasser vom 26. 4. 1994 (vgl. Fußnote 3 in Kapitel 11).

³ Gespräch des Verfassers mit Jon Swan vom 1. 9. 1993 in New York.

⁴ Schudson 1978, S. 189.

⁵ Marzolf 1991, S. 181.

⁶ Gespräch des Verfassers mit Doug Underwood, University of Washington, am 12. 8. 1993 in Kansas City.

⁷ Gespräch des Verfassers mit Jon Swan vom 1. 9. 1993 in New York.

⁸ Clark 1990, S. 11.

⁹ Gespräch des Verfassers mit Reese Cleghorn an der University of Maryland, College Park, MD, v. 7. 9. 1993.

¹⁰ Gespräch des Verfassers mit Doug Underwood, University of Washington, am 12. 8. 1993 in Kansas City.

¹¹ Gespräch des Verfassers mit Jon Swan am 1. 9. 1993 in New York.

¹² Gespräch des Verfassers mit Reese Cleghorn am 7. 9. 1993 an der University of Maryland, College Park, MD.

¹³ Gespräch des Verfassers mit Charles L. Klotzer am 12. 8. 1993 in Kansas City.

¹⁴ Herman 1993 (unter Bezug auf Berichte der New York Times v. 11. und 12. 6. 1993).

¹⁵ Potter 1993.

¹⁶ „Hello, New Members", in: presstime, August 1993, S. 4.

¹⁷ Assael 1993.

¹⁸ Gespräch des Verfassers mit Bagby v. 8. 9. 1993 in Reston, Va. Neu begonnen wurde eine vergleichbare Kolumne dagegen 1993 von The Quill (vgl. Leadtime, Spring/ April 1993, S. 7).

13. Medienjournalismus (2): Glasnost im Glashaus

[1] Isaacs 1986, S. 14.

[2] Dovifat 1990a, S. 30; vgl. auch Argyris 1974, S. 237; Lule 1992 m. w. N.

[3] Die Weltverbesserer unter den Journalisten tun dies wohl, weil sie mehr als die Angehörigen anderer Berufe dem (Irr-)Glauben der Aufklärer anhängen, daß sich Probleme allein schon dadurch lösen lassen, daß man sie der staunenden Öffentlichkeit bekanntgibt.

[4] Vgl. dazu auch: Bentele 1988 mit seinem Transparenzpostulat; Wagner 1991, insb. S. 91 ff.

[5] Gespräch des Verfassers mit James L. Baughman in Madison WI v. 17. 8. 1993. Vgl. auch die Quellenübersicht in Baughman 1987, S. 244 f., sowie Goldstein 1989; Dicken-Garcia 1989 mit Kapiteln über Pressekritik bis 1850 (S. 116 ff.) und von 1850 bis 1889 (S. 155 ff.); Marzolf 1991 für die Zeitspanne von 1880 bis 1950.

[6] Marzolf 1991, S. 56 f. Die Serie wurde in Buchform nachgedruckt; vgl. Irwin 1969.

[7] McChesney 1992, S. 16.

[8] Zit. n. Marzolf 1991, S. 197 m. w. N. (dort mehrfach — unrichtig — zitiert als Siegenthaler).

[9] Vgl. auch — mit einer noch etwas längeren Liste — Marzolf 1991, S. 199.

[10] Garneau 1993c, S. 9; vgl. auch Hartl 1994.

[11] Shaw 1984, S. 14.

[12] Übersetzung des Verfassers. Die Originalzitate lauten: „To be a media reporter for one of the nations' biggest newspapers is to dwell in the belly of the beast." — „A standing joke in the newsroom is that people get nervous when they see me coming with pen and pad. It is awkward, to say the least, to have to interview collegues about whether they slanted a story or went easy on a source . . . It is even less fun confronting my bosses with sensitive questions about plagiarism, bias, racial preference or sexual harassment. But they understand that a media reporter wouldn't have a shred of credibility if he simply ignored the Washington Post Company" (Kurtz 1993, S. 3).

[13] Übersetzung des Verfassers. Das Originalzitat lautet: „Many are good-natured about finding themselves at the other end of the notebook, but a surprising number resort to a brusque ‚no comment' or ‚you'll have to speak to my editor'. Some refuse to talk to me because of past stories. Others nervously call back two or three times, adding detailed rebuttals, faxing me backup data or endlessly refining their quotes. It's part of a writer's genetic make-up, I suppose, that we

always think of the perfect phrase after hanging up. But its strange how often a reporter will ask for kid-gloves treatment . . . when they would huffily dismiss such suggestions from a public official. Perhaps journalists are overly cautious because they know, having sinned themselves, how words can be wrenched out of context" (Kurtz 1993, S. 3; vgl. ferner: Boventer/Salomon 1990).

14 Shaw 1992a.
15 Shaw 1992b.
16 Shaw 1992a; vgl. auch Stein 1992, S. 7.
17 Telefongespräch des Verfassers mit David Shaw v. 21. 8. 1993.
18 Editor & Publisher v. 4. 5. 1991.
19 Gespräch des Verfassers mit Deane Wylie v. 23. 8. 1993 in Los Angeles.
20 Gespräch des Verfassers mit Mary R. Heffron v. 23. 8. 1993 in Los Angeles.
21 Stein 1992, S. 8; vgl. auch Breakey 1992.
22 Telefongespräch des Verfassers mit David Shaw v. 21. 8. 1993.
23 Shaw 1984.
24 Weiss/Singer 1988.
25 Meyer 1973 und 1991; Noelle-Neumann 1978.
26 Cooke 1993.
27 Telefongespräch des Verfassers mit David Shaw v. 21. 8. 1993.
28 Übersetzung des Verfassers. Das Originalzitat lautet: „The modern corporation and business world in the last two decades has taken greater interest in business ethics and quality control in order to assure better and longer-lasting product satisfaction. If the media executives begin to see professional press criticism as a form of quality control that not only improves the product but also fosters public credibility, reader loyalty, and profits, the specialty will grow" (Marzolf 1991, S. 198).
29 Vgl. Bagdikian 1987 (2. Aufl.) und 1992 (auszugsweise in diesem Band in Kapitel 10); Herman/Chomsky 1988; ferner als aktueller Überblick: McChesney 1992.
30 Shaw 1984; Kurtz 1993; vgl. ferner The Washington Post Writers Group 1993 sowie Cohen/Salomon 1993.

14. Media Watchdogs:
Auf den Fersen der „schwarzen Schafe"

1 Jurkowitz 1992, S. 37.
2 Jurkowitz 1992, S. 36.
3 Zeidenberg 1987, S. 42.
4 Jurkowitz 1992, S. 34.
5 Übersetzung des Verfassers. Das Originalzitat lautet: „FAIR focuses public awareness on the narrow corporate ownership of the press, the media's allegiance to official agendas and their insensitivity to women, labor, minorities, and other public interest constituencies. FAIR seeks to invigorate the First Amendment by advocating for greater media pluralism and the inclusion of public interest voices in national debates." (Vgl. extra!, June 1993, S. 2.)
6 Gespräch des Verfassers mit Janine Jackson am 1. 9. 1993 in New York.
7 Gespräch des Verfassers mit Janine Jackson am 1. 9. 1993 in New York.
8 Gespräch des Verfassers mit Janine Jackson am 1. 9. 1993 in New York.
9 Gespräch des Verfassers mit Janine Jackson am 1. 9. 1993 in New York.
10 Zeidenberg 1987, S. 42.
11 Publisher's Note in: extra!, Vol. 6, No. 2, March 1993, S. 2.
12 Vgl. extra!, Vol. 6, No. 3, January/February 1993, S. 5.
13 Gespräch des Verfassers mit Bill Blankenburg v. 15. 8. 1993.
14 Telefongespräch des Verfassers mit David Shaw v. 21. 8. 1993.
15 Jurkowitz 1992, S. 35.
16 Gespräch des Verfassers mit Janine Jackson am 1. 9. 1993 in New York. Vgl. auch Ivins 1993, S. IX.
17 Vgl. auch Zeidenberg 1987, S. 46.
18 Gespräch des Verfassers mit Janine Jackson am 1. 9. 1993 in New York.
19 Gespräch des Verfassers mit Peter Laufer am 5. 9. 1993 in Washington D. C.
20 Gespräch des Verfassers mit Lee Stinnett am 8. 9. 1993 in Reston, Va.
21 Telefongespräch des Verfassers mit David Shaw v. 21. 8. 1993.
22 Übersetzung des Verfassers. Das Originalzitat lautet: „But these critics have cleverly doomed themselves to self-perpetuation, since nothing short of a political epiphany in which every reporter, editor and publisher suddenly toes the AIM or FAIR line will resolve the pro-

blems they see. Still, it cannot be denied that the pesky gadflies of both the right and the left do serve to promote journalistic self-examination, or at least self-justification of their roles and performance." (Jurkowitz 1992, S. 48).

23 Hartl 1994.
24 Beispiele finden sich insbesondere in: Rust 1986, S. 49 ff.; vgl. auch Schmertz 1986, S. 140 ff.; Ruß-Mohl 1992, S. 126 f.
25 Übersetzung des Verfassers. Das Originalzitat lautet: „No corporation, no matter what its resources, is likely to change public opinion. Your actual purpose here is far more modest: to inject yourself into the debate, and to make sure your viewpoint is heard by the intellectual establishment." (Schmertz 1986, S. 133.)
26 Gyles 1992.
27 Gespräch des Verfassers mit Carl Jensen in Cotati CA v. 28. 8. 1993.
28 Vallone et al. 1985.
29 Telefongespräch des Verfassers mit David Shaw v. 21. 8. 1993.

15. Sickereffekte aus dem Elfenbeinturm — Zum Einfluß der Medienforschung

1 Übersetzung des Verfassers. Das Originalzitat lautet: „What we need is less sociology and more selling" (zit. n. Bare 1992, S. 152).
2 Vgl. zuletzt Bogart 1994, 1991 und 1989.
3 Vgl. als Übersicht über die Entwicklungsstadien und -richtungen der amerikanischen Journalismus- und Kommunikationsforschung: Gray/Weaver 1979.
4 Inbesondere Inhaltsanalysen und Kommunikatorstudien sind zu nennen. Natürlich gehören auch zahllose Arbeiten zum Forschungs-Output, die sich mit Facetten des Qualitätssicherungssystems befassen. Einen Eindruck davon vermittelt das Literaturverzeichnis im Anhang dieses Buches.
5 Vgl. Blanchard/Christ 1993, S. 35.
6 Zit. n. Hvitfelt et al. 1993, S. 4.
7 Center for Media and Public Affairs 1987 und 1989.
8 Vgl. dazu Hvitfelt 1993 m. w. N.
9 Lichter et al. 1986; vgl. dazu auch Kapitel 3 in diesem Band.
10 Vgl. Weiss 1984; Weiss/Bucuvalas 1980; Beck/Bonß 1989; Weßler 1993.
11 Vgl. Soley 1993; Willis 1990.

[12] Gespräch des Verfassers mit Jack McLeod in Madison vom 19. 8. 1993.

[13] Weiss/Singer 1988.

[14] Vgl. dazu auch Ruß-Mohl 1992, Kapitel 6.

[15] Vgl. Soley 1993.

[16] In diesem Sinne: Markl 1987.

[17] Vgl. dazu mit anschaulichen Beispielen: White 1986, S. 50.

[18] Übersetzung des Verfassers. Das Originalzitat lautet: „I am often surprised at what a terrible job some of our communication faculty colleagues do in promoting their own work. Not only do they not send preprints and advance copies to fellow scholars or interested professionals but they rarely think of putting their work in the hands of media decision makers, columnists, the trade press, or other possible sources that can extend their work through public attention." (Dennis 1992, S. 76 f.).

[19] Gespräch des Verfassers mit Doug Underwood in Kansas City vom 12. 8. 1993.

[20] In der ICA sind weltweit, aber mit Schwerpunkt in den USA 2200 Mitglieder organisiert, von denen rund zwei Drittel an Hochschulen lehren und forschen. Wie breit das Aufmerksamkeits- und Themenspektrum ist, wird auch daran deutlich, daß sich die ICA in zehn *divisions* und fünf *special interest groups* gliedert, von denen nur eine sich dezidiert der *mass communication* widmet. (ICA, Broschüre, o. J., Austin TX.)

[21] Das Programm der Jahrestagung 1993 war 185 Seiten stark (vgl. International Communication Association 1993).

[22] Übersetzung des Verfassers. Die Originalthemen lauteten: „Talk Practices in Health and Therapeutic Contexts" und „Attachment and Conflict in Newlyweds" (zit. n. International Communication Association 1993, S. 24 und 57).

[23] Zur Entstehungsgeschichte: Gannett Center for Media Studies 1988, S. 17 ff.

[24] Der Jahresetat beläuft sich auf ca. 5 – 6 Millionen Dollar. Auskunft von John V. Pavlik, Freedom Forum Media Studies Center, vom 2. 9. 1993.

[25] Einen vollständigen Überblick gewährt: Balk 1989.

[26] Adam 1981. An dieser Selbstthematisierung haben die verschiedenen Standesorganisationen der Journalistik-Dozenten und Kommunikationsforscher regen Anteil, insbesondere die Association for Education in Journalism and Mass Communication (vgl. als Überblick über deren Entwicklung: Emery/McKerns 1987).

[27] Task Force 1989.

[28] Vgl. z. B. Vincent 1991 und Soley 1993 m. w. N.
[29] Nerone 1990.
[30] Meyers 1990; Harrison 1990.
[31] Vgl. z. B. Caudill et al. 1990; Thayer jr., 1990; Stone 1990.
[32] Hudson 1989, S. 42 f.
[33] Peirce/Bennett 1990.
[34] Übersetzung des Verfassers. Das Originalzitat lautet: „. . . James S. Pope, the Managing editor of the Louisville Courier-Journal . . . called on the University of Michigan ,to set up a permanent committee to criticize the nation's newspapers . . . Someone will pioneer in the new art-science of measuring the accomplishments of the press', he said." (Editor & Publisher v. 7. 2. 1948, zit. n. Marzolf 1991, S. 18.)

16. Zwischen Markt und Staat:
Wege zur Finanzierung von Infrastrukturen

[1] Vgl. Jürgensen 1973; Stichwort „Infrastruktur" in: Gabler Wirtschafts-Lexikon, S. 340; Woll 1990, S. 340 f.; Tuchtfeldt 1970, S. 125.
[2] Langenbucher 1984, S. 23.
[3] Vgl. Burghart 1993.
[4] Zit. n. Wagner 1991, S. 96.
[5] Vgl. zuletzt Stiller 1994.
[6] Satzung der Robert Bosch Stiftung, zit. in: Bosch Stiftung 1979, S. 4.
[7] Foundation Directory 1993.
[8] Vgl. als Überblick Ericksen-Mendoza 1992.
[9] Vgl. Glasser 1989, S. 185; ausführlicher zu Luce: Baughman 1987; der Kommissionsbericht selbst ist veröffentlicht von Hocking 1972 (Neuaufl.).
[10] Hocking 1972.
[11] Übersetzung des Verfassers. Das Originalzitat lautet: „. . . the report remains the most important assessment yet made of modern communications and its obligations" (Isaacs 1986, S. 100; vgl. auch Baughman 1987, S. 174).
[12] Gespräch des Verfassers mit Roselind Stark vom 8. 9. 1993 in Reston, Va.
[13] Poynter Institute 1993, S. 7.
[14] Garneau 1991a.
[15] Garneau 1991a, S. 11, und Garneau 1993, S. 11.
[16] Garneau 1991a, S. 11.

[17] Brief von Al Neuharth an den Verfasser vom 8. 10. 1993; vgl. auch Garneau 1991a, S. 11.

[18] „As foundation chairman, he admits that when he headed the company, it was a miserly corporate citizen" (Garneau 1991a, S. 108).

[19] Brief von Charles Overby, Präsident des Freedom Forum, an den Chronicle of Philantropy v. 14. 3. 1993. An zweiter Stelle folgt die Stiftung des zweitgrößten Zeitungskonzerns der USA, die Knight Foundation mit 605 Millionen Dollar Vermögen. Gemessen an ihren Vermögenswerten, nehmen die beiden im Gesamtreigen der amerikanischen Stiftungen allerdings nur Platz 29 und Platz 33 ein. Vergleichbar finanzstark ist die McCormick-Tribune Foundation in Chicago mit einem Vermögen von rund 624 Mio. Dollar. Diese Stiftung ist aus dem Medienkonzern Tribune Co. hervorgegangen, dessen publizistisches Flaggschiff die Chicago Tribune ist. Die McCormick-Tribune Foundation hat zwar ein *journalism program* als Fördergebiet, setzt dort aber nur einen geringen Teil ihrer Mittel ein (vgl. Foundation Directory 1993, und Robert R. McCormick Tribune Foundation 1993).

[20] Vgl. The Freedom Forum Annual Report 1991 – 1992.

[21] „Public outreach on behalf of our mission and our educational activities is an integral part of our work. We seek always ways to extend our programs and publications to larger audiences around the USA and the world . . . We want more and more people everywhere to know about and understand the abiding human and democratic principles of free press, free speech and free spirit. We think it would be silly to do good works and hide them under a basket. So we work hard at our public relations, because we are about the public's business" (Brief von Al Neuharth an den Verfasser vom 8. 10. 1993).

[22] Neuharth 1993.

[23] Hartman 1993, S. 7.

[24] Garneau 1993; vgl. auch Davis 1993.

[25] Zit. n. Garneau 1993, S. 11. Auch dem Verfasser ist es an diesem Punkt nicht gelungen, mehr Information zu erhalten. Auf die Frage „How do you comment on the charges of ‚lavish spending'? Has this discussion severely harmed the Freedom Forum and its mission?" antwortete Al Neuharth: „I believe you are seeing for yourself through your research about us that our work worldwide is proceeding and expanding and serving more and more people and journalists. We firmly believe that our work on our free press, free speech and free spirit priorities is a wise and prudent expenditure of our continually-growing resources. But we know, too, that some will disagree with our priorities and wish the money were being spent some other way — and because we champion freedom of expression we also strongly defend

the right of others to differ with us; that, after all, is what freedom is all about" (Brief von Al Neuharth an den Verfasser vom 8. 10. 1993).

[26] Brogan 1985.

[27] Gespräch des Verfassers mit Jim Hanrahan, Direktor des Fund for Investigative Journalism, in Washington vom 16. 6. 1989.

[28] Vgl. Heuss 1975, S. 130 und S. 156. Dort kann man auch genüßlich nachlesen, wie Boschs Umfeld ihm seine Liberalität verübelte: „Das leugnete er nicht, daß er mit der Sozialdemokratischen Partei ‚sympathisierte'... Wenn er in der Zeitung las, daß bei ihm ‚Größen wie Clara Zetkin ein und aus gehen', fand er das wohl übertrieben, zu einer Berichtigung lag aber kein Anlaß vor... Allmählich wurde ihm das Gerede und Geschreibe doch unbequem. Denn er kam dahinter, daß es auch von der Konkurrenz gepflegt wurde und daß es ihm auf die Dauer geschäftlich unerwünscht sein müßte. Er hatte schon 1911 in dem Ausschuß des Verbandes der Automobilindustriellen die Erklärung abgegeben, daß er noch nie einen Beitrag für einen sozialdemokratischen Wahlfonds gestiftet habe" (S. 156).

[29] Der Verfasser bedauert, seinen Lesern eine genauere Quellenangabe schuldig bleiben zu müssen. Das Zitat ist die Frucht einer Konversation, die sich ihrerseits während eines gepflegten (und gesponserten) Mittagessens zwischen Everette Dennis, Denis McQuail, Don Shanor und dem Autor entspann — und zwar im *faculty club* der Columbia University am 16. 4. 1989. Dafür möge aber diese Fußnote als Beleg dienen, welch inspirierende Wirkung auf Wissenschaftler und Journalisten gutes Essen zu zeitigen vermag — weshalb der Verfasser, ohne jedweden Anspruch auf Beraterhonorar, alle Stifter, die ihr Geld partout nicht in Projekte journalistischer Qualitätssicherung investieren wollen, dazu anregen möchte, wenigstens die Einrichtung von *faculty clubs* an deutschen Universitäten ernsthaft zu erwägen und sich so bleibende Verdienste um den Fortschritt und den interdisziplinären Dialog der Wissenschaften zu erwerben.

17. Modell für Europa?
Zur Übertragbarkeit amerikanischer Infrastrukturen

[1] Dieser Austausch kommt allmählich in Gang: Vgl. Moiry/Stevenson 1990, Buchloh/Ruß-Mohl 1993; Kopper 1993.

[2] Vortrag von Klaus Schönbach bei der Jahrestagung der Deutschen Gesellschaft für Publizistik- und Kommunikationswissenschaft zum Thema „Kommunikationsraum Europa" in Berlin v. 19. Juni 1993.

³ Übersetzung des Verfassers. Das Originalzitat lautet: „As it is widely and generally understood, professionalism means quite the opposite of diversity. Whereas the goal of diversity is to foster an appreciation for differences in experience and therefore differences in knowledge, the goal of a professional education is — in effect and usually by design — to unify knowledge by glossing over differences in experience. Professionalism implies standardization and homogeneity; it accounts not for differences among journalists but for what journalists have in common. Professionalism depersonalizes experience; it effectively denies cultural differences ... by having us believe that well educated and properly trained professionals can (and certainly should) transcend their particular circumstances" (Glasser 1992, S. 134 m. w. N.).

18. Zeit zum Handeln: Agenda Setting für publizistische Qualitätssicherung

¹ Lindblom 1980.
² Vgl. Noelle-Neumann 1973 und 1989; Schenk 1987; Donsbach 1991.
³ Übersetzung des Verfassers. Das Originalzitat lautet: „The results of this study provide no support for the idea that newspaper ombudsmen influence journalists' views about controversial news-gathering techniques. It is important, however, this study falls into the body of research that has looked for, but failed to find, significant effects of mechanisms of media accountability. Press councils, for example, do not seem to influence journalistic behavior in any fundamental fashion. Likewise, the provisions of newspaper ethics codes seem to be unrelated to journalists' ethical views" (Prichard 1993, S. 85 m. w. N.).
⁴ Gespräch des Verfassers mit Deane Wylie in Los Angeles am 23. 8. 1993.
⁵ Gespräch des Verfassers mit Mary R. Heffron in Los Angeles am 23. 8. 1993.
⁶ Vgl. den analogen Gedankengang, allerdings im Kontext der Medienwirkungs- und nicht der Infrastrukturwirkungsforschung, bei: Noelle-Neumann 1989, S. 400.
⁷ „Litigation continues to be one of the liveliest feedback mechanisms. Although it is an expensive and punitive way to critique the media, for many media plaintiffs it seemed the only effective means of capturing the attention of the media owners and managers. Libel suits abound ... If nothing else, the high cost of libel should persuade

many that means other than litigation are desirable ways to have a more accountable media" (Dennis 1989, S. 191 f.).

8 Vgl. ausführlicher zu Thematisierungs- und Dethematisierungsstrategien sowie zu politischen Aufmerksamkeits-Zyklen: Ruß-Mohl 1981 und Ruß-Mohl 1993a m. w. N.

9 Hirschman 1984, S. 48 ff.

10 Übersetzung des Verfassers. Das Originalzitat lautet: „. . . there is cause for cautious optimism when it comes to the glacial development of means to talking back . . . the inventory (of models of media accountability, srm) is not unsatisfying for anyone who cares about an effective and responsive media system." (Dennis 1989, S. 189).

11 Hirschman 1984, S. 50.

12 Gespräch des Verfassers mit Richard Schwarzlose v. 20. 8. 1993 in Evanston, Il.

Literaturverzeichnis

Accrediting Council on Education in Journalism and Mass Communication: Accredited Journalism and Mass Communications Education 1993/94, o. O. (Lawrence, KS) 1993 (zit. als Accrediting Council 1993)

Accrediting Council on Education in Journalism and Mass Communication: Training Manual for 1993—94 Visiting Teams, Lawrence, KS 1993 (zit. als Accrediting Council 1993a)

Adam, Konrad: Die letzte Forschung. Die Wissenschaft betrachtet sich selbst, in: Frankfurter Allgemeine Zeitung v. 17. 9. 1981

Adam, Konrad: Was von den Richtungskämpfen bleibt. Die Auseinandersetzung zwischen Individualisten und Kommunitaristen überholt den Gegensatz von links und rechts, in: Frankfurter Allgemeine Zeitung, Beilage „Bilder und Zeiten" v. 12. 3. 1994

Allensbacher Berichte: Arzt, Pfarrer und Rechtsanwalt. Drei Berufe auf der Allensbacher Berufsprestige-Skala 1993 ganz vorn. Das Ansehen von Spitzenberufen, Nr. 22/1993, Institut für Demoskopie Allensbach 1993

Altschull, J. Herbert: Agenten der Macht. Die Welt der Nachrichtenmedien — eine kritische Studie, Konstanz 1990

American Press Institute, 1989 Catalog, Reston VA

American Society of Newspaper Editors Committee on Education for Journalism: Journalism education: Facing up to the challenge of change, Washington D. C. 1990

Argyris, Chris: Behind the Front Page, San Francisco u. a.: Jossey-Bass Publ., 1974

Arwood, John M.: What Editors and Educators say about News-Editorial Education. Paper presented to the Newspaper Division, Association for Education in Journalism and Mass Communication, Annual Convention, Kansas City, August 12—14, 1993

Asante, Molefi Kete: The Escape into Hyperbole: Communication and Political Correctness, in: Journal of Communication, No. 2, Vol. 42/1992, S. 141—147

Ashby, W. Ross: Einführung in die Kybernetik, Frankfurt/M. 1974

Assael, Shaun: Too Big Headed. NAA and Cathie Black catch fire from smaller publishers, in: News Inc., April 1993, S. 17—18

Auletta, Ken: Three Blind Mice. How the TV Networks Lost Their Way, New York: Vintage Books, 1992

Baerns, Barbara: Journalismus oder Öffentlichkeitsarbeit. Köln 1991 (2. Aufl.)

Bagdikian, Ben H.: Woodstein U. Notes on the mass production and questionable education of journalists, in: The Atlantic Monthly, March 1977, S. 80—92

Bagdikian, Ben H.: The Media Monopoly, Boston: Beacon Press 1987 (2. Aufl.)

Bagdikian, Ben: Journalism of Joy, in: Mother Jones, May/June 1992 (nachgedruckt in und zitiert nach: Jensen, Carl: Censored. The News That Didn't Make The News — And Why, Chapel Hill N. C.: Shelburne Press, 1993, S. 110—114)

Bailey, Charles W.: Newspapers Need Ombudsmen. An Editor's View, in: Washington Journalism Review, November 1990, S. 31—34

Alfred Balk, Directory of Media Studies Centers, Midcareer Fellowship and Training Programs for Journalists, New York N.Y.: Gannett Center for Media Studies, 1989

Bammé, Arno, et al. (Hrsg.): Publizistische Qualität. Probleme und Perspektiven ihrer Bewertung, München/Wien 1993

Bare, John: Case Study — Wichita and Charlotte: The Leap of a Passive Press to Activism, in: Media Studies Journal, Nr. 4, Vol. 6/Fall 1992, S. 149—160

Barth, Henrike/Donsbach, Wolfgang: Aktivität und Passivität von Journalisten gegenüber Public Relations. Fallstudie am Beispiel von Pressekonferenzen zu Umweltthemen, in: Publizistik, Heft 2, 37. Jg./ 1992, S. 151—165

Bates. J. Douglas: The Pulitzer Prize. The Inside Story of America's Most Prestigious Award, New York: Birch Lane Press, 1991

Bauer, Carolyn: Neuharth: Hiring minorities makes good business sense, in: Editor & Publisher v. 27. 4. 1993, S. 32—33

Baughman, James L.: Henry R. Luce and the Rise of the American News Media, Boston: Twayne Publ., 1987

Beasley, Maurine H./Theus, Kathryn T.: The New Majority. A Look at What the Preponderance of Women In Journalism Education Means to the Schools and to the Profession, Lanham, MD: University Press of America, 1988

Beck, Ulrich: Die Erfindung des Politischen. Zu einer Theorie reflexiver Modernisierung, Frankfurt 1993

Beck, Ulrich/Bonß, Wolfgang (Hrsg.): Weder Sozialtechnologie noch Aufklärung. Analysen zur Verwendung sozialwissenschaftlichen Wissens, Frankfurt 1989

Becker, Lee: Annual Enrollment Census: Comparisons and Projections, in: Journalism Educator, Vol. 46/Nr. 3, Autumn 1991, S. 50—60

Becker, Lee B./Fruit, Jeffrey W./Caudill, Susan L.: The Training and Hiring of Journalists, Norwood N.J.: Ablex Publ., 1987

Becker, Lee/Kosicki, Gerald M.: Annual Census of Enrollment Records Fewer Undergrads, in: Journalism Educator, Vol. 48, Nr. 3/Autumn 1993, S. 55—65

Belden Associates: Summary Report Newspaper Association of America Survey. Employment of Minorities and Women in U. S. Daily Newspapers 1992, MS, Dallas 1992

Benenson, Joel: Identity Crisis, in: NewsInc., April 1991, S. 22—24

Bentele, Günter: Wie objektiv können Journalisten sein? in: Erbring, Lutz, et al.: Medien ohne Moral. Variationen über Journalismus und Ethik, Berlin 1988, S. 196—225

Bentele, Günter: Wirklichkeitsrekonstruktion. Zur Objektivität und Glaubwürdigkeit von Medien, Opladen 1994 (im Erscheinen)

Bermes, Jürgen: Der Streit um die Presse-Selbstkontrolle: Der Deutsche Presserat, Baden-Baden 1991

Blanchard, Robert O./Christ, William G.: Media Education and the Liberal Arts. A Blueprint for the New Professionalism, Hillsdale, N.J., u. a.: Lawrence Erlbaum Associates Publ., 1993

Blees, Thomas: Heiße Geschichten, in: journalist Nr. 11/1989, S. 73

Boedecker, Sven: Wenn sich der Bürger als Zensor versucht, in: Der Tagesspiegel v. 9. 3. 1994, S. 13

Bogart, Leo: Press and Public: Who reads What, When, Where, and Why in American Newspapers, Hillsdale, N.J.: Lawrence Erlbaum Ass., 1989

Bogart, Leo: Preserving the Press. How Daily Newspapers Mobilized To Keep Their Readers, New York: Columbia University Press, 1991

Bogart, Leo: Highway to the Stars or Road to Nowhere, in: Media Studies Journal, Vol. 8, Nr. 1/Winter 1994, S. 1—16

Boylan, James/Sims, Norman H.: „Stand and Deliver". Six Teachers Who Made a Difference, in: Gannett Center Journal, Vol. 2, No. 2/Spring 1988, S. 49—60

Boventer, Hermann: Ethik des Journalismus, Konstanz 1984

Boventer, Hermann: Ethik und Journalismus: Eine Untersuchung des Hastings Center zur Medienethik im Ausbildungsprogramm an amerikanischen Colleges und Universitäten, in: Communicatio Socialis Nr. 4, 15. Jg./1982, S. 329—333

Boventer, Hermann/Salomon, Werner: Wer wacht über die Wächter? Amerikanische Journalisten üben Selbstkontrolle, in: Medien-Kritik v. 5. 11. 1990, S. 8—9

Breakey, Sharlene: Critical Question, in: NewsInc., July/August 1992, S. 19—20

Breecher, Maury M.: Striving for the prize. Editor takes journalists to task for being too ,career-minded', in: Editor & Publisher v. 12. 5. 1990, S. 39

Brogan, Patrick: Spiked. The Short Life and Death of the National News Council. A Twentieth Century Fund Paper, New York: Priority Press Publications, 1985

Buchanan, James M.: The Demand and Supply of Public Goods, Chicago: Rand McNally & Co., 1968

Buchloh, Stephan/Russ-Mohl, Stephan (eds.): Securing Quality: European and American Perspectives of Continuing Education in Journalism, Tagungsdokumentation, Studiengang Journalisten-Weiterbildung, FU Berlin, Berlin 1993

Bureau of the Census et al.: Statistical Abstract of the United States, Lanham MD: Bernan Press, 1993

Burghart, Heinz: Medienknechte. Wie die Politik das Fernsehen verdarb, München 1993

Case, Tony: Recruiting Gay Journalists, in: Editor & Publisher v. 11. 9. 1993, S. 10—12 (zit. als Case 1993)

Case, Tony: A Call To Arms, in: Editor & Publisher v. 30. 10. 1993, S. 14—15 (zit. als Case 1993a)

Caudill, Edward, et al.: Assessing learning in news, public relations curricula, in: Journalism Educator, Vol. 45, No. 2/Summer 1990, S. 13—19

Caughey, Bernard: Out of touch? Former editor says journalists are distancing themselves from the neighborhoods they cover, in: Editor & Publisher v. 23. 12. 1989, S. 10—11

Center for Investigative Reporting, 1993 Report and General Plan, San Francisco

Center for Media and Public Affairs: The AIDS Story. Science, Politics, Sex and Death, in: Media Monitor, Vol. I, No. 9, December 1987

Center for Media and Public Affairs: The Visible Poor. Media Coverage of the Homeless 1986—1989, in: Media Monitor, Vol. III, No. 3, March 1989

Ceppos, Jerry: The industry's role. Judging J-schools, in: APME-News, February/March 1992, S. 3—4

Clark, Robert P.: A threat in the 90's: Bottom-Line Journalism, in: Nieman Reports, Autumn 1990, S. 6—11 und S. 25

Clark, Roy Peter: Coaching Writers: the Human Side of Editing, in: Washington Journalism Review, November 1988, S. 34—36

Cleghorn, Reese: 80 Percent Are From J-Schools, So . . ., in: Washington Journalism Review, December 1989, S. 4

Cleghorn, Reese: The Last Bother: Knowing The Facts, in: American Journalism Review, September 1993, S. 4

Cohen, Jeff/Solomon, Norman: Adventures in Medialand. Behind the News, Beyond the Pundits, Monroe, Maine: Common Courage Press, 1993

Cooke, Patrick: TV Causes Violence? Says Who?, in: New York Times v. 14. 8. 1993, S. 11

Corcoran, Katherine: Reaching for Diversity, in: Washington Journalism Review, July/August 1992, S. 38—42

Creedon, Pamela (ed.): Women in Mass Communication: Challenging Gender Values, Newbury Park u. a.: Sage, 1989

Crystal, Graef: Salary Survey. The C. E. O. Factor, in: Columbia Journalism Review, November/December 1993, S. 49—50

Davis, Matthew: Tainted Donor. Trials of an S. O. B., in: NewsInc., May 1993, S. 11

Dedman, Bill: Picking the Pulitzers, in: Columbia Journalism Review, May/June 1991, S. 41—43

De Fleur, Melvin L.: The Forthcoming Shortage of Communication Ph.D.s. Trends that Will Influence Recruiting. The Freedom Forum Media Studies Center, New York o. J. (1992/93)

Dennis, Everette E.: Quality Control for the Media, in: Vital Speeches of the Day, Vol. LIII, No. 3 v. 15. 11. 1986, S. 93—96 (zit. als Dennis 1986)

Dennis, Everette E.: Commentaries on Journalism Education, New York: Gannett Center for Media Studies, 1986 (zit. als Dennis 1986a)

Dennis, Everette E.: Whatever Happened to Marse Robert's Dream? The Dilemma of American Journalism Education, in: Gannett Center Journal, Vol. 2, No. 2/Spring 1988, S. 2—22

Dennis, Everette E.: Conclusion, in: ders./Gillmor, Donald M./Glasser Theodore M. (eds.): Media Freedom and Accountability, New York u. a.: Greenwood Press, 1989, S. 189—193 (zit. als Dennis 1989)

Dennis, Everette E.: The Smart Journalist in the Year 2000 (Sonderdruck), New York: Gannett Center for Media Studies, 1989 (zit. als Dennis 1989a)

Dennis, Everette E.: The Minnesota Tradition: On the Shoulders of Giants (Sonderdruck), New York: Gannett Center for Media Studies, 1990

Dennis, Everette E.: Educating the University, in: ders.: Of Media and People, Newbury Park u. a.: Sage, 1992, S. 71 – 78 (zit. als Dennis 1992)

Dennis, Everette E.: Communication Education and Its Critics, in: ders.: Of Media and People, Newbury Park u. a.: Sage, 1992, S. 79 – 87 (zit. als Dennis 1992a)

Dicken-Garcia, Hazel: Journalistic Standards in the 19th Century, Madison WI: University of Wisconsin Press 1989

Dodson Angela: 25 Years after Kerner. Long neglected goals have become the industry's blueprints for survival, in: The Quill, April 1993, S. 17 – 20

Donsbach, Wolfgang: Medienwirkungen trotz Selektion. Einflußfaktoren auf die Zuwendung zu Zeitungsinhalten, Köln u. a. 1991

Donsbach, Wolfgang: Journalismus versus journalism – ein Vergleich zum Verhältnis von Medien und Politik in Deutschland und in den USA, in: Donsbach, Wolfgang, et al.: Beziehungsspiele – Medien und Politik in der öffentlichen Diskussion, Gütersloh 1993

Donsbach, Wolfgang/Klett, Bettina: Subjective objectivity. How journalists in four countries define a key term of their profession, in: Gazette, Vol. 51/1993, S. 53 – 83

Dovifat, Emil: Der amerikanische Journalismus. Hrsg. von Stephan Ruß-Mohl, Berlin 1990 (Neuauflage; Erstauflage 1927) (zit. als Dovifat 1990)

Dovifat, Emil: Die publizistische Persönlichkeit. Herausgegeben von Dorothee von Dadelsen. Mit einem Vorwort von Otto B. Roegele, Berlin/New York 1990 (zit. als Dovifat 1990a)

Doyle, James S.: Has Money Corrupted Washington Journalism?, in: Nieman Reports, Winter 1989, S. 4 – 10 u. 43

Drechsel, Robert E.: Why Wisconsin Opted Out of the Reaccreditation Process, in: Journalism Educator, Vol. 47, No. 4/Winter 1993, S. 67 – 69

Ege, Konrad: Medienkritik in USA. Ein Überblick, in: Medium Nr. 11 – 12/1985, S. 43 – 47

Emnid-Institut, Bielefeld, Arbeitsmarkt- und Berufsforschung: Berufsimage in Ost und West, Befragung v. 7. – 18. 3. 1991 (westl. Bundesländer) und vom 7. 3. – 2. 4. 1991 (östl. Bundesländer)

Emery, Edwin/McKerns, Joseph P.: AEJMC: 75 Years in the Making. A History of Organizing for Journalism and Mass Communication Education in the United States, Journalism Monographs Number 104, Columbia SC 1987

Englerth, Susanne: Reif für die Insel. Was die Hamburger Journalisten-schule von ihren Kandidaten wissen will, in: Medium-Magazin Nr. 3/1992, S. 26—28

Entman, Robert M./Wildman, Steven S.: Reconciling Economic and Non-Economic Perspectives on Media Policy: Transcending the "Marketplace of Ideas", in: Journal of Communication, Vol. 42, Nr. 1/Winter 1992, S. 5—19

Ericksen-Mendoza, Hector: Improving the News. Foundation Dollars Help the Nation's Major Media Be A Little Less Mainstream, in: Foundation News, November/December 1992, S. 50—51

Ettema, James E./Glasser, Theodore L.: Public Accountability or Public Relations? Newspaper Ombudsmen Define Their Role, in: Journalism Quarterly, Spring 1987, S. 3—12

Etzioni, Amitai, et al.: Die Stimme der Gemeinschaft hörbar machen. Ein Manifest amerikanischer Kommunitarier über Rechte und Verantwortung in der Gesellschaft, in: Frankfurter Allgemeine Zeitung v. 8. 3. 1994, S. 37

Evans, Fred J.: Managing the Media. Proactive Strategy for Better Business-Press Relations, New York u. a.: Quorum Books, 1987

Fancher, Michael: Monitoring journalism schools takes professional commitment, in: Editor & Publisher v. 4. 11. 1989, S. 60 u. 48

Fancher, Michael, et al.: A Challenge to Journalists for Help. Instead of Being Isolationists, Reporters and Editors Should Help Shape Plans to Save Newspapers, in: Nieman Reports, Vol. XLVI, No. 1/Spring 1992, S. 3—6 u. S. 21—23

Fink, Conrad C.: Strategic Newspaper Management, New York: Random House, 1988

Fischer, Heinz Dietrich (ed.): Outstanding International Press Reporting. Pulitzer Prize Winning Articles in Foreign Correspondence, Vol. 1—3, Berlin/New York: de Gruyter 1984—86

Fitzgerald, Mark: Another new image for SPJ, in: Editor & Publisher v. 20. 10. 1990, S. 8—9

Fitzgerald, Mark: Ombudsman out. Winnipeg Free Press columnist was critical of his paper's early downplaying of the L. A. riot story, in: Editor & Publisher v. 30. 5. 1992, S. 17 (zit. als Fitzgerald 1992)

Fitzgerald, Mark: Black colleges look to improve j-schools, in: Editor & Publisher v. 3. 10. 1992, S. 17 (zit. als Fitzgerald 1992a)

Fitzgerald, Mark: Facing the future. Newspaper Guild looks to cut costs as membership declines and annual debt grows; but defense fund reaches nearly $ 7 million, in: Editor & Publisher v. 18. 7. 1992, S. 7—8 (zit. als Fitzgerald 1992b)

Fitzgerald, Mark: Coming together. Free, suburban newspaper associations find common cause in a changing industry, in: Editor & Publisher v. 20. 6. 1992, S. 9 — 10 (zit. als Fitzgerald 1992c)

Fitzgerald, Mark: Community Involvement Is His Credo, in: Editor & Publisher v. 27. 3. 1993, S. 20 — 21 (zit. als Fitzgerald 1993)

Fitzgerald, Mark: Probing Press Performance. Society for Professional Journalists will conduct its first formal investigation by examining press role in Waco siege, in: Editor & Publisher v. 20. 3. 1993, S. 11 u. 37 (zit. als Fitzgerald 1993a)

Fitzgerald, Mark: Searching For Renewed Identity, in: Editor & Publisher v. 25. 9. 1993, S. 11 — 12 (zit. als Fitzgerald 1993b)

Fitzpatrick, Albert E.: Don't women and minorities have it easy?, in: Editor & Publisher v. 24. 6. 1989, S. 56 u. 45

Foote Jr., Cornelius F.: More than half of U. S. dailies employ newsroom minorities, in: ASNE Bulletin, May/June 1993, S. 20 — 22

Footlick, Jerold K.: Eleven Exemplary Journalism Schools, in: Gannett Center Journal, Vol. 2 No. 2/Spring 1988, S. 68 — 76

Foundation Directory, The, New York: The Foundation Center, 1993

Fox, Nicols: Siege of the First Amendment, in: Washington Journalism Review, December 1990, S. 40 — 45

Freedom Forum, The: Journalism Professors Publishing Program, Broschüre, Arlington VA, o. J.

Freedom Forum Media Studies Center, The: Leadership Institute for Journalism and Mass Communication Education, Broschüre, New York o. J.

Freedom Forum Annual Report 1991 — 92, Arlington VA, o. J. (1992)

Freedom Forum Media Studies Center: Pioneering Partnerships. Faculty Development Opportunities That Link Journalism and Communication Education With Media Industries, New York 1991

Friendly, Jonathan: National News Council Will Dissolve, in: New York Times v. 23. 3. 1984, S. B 18

Gabler Wirtschafts-Lexikon, Wiesbaden 1988 (12. Aufl.)

Gallagher, Margaret: Women and Men in Media, in: Communication Research Trends, Vol. 12, No. 1/1992, S. 1 — 13

Gannett Center for Media Studies, A Three Year Report: 1985 — 87, New York 1988

Gans, Herbert J.: Are U. S. Journalists Dangerously Liberal?, in: Columbia Journalism Review, November/December 1985, S. 29 — 33

Garneau, George: Press freedom in deep trouble. Survey finds support for free speech protections so weak that the First Amendment would fail a ratification vote if taken today, in: Editor & Publisher v. 20. 4. 1991, S. 11 u. 44 (zit. als Garneau 1991)

357

Garneau, George: Gannett Foundation's revised mission, in: Editor & Publisher v. 8. 6. 1991, S. 11 und S. 108 — 109 (zit. als Garneau 1991a)

Garneau, George: Freedom Forum Spending Probed. New York State attorney general looking into whether expenses are excessive or imprudent, in: Editor & Publisher v. 3. 4. 1993, S. 11 u. S. 35 (zit. als Garneau 1993)

Garneau, George: Going Mainstream? Alternative newspapers beef up association for PR, lobbying, in: Editor & Publisher v. 17. 6. 1993, S. 11 — 12 (zit. als Garneau 1993a)

Garneau, George: Lagging in minority hiring. Alternative papers more conservative than their mainstream counterparts, in: Editor & Publisher v. 19. 6. 1993, S. 12 u. S. 66 (zit. als Garneau 1993b)

Garneau, George: Zapping The Competition. New York Post starts column that takes on New York Times, appears to be first that regularly ‚watches‘ the competition, in: Editor & Publisher v. 2. 10. 1993, S. 9 u. 34 (zit. als Garneau 1993c)

Gersh, Debra: Percentage of minorities in newspaper newsrooms up, in: Editor & Publisher v. 17. 4. 1993, S. 42

Giles, Robert H.: Newsroom Management. A guide to Theory & Practice, Detroit MI: Media Management Books Inc., 1988

Glasser, Theodore L.: Three Views on Accountability, in: Dennis, Everette E./Gillmor, Donald M./Glasser, Theodore M. (eds.): Media Freedom and Accountability, New York u. a.: Greenwood Press 1989, S. 178 — 188

Glasser, Theodore L.: Professionalism and the Derision of Diversity: The Case of the Education of Journalists, in: Journal of Communication, Vol. 42, No. 2/Spring 1992, S. 131 — 140

Glasser, Theodore L./Ettema, James S.: Investigative Journalism and the Moral Order, in: Critical Studies in Mass Communication, Vol. 6, No. 1, March 1989, S. 1 — 20

Goldstein, Tom (ed.): Killing the Messenger. 100 Years of Media Criticism, New York: Columbia University Press, 1989

Grangenois, Mireille: White need not apply? Backlash — a swift, strong, adverse reaction to political change — is no stranger to nation's newsroom, in: The Quill, April 1993, S. 23 — 24

Gray, Richard G./Weaver, David: Journalism & Mass Communication Research in the United States: past, present & future, Bloomington: Indiana University, 1979

Gross, Johannes: Den Tadel genau, das Lob generell. Notizbuch. Neueste Folge. Vierundzwanzigstes Stück in: FAZ-Magazin v. 9. 11. 1990, S. 8

Gyles, Barbara Z.: Hollywood turn newspapers to influence nation's lawmakers, in: presstime, July 1992, S. 50

Haiman, Robert J.: Lighting the Way. Leadership, citizenship, craft, and diversity are stars in the constellation of Great Journalism, in: The Poynter Institute, Catalog 1993, St. Petersburg, Fl. 1992, S. 2 – 8

Hammer, Mike: This is SPJ, SDX, in: The Quill, November 1984, S. 31 – 34

Harrison, Stanley L.: Ethics and moral issues in public relations curricula, in: Journalism Educator, Vol. 45, No. 3/Autumn 1990, S. 32 – 39

Hart, Jack: The Classroom & the Newsroom. Missed opportunities for journalism education, in: Newspaper Research Journal, Vol. 11, Nr. 4/Fall 1990, S. 38 – 50

Hartl, Barbara: Journalisten beobachten Journalisten, in: Die Zeit Nr. 19 v. 6. 5. 1994, S. 81

Hartman, John K.: Neuharth urged to cultivate young readers, in: AEJMC Newspaper Division Leadtime, June 1993, S. 7 u. 10

Hartung, Barbara W., et al.: Readers' Perceptions of Purpose Of Newspaper Ombudsman Program, in: Journalism Quarterly, Vol. 65/No. 4/Winter 1988, S. 914 – 919

Head, John G.: On Merit Goods, in: Finanzarchiv, N. F. 25/1966, S. 1 – 29

Head, John G.: Merit Goods Revisited, in: Finanzarchiv, N. F. 28/1969, S. 214 – 225

Hentoff, Nat: Free Speech for Me – But Not for Thee, Harper Collins, New York 1992

Herding, Richard: Journalismus als Protestarbeit. Investigativer Journalismus in den USA am Beispiel des Center for Investigative Reporting in San Francisco, in: medium, 15. Jg., Nr. 11 u. 12/1985, S. 48 – 54

Herman, Edward S.: The Times-Globe Merger, in: Lies Of Our Times, Vol. 4, Nr. 9/September 1993, S. 21

Herman, Edward S./Chomsky, Noam: Manufacturing Consent. The Political Economy of the Mass Media, New York: Pantheon Books 1988

Heuss, Theodor: Robert Bosch. Leben und Leistung, München 1975 (Neuaufl.)

Hilliard, William A.: Editors should explore beyond the mainstreams. Attending minority journalists meeting provides new, useful insights, in: ASNE Bulletin, July/August 1993, S. 2

Hirschman, Albert O.: Engagement und Enttäuschung. Über das Schwanken der Bürger zwischen Privatwohl und Gemeinwohl, Frankfurt 1984

Hocking, William Ernest: Freedom of the Press. A Framework of Principle. A Report from the Commission on Freedom of the Press, New York: Da Capo Press, 1972 (Neuaufl.; Erstausgabe: University of Chicago Press, 1947)

Hoyt, Michael: The Wichita Experiment. What happens when a newspaper tries to connect readership and citizenship?, in: Columbia Journalism Review, July/August, 1992, 43 − 47

Hudson, Jerry C.: Expected grades correlate with evaluation of teaching, in: Journalism Educator, Vol. 44, No. 2/Summer 1989, S. 38 − 49

Hughes, Robert: Nachrichten aus dem Jammertal. Wie sich die Amerikaner in „political correctness" verstrickt haben, München 1994

Hvitfelt, Hakan (ed.): Media Monitor. To Watch the Watchdogs. Media Monitoring in Four Countries, Stockholm: Näringlivets Mediainstitut, 1993

Illich, Ivan, u. a.: Entmündigung durch Experten. Zur Kritik der Dienstleistungsberufe, Reinbek 1979

International Communication Association: Faces and Interfaces: Communicating across Disciplines . . . Official Program for the 43rd Annual Conference of the International Communication Association in Washington D. C., Austin TX 1993

Irwin, Will: The American Newspaper, Ames: University of Iowa Press, 1969

Isaacs, Norman E.: Untended Gates. The Mismanaged Press, New York: Columbia University Press, 1986

Isaacs, Norman E.: 20 Years Later: 33 Ombudsmen, in: Washington Journalism Review, October 1987, S. 40

Ivins, Molly: Introduction, in: Cohen, Jeff/Solomon, Norman: Adventures in Medialand. Behind the News, Beyond the Pundits, Monroe, Maine: Common Courage Press 1993, S. VIII − X

Jensen, Carl: Censored. The News That Didn't Make The News − And Why, Chapel Hill N.C.: Shelburne Press, 1993

Jochimsen, Reimut/Simonis, Udo E.: Theorie und Praxis der Infrastrukturpolitik. Schriften des Vereins für Socialpolitik. Neue Folge Band 54, Berlin 1970

Johnstone, John W. C., et al.: The News People: A Sociological Portrait of American Journalists and Their Work, Urbana, Il.: University of Illinois Press, 1976

Journalism Awards and Fellowships Directory 1994, in: Editor & Publisher v. 25. 12. 1993 (o. V. − zitiert als: Journalism Awards 1993)

Juarez Robles, Jennifer: Out in the Newsroom: How Gay and Lesbian Journalists Are Changing Mainstream Media, in: extra!, Vol. 6, No. 4/June 1993, S. 19 − 20

Jürgensen, Harald: Regionalpolitik, in: Ehrlicher, Werner, et al. (Hrsg.), Kompendium der Volkswirtschaftslehre, Band 2, Göttingen 1973, 4. Aufl., S. 275—297

Jurkowitz, Mark: A House of Canards — Critiquing the Media Critics, in: Media Studies Journals, Vol. 6, No. 4/Fall 1992, S. 31—48

Kallscheuer, Otto: Ein amerikanischer Gesellschaftskritiker. Michael Walzers kommunitärer Liberalismus, in: Walzer, Michael: Kritik und Gemeinsinn, Frankfurt 1993, S. 127—167

Katz, Jon: Note to the Press: Mind Your Own Business, in: NewsInc., June 1992, S. 35—40

Kerner Commission: The Report of the National Advisory Commission on Civil Disorders, Washington D. C.: US Government Printing Office, 1968

Kirsch, Guy: Neue Politische Ökonomie, Düsseldorf 1993 (3. Aufl.)

Knight Science Writing Fellowships, Broschüre, MIT, Cambridge o. J.

Kopper, Gerd G. (ed.): Innovation in Journalism Training. A European Perspective, Berlin 1993, S. 161—168

Kothé, Martin: Rufmord als Verfassungsauftrag? Zum Konflikt zwischen Pressefreiheit und Beleidigungsschutz in der Rechtsprechung des US-Supreme Court, Berlin 1989

Kotzwinkle, William: Mitternachtspost, Reinbek 1990

Krause-Junk, Gerold: Abriß der Theorie von den öffentlichen Gütern, in: Handbuch der Finanzwissenschaft, Tübingen 1977 (3. Aufl.), S. 687—711

Kurtz, Howard: Media Circus. The Trouble with America's Newspapers, New York: Times Books, 1993

Laakaniemi, Ray: An Analysis of Writing Coach Programs on American Daily Newspapers, in: Journalism Quarterly, Nr. 64, Summer/Autumn 1987, S. 569—575

Lacy, Stephen, et al.: Media Management. A Casebook Approach, Hillsdale NJ u. a.: Lawrence Erlbaum Ass. Publ., 1993

Lacy, Stephen, et al.: Readings in Media Management. Columbia SC: Media Management and Economics Division, Association for Education in Journalism and Mass Communication, 1992

Lambeth, Edmund B.: Committed Journalism. An Ethic for the Profession, Bloomington: Indiana University Press, 1986

Lambeth, Edmund B.: The News Media and Democracy, in: Media Studies Journal, Nr. 4, Vol. 6/Fall 1992, S. 161—175

Langenbucher, Wolfgang R.: Qualitätssicherung im Journalismus, in: Selbmann, Hans-Konrad (Hrsg.): Beiträge zur Gesundheitsökonomie, Band 16: Qualitätssicherung ärztlichen Handelns, Gerlingen 1984, S. 23—31

Lavine, John M./Wackman, Daniel B.: Managing Media Organizations: Effective Leadership for the Media, New York N. Y.: Longman 1988

Lichter, Robert S., et al.: The Media Elite, Bethesda ML: Adler & Adler, 1986

Limerick, Patricia Nelson: Dancing with Professors: The Trouble With Academic Prose, in: New York Times, Book Review Section, 31. 10. 1992

Lindblom, Charles E.: Jenseits von Markt und Staat. Eine Kritik der politischen und ökonomischen Systeme, Stuttgart 1980

Löffelholz, Martin: Ausbildung an Hochschulen: Dipl.-Journ. im Höhenflug, in: Journalist 1/1991, S. 10—16

Los Angeles Times, Professional Development Programs, Fall 1988

Lule, Jack: Journalism and Criticism: The Philadelphia Inquirer Norplant Editorial, in: Critical Studies in Mass Communication, Vol. 9/1992, S. 91—109

Majone, Giandomenico: Policy Analysis and Public Deliberation, in: Reich, Robert B. (ed.): The Power of Public Ideas, Cambridge: Ballinger Publ., 1988, S. 157—178

Majone, Giandomenico: Public Policy beyond the Headlines, in: Buchloh, Stephan/Russ-Mohl, Stephan (eds.): Securing Quality: European and American Perspectives of Continuing Education in Journalism, Tagungsdokumentation, Studiengang Journalisten-Weiterbildung, FU Berlin, Berlin 1993, S. 183—204

Markl, Hubert: Das akademische Ökosystem. Festvortrag aus Anlaß des 60. Geburtstages von Horst Sund, Rektor der Universität Konstanz, Konstanz 1987

Martin, Paul C.: Bilder des Jahres. Medien, in: Max, Nr. 1/Januar 1994, S. 204—208

Marzolf, Marion Tuttle: Civilizing Voices. American Press Criticism 1880—1950, New York/London: Longman, 1991

Mast, Claudia: Was leisten die Medien? Funktionaler Strukturwandel in den Kommunikationssystemen, Osnabrück 1986

Mast, Claudia (Hrsg.): Journalismus für die Praxis. Ein Leitfaden für die Redaktionsarbeit, Konstanz 1994

Mayntz, Renate: Policy-Netzwerke und die Logik von Verhandlungssystemen, in: Politische Vierteljahresschrift, Sonderheft 24/1993, S. 39—56

Mazingo, Sherrie: In defense of j-schools, in: Editor & Publisher v. 27. 4. 1991, S. 48 u. 40

McAneny, Leslie: Pharmacists Again Top "Honesty and Ethics" Poll; Ratings for Congress Hit New Low, in: The Gallup Poll Monthly, July 1992, S. 2—3

McChesney, Robert W.: Off Limits: An Inquiry Into the Lack of Debate over the Ownership, Structure and Control of the Mass Media in U. S. Political Life, in: Communication, Vol. 13/1992, S. 1 — 19

McQuail, Denis: Media Performance Assessment in the Public Interest: Principles and Methods, in: Anderson, James A. (ed.): Communication Yearbook 14, Newbury Park u. a.: Sage, 1991, S. 111 — 145

McQuail, Denis: Media Performance. Mass Communication and the Public Interest, London u. a.: Sage, 1992

Mellett Award, Ausschreibungstext, School of Communications, Pennsylvania State University, 1990

Mencher, Melvin: Romantics in the newsroom, in: Columbia Journalism Review, September/October 1981, S. 41 — 43

Mencken, Henry Louis: Journalism in America, in: ders., Prejudices: A Selection, made by James T. Farrell, in: New York: Vintage o. J., S. 213 — 232 (Erstausgabe 1927)

Meyer, Philip: Precision Journalism. A Reporter's Introduction to Social Science Methods, Bloomington: Indiana University Press, 1973

Meyer, Philip: The New Precision Journalism, Bloomington: Indiana University Press, 1991

Meyers, Christopher: Blueprint of skills, concepts for media ethics course, in: Journalism Educator, Vol. 45, No. 3/Autumn 1990, S. 24 — 31

Mills, Kay: Women Shaping the News. A Continuing Revolution, in: Washington Journalism Review, January/February 1988, S. 40 — 42

Mills, Kay: Memo: To Good Old Boys and '90s Women, in: Columbia Journalism Review, Jan./Feb. 1990, S. 48 — 49

Minnesota News Council, Broschüre, Minneapolis, o. J.

Mogavero, Donald T.: The American Press Ombudsman, Freedom of Information Center Report No. 427, School of Journalism, University of Missouri at Columbia, 1980

Morton, Linda P.: Minority and Female Representation Plans at Accredited Schools, in: Journalism Educator, Vol. 48, No. 1/Spring 1993, S. 28 — 36

Müller-Vogg, Hugo: Lokaljournalismus — Anmerkungen zu einem unterschätzten Gewerbe, in: Freiheit und Verantwortung. Festschrift für Hans-Wolfgang Pfeifer, München 1991, S. 261 — 278

Musgrave, Richard A., et al.: Die öffentlichen Finanzen in Theorie und Praxis, Band 1, Tübingen: J. C. B. Mohr (Paul Siebeck), 1975

Nelson, Jill: Integration when? A tale of three cities, in: Columbia Journalism Review, January/February 1987, S. 41 — 53

Nerone, John: The problem of teaching journalism history, in: Journalism Educator, Vol. 45, No. 3/Autumn 1990, S. 16 — 24

Neuharth, Al: USA-bashing sport for Canada's press, in: USA Today v. 20. 8. 1993, S. 13 A

New York Times Company Foundation, Inc., Annual Report 1987

Newspaper Association of America: The New Voice of the Newspaper Industry, Broschüre, Reston VA 1992

Newton, Eric: The training gap. Journalists at the USA's newspapers don't get the training they want, in: Buchanan, Brian J. (ed.): No Train, No Gain: Continuing Education in Newspaper Newsrooms, Arlington: Freedom Forum Report, 1993, S. 2—14

Nieman Foundation: The Nieman Fellowships for Journalists at Harvard University, Programmbroschüre, o. O., o. J. (Cambridge Mass. 1987)

Noelle-Neumann, Elisabeth: Return to the Concept of Powerful Mass Media, in: Studies of Broadcasting, Vol. 9/1973, S. 67—112

Noelle-Neumann, Elisabeth: Präzisionsjournalismus. Manuskript, präsentiert bei der International Association for Mass Communication Research, Warschau 1978

Noelle-Neumann, Elisabeth: Wirkungen der Medien, in: dies. et al.: Fischer Lexikon Publizistik Massenkommunikation, Frankfurt 1989, S. 360—400

Noelle-Neumann, Elisabeth: Die öffentliche Meinung und die Wirkung der Massenmedien. Vortrag am 26. 10. 1989 auf der Wissenschaftlichen Veranstaltung des Instituts für Publizistik „Fortschritte der Publizistikwissenschaft" — 25 Jahre Publizistik Mainz, abgedruckt in: Jürgen Wilke (Hrsg.): Fortschritte der Publizistikwissenschaft, Freiburg/München 1990

Overby, Charles: Academic Leaders soft on First Amendment, in: Editor & Publisher, 4. 9. 1993, S. 44 u. 34

Paine, Sylvia: The Minnesota News Council, in: Washington Journalism Review, November 1989, S. 24—28

Paine, Sylvia: Geneva . . ., in: Washington Journalism Review, September 1990, S. 20—26

Pardue, Leonard: Hard times be damned. Journalism magazines find room to strech, change in crowded arena, in: The Quill, January/February 1994, S. 50—56

Pease, Ted: Still on the beat (or would be). J-educators value professional involvement, want more, in: Newspaper Research Journal, Vol. 11, No. 4/Fall 1990, S. 52—71

Pease, Ted: Blaming the Boss. Newsroom professionals see managers as Public Enemy No. 1, in: Newspaper Research Journal, Vol. 12, No. 2/Spring 1991, S. 2—21

Pease, Ted: Race and the Politics of Promotion in Newspaper News-rooms, Paper presented to the Minorities and Communication Division, Association for Education in Journalism and Mass Communication, Convention in Montreal, August 5 – 8, 1992 (zit. als Pease 1992)

Pease, Ted: Who's Making the News? Changing Demographics of Newspaper Newsrooms. Paper presented to the Newspaper Division, Association for Education in Journalism and Mass Communication, Convention in Montreal, August 5 – 8, 1992 (zit. als Pease 1992a)

Peck, Louis: Anger In The Newsroom, in: Washington Journalism Review, December 1991, S. 22 – 27

Peirce, Kate/Bennett, Roger: Interviewing potential faculty: finding the right person, in: Journalism Educator, Vol. 45, No. 3/Autumn 1990, S. 60 – 66

Pfeifer, Hans-Wolfgang: Sicherung journalistischer Qualität verlangt ein Qualitätsmanagement. Verantwortung liegt bei der Redaktion, nicht bei externen Einrichtungen, in: Initiative Tageszeitung (Hrsg.): Redaktion 1994. Almanach für Journalisten, Bonn 1993, S. 37 – 42

Phillips, Carolyn L.: Evaluating & valuing newsroom diversity, in: Newspaper Research Journal, Spring 1991, S. 28 – 37

Plog, Jobst: Zweierlei Duales System, in: ARD-Jahrbuch '93, Hamburg 1993, S. 13 – 14

Pollack, Neal: Newsroom, classroom. Editors recognize that education shouldn't end with college, in: The Quill, January/February 1993, S. 34 u. 39

Poschenrieder, Christoph: Ende der Schonzeit?, in: journalist 6/1993, S. 68 – 70

Potter, Walt: They Lobby and Like it, in: presstime, March 1993, S. 33 – 35

Poynter Institute for Media Studies, The: 1989 Catalog, St. Petersburg FL

Poynter Institute for Media Studies, The: 1993 Catalog, St. Petersburg FL

Pritchard, David: The Impact of Newspaper Ombudsmen on Journalists' Attitudes, in: Journalism Quarterly, Vol. 70, No. 1/Spring 1993, S. 77 – 86

Pross, Harry: Memoiren eines Inländers. 1923 – 1993, München 1993

Pulitzer, Joseph: Planning of a School of Journalism. The Basic Concept in 1904, in: Fischer, Heinz-Dietrich/Trump, Christopher G.: Education in Journalism. The 75th Anniversary of Joseph Pulitzer's Ideas at Columbia University (1904 – 1979), Bochum 1980, S. 19 – 60.

Pulliam, Russell: Bull Moose and Methodist, in: The Quill, November 1984, S. 12 — 20

Rager, Günther: Qualität in der Zeitung. Ergebnisse erster Untersuchungen, in: Initaitive Tageszeitung (Hrsg.): Redaktion 1994. Almanach für Journalisten, Bonn 1993, S. 165 — 172

Ramsey, Doug: Educating Professional Journalists. Their wants & Needs, in: Newspaper Research Journal, Vol. 11, No. 4/Fall 1990, S. 72 — 79

Rawitch, Robert: Kurzvortrag im Rahmen der Podiumsdiskussion ,,Social Justice in the 1990s: Print Media Recruit Minorities", Jahrestagung der Association for Education in Journalism and Mass Communication in Kansas City v. 11. — 14. 8. 1993

Reiter, Sibylle/Ruß-Mohl, Stephan (Hrsg.): Zukunft oder Ende des Journalismus? Publizistische Qualitätssicherung — Medienmanagement — Redaktionelles Marketing, Gütersloh 1994

Reynolds, Barbara: Women in the Media. Still waiting to break through 'glass ceiling', in: USA Today v. 10. 4. 1989, S. 11 A

Riley, Pat: At times, even clarifications need clarifying, in: Orange County Register v. 22. 8. 1993, S. Metro 5

Riley, Sam G.: Faculty Bashing: Some Implications for Mass Communication Professors. From the U. S. News to the Wall Street Journal, in: Journalism Educator, Vol. 48, No. 3/Autumn 1993, S. 66 — 72

Ritter, Bob: APME opens door for new membership, in: APME News, December 1992/January 1993, S. 2

Robert Bosch Stiftung GmbH: Bericht 1978 — 1979, Stuttgart 1979

Robert R. McCormick Tribune Foundation, 1992 Annual Report, Chicago Il. 1993

Rogers, Everett M./Chaffee, Steven H.: Communication and Journalism from ,,Daddy" Bleyer to Wilbur Schramm: A Palimpsest, Paper presented to the Communication Theory and Methodology Division of the Association for Education in Journalism and Mass Communication, Montreal, August 1992

Roosevelt, Theodore: The Man with the Muckrake. Speech on Laying of the Cornerstone of the New House of Representatives Office Building, April 14, 1906, in: Goldstein, Tom (ed.): Killing the Messenger. 100 Years of Media Criticism, New York: Columbia University Press, 1989, S. 55 — 63

Rothmyer, Karen: Winning Pulitzers. The Stories behind some of the Best News Coverage of Our Time, New York: Columbia University Press, 1991

Rühl, Manfred: Journalismus und Gesellschaft. Bestandsaufnahme und Theorieentwurf, Mainz 1980

Ruß-Mohl, Stephan: Reformkonjunkturen und politisches Krisenmanagement, Opladen 1981

Ruß-Mohl, Stephan: Hochschulgebundene Journalistenausbildung. Von der Problemverstaatlichung zur Problemlösung?, in: Publizistik, 32. Jg., Heft 1/1987, S. 5—22

Ruß-Mohl, Stephan: Zeitungs-Umbruch. Wie sich Amerikas Presse revolutioniert, Berlin 1992 (zitiert als Ruß-Mohl 1992)

Ruß-Mohl, Stephan: „Am eigenen Schopfe . . .“ Qualitätssicherung im Journalismus — Grundfragen, Ansätze, Näherungsversuche, in: Publizistik, Heft 1, 37. Jg./1992 (zitiert als Ruß-Mohl 1992a)

Ruß-Mohl, Stephan: Regulating Self-Regulation: The Neglected Case of Journalism Policies. Securing Quality in Journalism and Building Media Infrastructures on a European Scale, in: Communications, Vol. 18, Nr. 2/1993, S. 151—168 (zitiert als Ruß-Mohl 1993)

Ruß-Mohl, Stephan: Konjunkturen und Zyklizität in der Politik: Themenkarrieren, Medienaufmerksamkeits-Zyklen und „lange Wellen“, in: Politische Vierteljahresschrift, Sonderheft Policy-Analyse, Nr. 23/1993, S. 356—370 (zit. als Ruß-Mohl 1993a)

Ruß-Mohl, Stephan: Redaktionelles Management und Marketing, in: Jarren, Otfried (Hrsg.): Medien und Journalismus, Band II, Opladen: Westdeutscher Verlag (erscheint 1994 — zitiert als Ruß-Mohl 1994)

Ruß-Mohl, Stephan: Symbiose oder Konflikt: Öffentlichkeitsarbeit und Journalismus, in: Jarren, Otfried (Hrsg.): Medien und Journalismus, Band I, Opladen 1994 (zitiert als Ruß-Mohl 1994a)

Rust, Holger: Entfremdete Elite? Journalisten im Kreuzfeuer der Kritik, Wien 1986

Salant, Richard: Ombudsmen — Worth Saving?, in: Nieman Reports, Vol. XLVI, Fall 1992, S. 75 u. 84

Saxer, Ulrich: Recherche als journalistischer Auftrag und Prüfstein, in: Fernsehen und Bildung, Jg. X/1976, S. 224—247

Saxer, Ulrich (Hrsg.): Gleichheit oder Ungleichheit durch Massenmedien? Homogenisierung — Differenzierung der Gesellschaft durch Massenkommunikation, München 1985

Schaefer-Dieterle, Susanne: Zeitungmachen als „marktgerechte“ Dienstleistung tritt an die Stelle eines publizistischen Auftrages, in: Blick durch die Wirtschaft v. 1. 10. 1993

Schatz, Heribert/Schulz, Winfried: Qualität von Fernsehprogrammen. Kriterien und Methoden zur Beurteilung von Programmqualität im dualen Fernsehsystem, in: Media Perspektiven Nr. 11/1992, S. 678—689

Schenk, Michael: Medienwirkungsforschung, Tübingen 1987

Schenk, Michael/Gralla, Susanne: Qualitätsfernsehen aus der Sicht des Publikums. Literaturrecherche zum Forschungsstand, in: Media Perspektiven Nr. 1/1993, S. 8—15

Schmertz, Herb with Novak, William: Good-bye to the Low Profile. The Art of creative confrontation, Boston u. a.: Little, Brown & Co., 1986

Schneider, Beate/Schönbach, Klaus/Stürzebecher, Dieter: Westdeutsche Journalisten im Vergleich: jung, professionell und mit Spaß an der Arbeit, in: Publizistik, 38. Jg., Heft 1/1993, S. 5—30

Schröter, Detlef: Qualität im Journalismus. Testfall Unternehmensberichterstattung in Printmedien, München/Mülheim 1992

Schudson, Michael: Discovering the News. A Social History of American Newspapers, New York: Basic Books, 1978

Schudson, Michael: Watergate: A Study in Mythology, in: Columbia Journalism Review, May/June 1992, S. 28—33

Schulz, Winfried: Die Konstruktion von Realität in den Nachrichtenmedien. Analyse der aktuellen Berichterstattung, Freiburg/München 1976

Seaton, Edward: Editors are rethinking staff conflict-of-interest codes. Activist newspapers spawn activist journalists, in: ASNE Bulletin, May/June 1993, S. 8—9

Sederberg, Arelo: Black journalists hit wall. Management jobs still elusive as blacks in media seek control to correct stereotyping, in: Editor & Publisher v. 18. 8. 1990, S. 14—15

Seldes, George: You Can't Print That! The Truth Behind The News 1918—1928, New York: Payson & Clarke, 1929

Shaw, David: Press Watch. A Provocative Look at How Newspapers Report the News, New York: Macmillan Publ., 1984

Shaw, David: Did the Press Apply the Teflon to Reagan's Presidency?, in: Los Angeles Times v. 27. 10. 1992, S. A 20 (zit. als Shaw 1992)

Shaw, David: Times Coverage of LAPD, Minority Areas, in: Los Angeles Times v. 26. 5. 1992 (zit. als Shaw 1992a)

Shaw, David: Story of King Beating Put L. A. Media in Spotlight, in: Los Angeles Times v. 27. 5. 1992 (zit. als Shaw 1992b)

Shepard, Alicia C.: High Anxiety. The call for diversity in the newsroom has white men running scared, in: American Journalism Review, November 1993, S. 18—24

Shipler, David: The Times Bars Support to Panel for Monitoring News Media, in: New York Times v. 16. 1. 1973, S. 35

Sloan, Wm. David: In Search of Itself: A History of Journalism Education, in: Sloan, Wm. David (ed.): Makers of the Media Mind. Journalism Educators and Their Ideas, Hillsdale NJ u. a.: Lawrence Erlbaum Ass., 1990, S. 3 — 22

Soley, Lawrence C.: With Whom Are Mass Communication Researchers Communicating, Paper presented to the Qualitative Studies Division, Association for Education in Journalism and Mass Communication, Annual Convention, Kansas City, August 12 — 14, 1993

Spinner, Helmut F.: Das „wissenschaftliche Ethos" als Sonderethik des Wissens, Tübingen 1985

Stamm, Keith/Underwood, Doug: The Relationship of Job Satisfaction to Newsroom Policy Changes (MS), Seattle: University of Washington, 1992

Stein, M. L.: Coaches help reporters strengthen verbal skills, in: Editor & Publisher v. 7. 11. 1981, S. 15 u. 28

Stein, M. L.: A bevy of critics. Liberal/conservative panelists take the press to task at the California Newspaper Publishers Association convention; editors there respond, in: Editor & Publisher v. 11. 3. 1989, S. 16 — 17

Stein, M. L.: Internal resentment. Los Angeles Times editors say David Shaw's analysis of his paper's coverage of the city's riots was an unnecessary 'trashing', in: Editor & Publisher v. 27. 6. 1992, S. 7 — 8 (zit. als Stein 1992)

Stein, M. L.: Here We Go Again. Des Moines Register editor decries "this objectivity god"; says objective newspapers are merely "fancy stenographers", in: Editor & Publisher v. 28. 11. 1992, S. 11 (zit. als Stein 1992a)

Steiner, Linda: Construction of Gender in Newsreporting Textbooks 1890 — 1990, Journalism Monographs, Columbia S. C.: Association for Education in Journalism and Mass Communication 1992.

Stephenson, Hugh/Mory, Pierre, Journalism Training in Europe, European Journalism Training Association/Commission of the European Communities, o. O., 1990

Stepp, Carl Sessions: When Readers Design the News, in: Washington Journalism Review, April 1991, S. 20 — 24

Stepp, Carl Sessions: Of the People, By the People, Bore the People, in: Washington Journalism Review, March 1992, S. 22 — 26

Stiller, Michael: Den Willen der Stifterin mißachtet, in: Süddeutsche Zeitung Nr. 52 v. 4. 3. 1994, S. 23

Stone, Gerald: Measurement of excellence in newspaper writing courses, in: Journalism Educator, Vol. 44, No. 4/Winter 1990, S. 4—19

Stovall, James G.: The Practitioners, in: Sloan, Wm. David (ed.): Makers of the Media Mind. Journalism Educators and Their Ideas, Hillsdale NJ u.a.: Lawrence Erlbaum Ass., 1990, S. 23—58

Stuart, Elnora W./Dickey, Elizabeth: Faculty salaries increase, but still lag behind overall average, in: Journalism Educator, Vol. 44, No. 1/ Spring 1989, S. 27—29

Task Force on the Future of Journalism and Mass Communication Education, Association for Education in Journalism and Mass Communication: Challenges & Opportunities in Journalism & Mass Communication Education, in: Journalism Educator, Vol. 44, No. 1/ Spring 1989, S. A 1—A 24

Task Force on Minorities in the Newspaper Business, Cornerstone for Growth: How Minorities are vital to the future of newspapers, Reston VA: The Newspaper Center, 1989

Terry, Carolyn: Profile: Tony Atwater, in: presstime, March 1993 (zit. als Terry 1993)

Terry, Carolyn: J-School Crunch: Defending your Life, in: presstime, March 1993, S. 43—45 (zit. als Terry 1993a)

Thayer Jr., Frank D.: Using semantic differential to evaluate courses, in: Journalism Educator, Vol. 45, No. 2/Summer 1990, S. 20—24

Thien, Richard: Teach me, train me, tell me how I'm doing. Journalists beg bosses to help them do their jobs better, in: Buchanan, Brian J. (ed.): No Train, No Gain: Continuing Education in Newspaper Newsrooms, Arlington: Freedom Forum Report, 1993, S. 15—31

Times Mirror/The Times Mirror Foundation: Contributions Annual Report, Los Angeles 1992

Tocqueville, Alexis de: Über die Demokratie in Amerika, München 1976 (Neuaufl.)

Tuchtfeldt, Egon: Infrastrukturinvestitionen als Mittel der Strukturpolitik, in: Jochimsen, Reimut/Simonis, Udo E.: Theorie und Praxis der Infrastrukturpolitik, Berlin 1970, S. 125—151

Tunstall, Jeremy: A Media Industry Perspective, in: Anderson, James A. (ed.): Communication Yearbook 14/1991, Newbury Park u.a.: Sage, S. 163—186

Underwood, Doug: When MBAs rule the newsroom, in: Columbia Journalism Review, March/April 1988, S. 23—30

Underwood, Doug: "Too journalistic to make a contribution", in: Columbia Journalism Review, January/February 1992, S. 52

Underwood, Doug: When MBAs rule the newsroom. How the Marketers and Managers Are Reshaping Today's Media, New York: Columbia University Press 1993 (zit. als Underwood 1993)

Underwood, Doug: The Very Model of the Reader-Driven Newsroom, in: Columbia Journalism Review, November/December 1993, S. 42 – 44 (zit. als Underwood 1993a)

Uthmann, Jörg von: Wenn die Pygmäen einen Tolstoi haben. Blick in amerikanische Zeitschriften: Akademische und andere Proletarier, schwere Zeiten für die Schulen, in: Frankfurter Allgemeine Zeitung v. 2. 6. 1990, S. 27

Uthmann, Jörg von: 17 × USA, München, 1992

Vallone, Robert P./Ross, Lee/Lepper, Mark R.: The Hostile Media Phenomenon: Biased Perceptions of Media Bias in Coverage of the Beirut Massacre, in: Journal of Personality and Social Psychology, Vol. 49/1985, S. 577 – 585

Vincent, Richard C.: Telecommunications Research Productivity of U.S. Communication Programs: 1984 – 1989, in: Journalism Quarterly, Vol. 68, No. 4/Winter 1991, S. 840 – 851

Voakes, Paul: Mixed Blessings. The First Amendment and the Professionalization of Journalists. Paper presented to the Mass Communication and Society Division, Association for Education in Journalism and Mass Communication, Annual Convention, Kansas City, August 12 – 14, 1993

Wagner, Hans: Medien-Tabus und Kommunikationsverbote. Die manipulierbare Wirklichkeit, München 1991

Waller, Linda (ed.): Newspapers, Diversity & You 1993 – 1994, o. O. (Princeton NJ): Dow Jones Newspaper Fund, 1993

Washington Post Writers Group: Messages 2. The Washington Post Companion, Boston u. a. 1993 (2. Aufl.)

Wald, Richard C.: A Ride on the Truth Machine, in: Gannett Center Journal, Themenheft: The Business of News, Spring 1987, S. 7 – 20

Walzer, Michael: Kritik und Gemeinsinn, Frankfurt 1993

Watzlawick, Paul (Hrsg.): Die erfundene Wirklichkeit. Wie wissen wir, was wir zu wissen glauben? Beiträge zum Konstruktivismus, München/Zürich 1985 (3. Aufl.)

Weaver, David H./Wilhoit, G. Cleveland: The American Journalist. A Portrait of U. S. News People and Their Work, Bloomington: Indiana University Press, 1986

Weaver, David/Wilhoit, G. Cleveland: A Profile Of JMC Educators, in: Journalism Educator, Vol. 43, No. 2/Summer 1988

Weaver, David/Wilhoit, G. Cleveland: The American Journalist in the 1990s. Advance Report, Arlington: The Freedom Forum, 1992

Weir, David/Noyes, Dan: Raising Hell. How the Center for Investigative Reporting Gets the Story, Reading, Mass. et al.: Addison-Wesley Publ., 1983

Weischenberg, Siegfried: Fragen der Moral, in: Journalist Nr. 12/1987, S. 30 – 33

Weischenberg, Siegfried (Hrsg.): Journalismus & Kompetenz. Qualifizierung und Rekrutierung für Medienberufe, Opladen 1990 (zit. als Weischenberg 1990)

Weischenberg, Siegfried: Das „Prinzip Echternach". Zur Einführung in das Thema „Journalismus und Kompetenz", in: ders. (Hrsg.): Journalismus & Kompetenz. Qualifizierung und Rekrutierung für Medienberufe, Opladen 1990, S. 11 – 41 (zit. als Weischenberg 1990a)

Weischenberg, Siegfried: In einem anderen Land. Praxisbezug und „liberal arts": das Vorbild USA, in: ders. (Hrsg.): Journalismus & Kompetenz. Qualifizierung und Rekrutierung für Medienberufe, Opladen 1990, S. 145 – 166 (zit. als Weischenberg 1990b)

Weischenberg, Siegfried: Journalistik. Band 1: Mediensysteme, Medienethik, Medieninstitutionen, Opladen 1992

Weiss, Carol H.: Forschung zum Nutzen der Politik. Die Aufklärungsfunktion sozialwissenschaftlicher Forschung, in: Hellstern, Gerd-Michael/Wollmann, Hellmut (Hrsg.): Handbuch zur Evaluierungsforschung, Band 1, Opladen 1984, S. 541 – 556

Weiss, Carol H./Bucuvalas, Michael J.: Social Science Research and Decision-Making, New York: Columbia University Press, 1980

Weiss, Carol H./Singer, Eleanor: Social Science in the National Media, New York: Russell Sage Foundation, 1988

Weßler, Hartmut: Die Verwendung sozialwissenschaftlichen Wissens in den Massenmedien. Das Beispiel der drogenpolitischen Legalisierungsdebatte, Magisterarbeit, Fachbereich Kommunikationswissenschaften der FU Berlin, 1993

Whalen, John: Eyes on the Prize, in: NewsInc., June 1993, S. 17 – 18

White, Stephen: Why journalism schools, in: Public Interest, Winter 1986, S. 39 – 57

Whitney, Charles D.: Begging Your Pardon: Corrections and Corrections Policies at Twelve U. S. Newspapers, New York: Gannett Center for Media Studies Working Paper, 1986

Wicker, Tom: "Publish, and Be Damned", in: New York Times v. 30. 1. 1973, S. 37

Wilke, Jürgen (Hrsg.): Zwischenbilanz der Journalistenausbildung, München 1987

Wilkins, Roger: The Pulitzer Prize Board, in: Rothmyer, Karen: Winning Pulitzers. The Stories behind some of the Best News Coverage of Our Time, New York: Columbia University Press, 1991, S. 205 — 207

Willis, Jim: Journalism. State of the Art, New York: Praeger, 1990

Willis, Jim: The Tyranny of the Apathetic. How Uncaring Readers and Viewers Influence News Content — The Answer: Appeal to a Class Audience, in: Nieman Reports, Vol. XLVI, No. 1/Spring 1992, S. 11 — 16

Wilson, Clint: Slowing the exodus. Advancement, clout will reduce minority turnover, in: The Quill, April 1993, S. 21 — 22

Wilson II, Clint C./Gutiérrez, Félix: Minorities and Media. Diversity and the End of Mass Communication, Beverly Hills et al., 1985

Wolf, Rita/Thomason, Tommy: Writing Coaches: Their Strategies for Improving Writing, in: Newspaper Research Journal, Vol. 7, Nr. 3/ Spring 1986, S. 43 — 48

Woll, Artur (Hrsg.): Wirtschaftslexikon, München 1990 (4. Aufl.)

Wyatt, Judith: Future of journalism education. Editors, journalism educators lay it on the line at Colorado session, in: Editor & Publisher v. 27. 4. 1991, S. 12, 13 u. 40

Zaharopoulos, Thimios/McIntosh, Ronald E.: Newspaper Pulitzer Prizes and their Relationship to Circulation. Arbeitspapier, präsentiert anläßlich der Jahrestagung der Association for Education in Journalism and Mass Communication in Kansas City v. 11. — 14. 8. 1993

Zeidenberg, Leonard: The conservative conscience of Reed Irvine, in: Broadcasting, Vol. 56 v. 27. 4. 1987, S. 40 — 46

Ziff, Howard M.: The Closing of the Journalistic Mind, in: Columbia Journalism Review, January/February 1992, S. 49 — 51

Zimmer, Dieter E.: PC oder: Da hört die Gemütlichkeit auf, in: Die Zeit v. 22. 10. 1993, S. 59

Drucknachweise

Auszüge des vorliegenden Textes wurden in modifizierter, meist gekürzter Form bereits veröffentlicht. Hingewiesen sei auf folgende Publikationen:

Journalistenweiterbildung: „Cloning" als Prinzip. Ein Blick auf amerikanische Midcareer-Programme, in: Publizistik, 35. Jg./1990, Heft 4, S. 428—442

„Am eigenen Schopfe..." Qualitätssicherung im Journalismus — Grundfragen, Ansätze, Näherungsversuche, in: Publizistik, 37. Jg./ 1992, Heft 1, S. 83—96

Ombudsleute sichern Glaubwürdigkeit. Viele Zeitungen scheuen noch die offene Selbstkritik, in: Medien-Kritik Nr. 45 v. 2. 11. 1992, S. 8—10

Pulitzer-Preis: Für die Jury geschrieben. Die Vermarktung des angesehensten Journalistenpreises der USA, in: Medien-Kritik Nr. 51 v. 20. 12. 1993, S. 9—10

Regionale Presseräte in den Vereinigten Staaten. Alternative zum Klageweg und zur „zentralistischen" Lösung?, in: Medien-Kritik Nr. 41 v. 11. 10. 1993, S. 15—16

„Im Bauch des Ungeheuers". In den USA beobachtet sich der Journalismus selbst, in: Medien-Kritik Nr. 48 v. 29. 11. 1993, S. 14—15

Wenn die Medien-Karawane vorbeizieht... „Project Censored" — ein „alternativer" Pulitzer-Preis, in: Medien-Kritik Nr. 4 v. 24. 1. 1994, S. 8—9

Kontrolle der Kontrolleure, in: journalist Nr. 2/1994, S. 41

Infrastrukturfaktor und Infrastrukturfalle. Plädoyer für ein europäisches Qualitätssicherungs-Netzwerk im Journalismus, in: Reiter, Sibylle/ Ruß-Mohl, Stephan (Hrsg.): Zukunft oder Ende des Journalismus? Publizistische Qualitätssicherung — Medienmanagement — Redaktionelles Marketing, Gütersloh 1994

Förderhinweis

Die aufwendigen Recherchen für dieses Buch wurden durch mehrere Forschungsaufenthalte und -reisen ermöglicht, die folgende Institutionen gefördert haben: German Marshall Fund of the United States, Berlin; Haniel-Stiftung, Duisburg; Pressestiftung Tagesspiegel, Berlin; Robert-Bosch-Stiftung, Stuttgart, und Stiftervereinigung der Presse, Bonn. Ihnen sei an dieser Stelle nochmals gedankt.

TEXTE + THESEN

AUSWAHL LIEFERBARER TITEL

Politik/Zeitgeschehen

Arnim, Hans Herbert von
Macht macht erfinderisch
Der Diätenfall: ein politisches Lehrstück
ISBN 3-7201-5214-6
DM 14,-/ÖS 110,-/SFr 14,-

Behrens, M./von Rimscha, R.
Gute Hoffnung am Kap?
Das neue Südafrika
ISBN 3-7201-5258-8
DM 22,-/ÖS 170,-/SFr 22,-

Erffa, Wolfgang von
Das unbeugsame Tibet
Tradition · Religion · Politik
ISBN 3-7201-5245-6
DM 14,-/ÖS 110,-/SFr 14,-

Heck, Bruno
Vaterland Bundesrepublik?
ISBN 3-7201-5174-3
DM 14,-/ÖS 110,-/SFr 14,-

Hellmer, Joachim
Anpassung oder Widerstand?
Der Bürger als Souverän —
Grenzen staatlicher Disziplinierung
ISBN 3-7201-5201-4
DM 14,-/ÖS 110,-/SFr 14,-

Jäger, Wolfgang
Wer regiert die Deutschen?
Innenansichten der Parteiendemokratie
ISBN 3-7201-5251-0
DM 22,-/ÖS 170,-/SFr 22,-

Kane-Berman, John
Südafrikas verschwiegener Wandel
ISBN 3-7201-5240-5
DM 22,-/ÖS 170,-/SFr 22,-

Kirsch, Botho
Das verlorene Sowjetparadies
Rußland zwischen Frust und Aufbruch
ISBN 3-7201-5259-6
DM 22,-/ÖS 170,-/SFr 22,-

Kromka, F./Kreul, W.
Unternehmen Entwicklungshilfe
Samariterdienst oder die Verwaltung
des Elends?
ISBN 3-7201-5235-9
DM 14,-/ÖS 110,-/SFr 14,-

Kühnhardt, L./Pöttering, H.-G.
Europas vereinigte Staaten
Annäherungen an Werte und Ziele
ISBN 3-7201-5237-5
DM 14,-/ÖS 110,-/SFr 14,-

Kühnhardt L./Pöttering, H.-G.
Weltpartner Europäische Union
ISBN 3-7201-5252-9
DM 22,-/ÖS 170,-/SFr 22,-

Langguth, Gerd
Der grüne Faktor
Von der Bewegung zur Partei?
ISBN 3-7201-5169-7
DM 14,-/ÖS 110,-/SFr 14,-

Laufer, Heinz
Bürokratisierte Demokratie
ISBN 3-7201-5157-3
DM 14,-/ÖS 110,-/SFr 14,-

Lendvai, Paul
Das einsame Albanien
Reportage aus dem Land der Skipetaren
ISBN 3-7201-5177-8
DM 14,-/ÖS 110,-/SFr 14,-

Lendvai, Paul
Das eigenwillige Ungarn
Von Kádár zu Grósz
ISBN 3-7201-5195-6
DM 14,-/ÖS 110,-/SFr 14,-

Löw, Konrad
Im heiligen Jahr der Vergebung
Wider Tabu und Verteufelung der Juden
ISBN 3-7201-5241-3
DM 14,-/ÖS 110,-/SFr 14,-

Lübbe, Hermann
Zwischen Trend und Tradition
Überfordert uns die Gegenwart?
ISBN 3-7201-5136-0
DM 14,-/ÖS 110,-/SFr 14,-

Malunat, Bernd M.
Weltnatur und Staatenwelt
Gefahren unter dem Gesetz
der Ökonomie
ISBN 3-7201-5213-8
DM 14,-/ÖS 110,-/SFr 14,-

Mensing, Wilhelm
Nehmen oder Annehmen
Die verbotene KPD auf der Suche
nach politischer Teilhabe (Bd. 1)
ISBN 3-7201-5220-0
DM 14,-/ÖS 110,-/SFr 14,-

Mensing, Wilhelm
**Wir wollen unsere Kommunisten
wieder haben . . .**
Demokratische Starthilfen für
die Gründung der DKP (Bd. 2)
ISBN 3-7201-5221-9
DM 14,-/ÖS 110,-/SFr 14,-

Müller, Christian
Europa von der Befreiung zur Freiheit
Der Epochenwechsel aus Schweizer Sicht
ISBN 3-7201-5248-0
DM 14,-/ÖS 110,-/SFr 14,-

Nenning, Günther
Die Nation kommt wieder
Würde, Schrecken und Geltung
eines europäischen Begriffs
ISBN 3-7201-5231-6
DM 14,-/ÖS 110,-/SFr 14,-

Oberreuter, Heinrich
**Parteien — zwischen Nestwärme
und Funktionskälte**
ISBN 3-7201-5165-4
DM 14,-/ÖS 110,-/SFr 14,-

Oberreuter, Heinrich
Stimmungsdemokratie
Strömungen im politischen Bewußtsein
ISBN 3-7201-5205-7
DM 14,-/ÖS 110,-/SFr 14,-

Opitz, Peter J.
Gezeitenwechsel in China
Die Modernisierung der chinesischen
Außenpolitik
ISBN 3-7201-5238-3
DM 14,-/ÖS 110,-/SFr 14,-

Partsch, Karl Josef
Hoffen auf Menschenrechte
Rückbesinnung auf eine internationale
Entwicklung
ISBN 3-7201-5253-7
DM 22,-/ÖS 170,-/SFr 22,-

Rother, Werner
Die Seele und der Staat
ISBN 3-7201-5218-9
DM 14,-/ÖS 110,-/SFr 14,-

Rühle, Hans
Angriff auf die Volksseele
Über Pazifismus zum Weltfrieden?
ISBN 3-7201-5175-1
DM 14,-/ÖS 110,-/SFr 14,-

Scheuch, Ute und Erwin K.
China und Indien
Eine soziologische Landvermessung
ISBN 3-7201-5196-4
DM 14,-/ÖS 110,-/SFr 14,-

Schlosser, Günter
Briefe vom Kap
Ein Deutscher über seine Wahlheimat
Südafrika
ISBN 3-7201-5193-X
DM 14,-/ÖS 110,-/SFr 14,-

Schroeder, Peter W.
Europa ohne Amerika?
ISBN 3-7201-5230-8
DM 14,-/ÖS 110,-/SFr 14,-

Ströbinger, Rudolf
Poker um Prag
Die frühen Folgen
von Jalta
ISBN 3-7201-5181-6
DM 14,-/ÖS 110,-/SFr 14,-

Weidenfeld, Werner
Ratlose Normalität
Die Deutschen auf der Suche
nach sich selbst
ISBN 3-7201-5172-7
DM 14,-/ÖS 110,-/SFr 14,-

Zimmermann, Ekkart
Massen-Mobilisierung
Protest als politische Gewalt
ISBN 3-7201-5163-8
DM 14,-/ÖS 110,-/SFr 14,-

Wirtschaft/Soziales

Büscher, R./Homann, J.
**Wandert die deutsche
Wirtschaft aus?**
Standortfrage Bundesrepublik
Deutschland
ISBN 3-7201-5215-4
DM 14,-/ÖS 110,-/SFr 14,-

Büscher, R./Homann, J.
Supermarkt Europa
ISBN 3-7201-5225-1
DM 14,-/ÖS 110,-/SFr 14,-

Büscher, R./Homann, J.
Japan und Deutschland
Die späten Sieger?
ISBN 3-7201-5229-4
DM 14,-/ÖS 110,-/SFr 14,-

Hölder, Egon
Durchblick ohne Einblick
Die amtliche Statistik zwischen Datennot
und Datenschutz
ISBN 3-7201-5179-4
DM 14,-/ÖS 110,-/SFr 14,-

Mast, Claudia
Zwischen Knopf und Kabel
Kommunikationstechnik für Wirtschaft
und Feierabend
ISBN 3-7201-5161-1
DM 14,-/ÖS 110,-/SFr 14,-

Rüthers, Bernd
Die offene ArbeitsGesellschaft
Regeln für soziale Beweglichkeit
ISBN 3-7201-5186-7
DM 14,-/ÖS 110,-/SFr 14,-

Rüthers, Bernd
Grauzone Arbeitsrechtspolitik
ISBN 3-7201-5190-5
DM 14,-/ÖS 110,-/SFr 14,-

Rüthers, Bernd
Wir denken die Rechtsbegriffe um ...
Weltanschauung als Auslegungsprinzip
ISBN 3-7201-5199-9
DM 14,-/ÖS 110,-/SFr 14,-

Rüthers, Bernd
Das Ungerechte an der Gerechtigkeit
Defizite eines Begriffs
ISBN 3-7201-5239-1
DM 14,-/ÖS 110,-/SFr 14,-

Theobald, Adolf
Das Ökosozialprodukt
Lebensqualität als
Volkseinkommen
ISBN 3-7201-5185-9
DM 14,-/ÖS 110,-/SFr 14,-

Gesellschaft/Leben

Baier, Horst
Ehrlichkeit im Sozialstaat
Gesundheit zwischen Medizin und
Manipulation
ISBN 3-7201-5207-3
DM 14,-/ÖS 110,-/SFr 14,-

Brinkhoff, K.-P./Ferchhoff, W.
Jugend und Sport
Eine offene Zweierbeziehung
ISBN 3-7201-5226-X
DM 14,-/ÖS 110,-/SFr 14,-

Burens, Peter-Claus
Stifter als Anstifter
Vom Nutzen privater Initiativen
ISBN 3-7201-5200-6
DM 14,-/ÖS 110,-/SFr 14,-

Fisch, Mascha M.
Zwischen Abenteuer und Frust
Frauen in ungewöhnlichen Berufen
ISBN 3-7201-5173-5
DM 14,-/ÖS 110,-/SFr 14,-

Grupe, Ommo
Sport als Kultur
ISBN 3-7201-5198-0
DM 14,-/ÖS 110,-/SFr 14,-

Haag, Herbert
Bewegungskultur und Freizeit
Vom Grundbedürfnis nach Sport
und Spiel
ISBN 3-7201-5188-3
DM 14,-/ÖS 110,-/SFr 14,-

Hammer, Felix
Antike Lebensregeln — neu bedacht
ISBN 3-7201-5224-3
DM 14,-/ÖS 110,-/SFr 14,-

Hofstätter, Peter R.
Bedingungen der Zufriedenheit
ISBN 3-7201-5192-1
DM 14,-/ÖS 110,-/SFr 14,-

Illies, Joachim
Theologie der Sexualität
Die zweifache Herkunft der Liebe
ISBN 3-7201-5135-2
DM 14,-/ÖS 110,-/SFr 14,-

Klages, Helmut
Wertedynamik
Über die Wandelbarkeit des
Selbstverständlichen
ISBN 3-7201-5212-X
DM 14,-/ÖS 110,-/SFr 14,-

Klages, Helmut
Häutungen der Demokratie
ISBN 3-7201-5246-4
DM 22,-/ÖS 170,-/SFr 22,-

Lenk, Hans
Eigenleistung
Plädoyer für eine positive
Leistungskultur
ISBN 3-7201-5164-6
DM 14,-/ÖS 110,-/SFr 14,-

Lenk, Hans
Die achte Kunst
Leistungssport — Breitensport
ISBN 3-7201-5176-X
DM 14,-/ÖS 110,-/SFr 14,-

Lenk, H./Pilz, G.
Das Prinzip Fairneß
ISBN 3-7201-5222-7
DM 14,-/ÖS 110,-/SFr 14,-

Meves, Christa
**Werden wir ein Volk von
Neurotikern?**
Antrieb — Charakter — Erziehung
ISBN 3-7201-5081-X
DM 14,-/ÖS 110,-/SFr 14,-

Noelle-Neumann, Elisabeth
Werden wir alle Proletarier?
Wertewandel in unserer Gesellschaft
ISBN 3-7201-5102-6
DM 12,-/ÖS 98,-/SFr 12,-

Noelle-Neumann, Elisabeth
Eine demoskopische Deutschstunde
ISBN 3-7201-5155-7
DM 14,-/ÖS 110,-/SFr 14,-

Noelle-Neumann, Elisabeth
Demoskopische Geschichtsstunde
Vom Wartesaal der Geschichte
zur Deutschen Einheit
ISBN 3-7201-5242-1
DM 22,-/ÖS 170,-/SFr 22,-

Noelle-Neumann, Elisabeth/
Maier-Leibnitz, Heinz
Zweifel am Verstand
Das Irrationale als die neue Moral
ISBN 3-7201-5202-2
DM 14,-/ÖS 110,-/SFr 14,-

Piel, Edgar
Im Geflecht der kleinen Netze
Vom deutschen Rückzug ins Private
ISBN 3-7201-5197-2
DM 14,-/ÖS 110,-/SFr 14,-

Roegele, Otto B.
Neugier als Laster und Tugend
ISBN 3-7201-5142-5
DM 14,-/ÖS 110,-/SFr 14,-

Siemes, Wolfgang
Zeit im Kommen
Methoden und Risiken der magischen
und rationalen Zukunftsschau
ISBN 3-7201-5228-6
DM 14,-/ÖS 110,-/SFr 14,-

Silbermann, Alphons
Der ungeliebte Jude
Zur Soziologie des Antisemitismus
ISBN 3-7201-5134-4
DM 14,-/ÖS 110,-/SFr 14,-

Silbermann, Alphons
Was ist jüdischer Geist?
Zur Identität der Juden
ISBN 3-7201-5167-0
DM 14,-/ÖS 110,-/SFr 14,-

Stalder, Heinz
Europa — ein Hemingwaygefühl
Abenteuernischen für Individualisten
ISBN 3-7201-5261-8
DM 22,-/ÖS 170,-/SFr 22,-

TEXTE + THESEN + VISIONEN
Experten im Dialog mit der Gegenwart
ISBN 3-7201-5250-2
DM 22,-/ÖS 170,-/SFr 22,-

Wulffen, Barbara von
Zwischen Glück und Getto
Familie im Widerspruch
zum Zeitgeist?
ISBN 3-7201-5128-X
DM 14,-/ÖS 110,-/SFr 14,-

Wingen, Max
**Kinder in der Industriegesellschaft —
wozu?**
Analysen — Perspektiven —
Kurskorrekturen
ISBN 3-7201-5146-8
DM 14,-/ÖS 110,-/SFr 14,-

Wingen, Max
Nichteheliche Lebensgemeinschaften
Formen — Motive — Folgen
ISBN 3-7201-5171-9
DM 14,-/ÖS 110,-/SFr 14,-

Wissen/Kultur

Beinke, Lothar
Was macht die Schule falsch?
Positionen — Pädagogen —
Bildungsziele
ISBN 3-7201-5236-7
DM 14,-/ÖS 110,-/SFr 14,-

Claus, Jürgen
Das elektronische Bauhaus
Gestaltung mit
Umwelt
ISBN 3-7201-5204-9
DM 14,-/ÖS 110,-/SFr 14,-

Natur/Umwelt

Die Reihe wird fortgesetzt. Fordern Sie Informationsmaterial an.

Verlag A. Fromm, Postfach 19 48, D—49009 Osnabrück
Edition Interfrom, Postfach 50 05, CH—8022 Zürich